利徐丛书

# 对话如游戏
## ——新轴心时代的文化交流

〔法〕魏明德 著

2013·北京

图书在版编目(CIP)数据

对话如游戏:新轴心时代的文化交流／(法)魏明德著．
—北京:商务印书馆，2013
(利徐丛书)
ISBN 978-7-100-09975-2

Ⅰ.①对… Ⅱ.①魏… Ⅲ.①哲学—文集
Ⅳ.①B-53

中国版本图书馆 CIP 数据核字(2013)第 111137 号

所有权利保留。

未经许可,不得以任何方式使用。

对话如游戏
——新轴心时代的文化交流
〔法〕魏明德 著

商 务 印 书 馆 出 版
(北京王府井大街 36 号 邮政编码 100710)
商 务 印 书 馆 发 行
三河市尚艺印装有限公司印刷
ISBN 978-7-100-09975-2

2013 年 6 月第 1 版　　开本 880×1230　1/32
2013 年 6 月北京第 1 次印刷　印张 11 3/8
定价:32.00 元

# 前　言

对话是种游戏,而所有游戏皆有规则。

让我们想想看:孔子与弟子们的讨论、在现代教室内老师与学生的交流、用餐时朋友间的谈话、科学研讨会中的辩论、国际会议展开的谈判,以及不同宗教信仰的分享……这些都是被差异甚大的规矩和样式塑造出来的。我们所使用的词汇和讨论的范围——用可被接受的方式开玩笑、互辩,或跟他人说话等等——全取决于谈话脉络。

## 对话中发展灵活的游戏规则

然而,在上述每种情形中,我们都参与了不同形式的对话:我们让自己的意见被理解、试着产生说服力,或有时不得不暂停下来聆听他人的声音,我们可能会修改自己的观点、试着折中妥协,或反过来更加肯定地维护原本的立场……就像正在下一场西洋棋、跳棋、或打麻将那样,不同的对话依循不同的规则——但它们都显示出不同游戏的规则具有相似之处。

但是,对话仍和其他游戏存在着很大的分别:大部分的游戏,规则通常不变,且适用于一个游戏中的任何时刻,对话却非如此。在对话一开始,我们也许不允许自己和对方太过随性自由,但是当对话慢慢进展,参与者越来越熟悉所用的语汇、对方的逻辑或性情之后,所有角色也会相对地改变说话和互动的方式——他们会允许自己走几步在游戏开始时不能接受的"棋"。我们对话的规则将随着时间逐渐发展成形——但愿这些规则会变得更灵活,它们的转变让我们可表达更多、聆听更多,更自由地对话。

不论人与人之间的对谈、同样文化环境中的交流,或是不同文化、国家与宗教之间的对话皆依循此理。在交流的过程中——无论双方处于合作关系或是冲突状态,对话的规则无时无刻不在变动,对话的规则影响着对话者对彼此的理解。本书的要旨在于考察人们的对话逻辑,如何据此权衡具体的做法与伦理的影响范围,我们将在"新轴心时代"的背景中进一步加以阐明。

## 迈向第三轴心时代

一见到本书的书名副题,读者心里可能会立即浮现一个问题:什么叫做"轴心时代"? 自从哲学家卡尔·雅斯贝斯(Karl Jaspers, 1883—1969)提出这项概念起,这个名词一直引发众多的争论,它的定义因而众说纷纭。但是,我认为轴心时代指的是在一个历史性的时刻,各种不同的文化经历了根本的变化,以至于人类的文化、经济及政治发展都受到决定性的影响。换句话说,轴心时代的来临,意味着人类在这个时刻中,重新定义自己的命运,并进一步改变过去习以为常的宿命。

历史上最出色的第一轴心时代,出现在公元前四五世纪前后。当时在印度、中国、以色列及希腊等地,出现了几位伟大的人物,他们对于历史、知识体系及宗教、政治组织等,以一种批判性,展现出人类创新的反省能力。这股文化的生命力与经济、政治结构的重新整合同时发生。随着佛陀、孔子、老子、苏格拉底、柏拉图、亚里士多德及以色列诸位先知的出现,这个非凡时代的遗泽至今仍使人类受益无穷。严格地说，其后耶稣和穆罕默德的诞生，尚不足以构成一个轴心时代——尽管耶稣的降世是一件大事，撼动了全人类的历史，但基本上它是关乎一个个人奇特的命运，而不是一种整体文化的改变。后来他逐渐地影响了诸多文明和许多国家，也许是所有的文明与国家，但在当时，全球的文化和经济并未随着他起变化。穆罕默德的情况也是如此。换句话说，所谓的"轴心时代"并不是牵系于某个人的降生，而是指一种集体的转变，无论在哪种层面都可以被感受到，并同时发生在好几个伟大的文明中。

这场震撼人类的变化发生后，过了约 2500 年，第二次真正的轴心时代自 15 世纪末随着西方的现代化而开启：现代科学和技术的发明、发现美洲大陆、首度绕行世界一周、欧洲文明的扩张和殖民主义，渐渐地影响了全人类。科学、技术、理性以及民主制度使得西方成为世界的典范。牛顿、笛卡尔、哥白尼、康德及黑格尔等人成为举世瞩目的领航人物。不过，在 20 世纪的发展过程中，西方的现代化通过好几种方式重新受到强烈的质疑：在政治方面，第二次世界大战以及接踵而来核子武器的威胁，引发人类新的焦虑与不安，大家唯恐发生毁灭性的荒谬的灾难；在文化方面，人类发觉"无意识"的存在，渐渐接受不同的文明与传统，艺术和文学形式产生剧变，以至于传统哲学的变化，都在挑战人类文明的基础；在科学方面，以往的科学范式无法保证作出绝对的预测，在科学精神中，偶发、多元及不确定性成为天经地义的事；在经济和社会方面，人类先是遭受各种不平等的冲击，紧接着生态危机引起了人类两三代以后的生存疑惧。

现在，我们是否已到达另一个新的轴心时代，这点还无法完全确定。但可以肯定的是，近一个世纪以来，我们已经远离自文艺复兴以来民族主义所奠定的范式。然而我们虽目睹认同的式微，却不宜心存幻想。由于全球化的关系，我们对文化、国家、种族以及宗教等认同都相对淡化。我们再也不能单独地思考和行动,我们的思维和反应,都必须考虑到他人身上所反映的自身形象。我们进行的是"网状"思考,不再是单线思维,也不再处于一种熟悉的环境。我们所目睹的周遭不同现象,不论是正面或负面的,如经济和文化全球化、数字化和因特网、恐怖主义、宗教对话、宗教基要主义、后现代主义,都成为一种危机的指标,将把我们带往一个全新的世界。

## 体验人类的创造性

　　体认到新思维和新行动模式的出现,并不代表过去的一切已化为尘土。首先我们要知道,旧习产生的排斥感总是出乎意料地顽强。受威胁最大的旧思维模式,产生的抗拒力最为剧烈。因此在宗教方面,不同的宗教传统接触后往往出现这类情况:各宗教为了相互了解而相互对话,结果却导致宗教基要主义死灰复燃,不管在哪一个传统中都是如此。

　　然而,在全球文化中,辨识出何者为主要的威胁,并不在于巩固根深蒂固的意识形态。在本书后半部,我还会回头论及这个问题。我们很快可以认识到,如果全球化的意义只是单调一致,那么它可能是一种危险的现象,真正的全球化应该以多样的文化和传统为基础。正面的全球化会促使各文化和人民相互对话,借此转化各种不同的传统,它不应该抹杀多元性而形成单一性。更重要的是,存在于每一种文化中的不同人文传统,那种辨识人类的伟大面和为人类的能力而感到激奋的基本直觉,应该不惜一切代价地加以保存。宣扬"个人已死"是一种危险的风潮。不错,某种西方的人文主义已经过时了,人不再只是一个个体或单独的主体,他属于一个社团、物种、大自然,同样是整个宇宙的一分子。人类不再只是一种理性的动物,他也到处存在黑暗的角落。我们不能以简单的方式定义人类,因为它是一种组合体,一种结构,一种不断变动的有机体。这一切意味着历史的发展方向正打破地理、文化和经济的局限,以往它们都阻碍个人以自己的方式去体验人类的创造性。我认为人类受造的目的是为了创造,唯有创造,如一样物品、家庭、一件艺术品、一个社会或一种思想,他才能以荣耀回报造物主。

换句话说,当本书在分析今日整体人类的文化和社会运动时,我们并不是单单以冷漠和客观的观察者(那是一种简单的假想)立场为之,我们还对世事的演变加以辨别、赋予意义、给予正面或负面的评价。今日方兴未艾的新轴心时代将重新定义各个国家、各个社会及各文化之间的关系,我们应该同心协力地讨论它并为之把握方向。它不能建立在"个人已死"的基础上,尽管这种情况已显现在消费主义、贫富不均以及优势文化与弱势文化的冲突中,它也应该是"个人复兴"的一个机会。即使"何为个人"的定义在思想、宗教及文明的交流中持续地变化,我们仍应如此看待。

## 中国面临全球化的冲击

中国是全球化和新轴心时代逐步成形的最佳见证者。它的历史、它所经历的经济发展和多元文化,一切都使它成为新世界的参与者。我相信所有人都了解,今日的世界需要更多的互动,相互观摩、对话的精神,以及开放的心胸,这是以往未曾有过的情况。

中国的成就——诸如经济进步、世界舞台居行动要角——冲击人们的生活形态,伴随着社会环境与自然环境的变动,面对外在世界的剧变如金融海啸,出现一种难以协调的情况。但是,每当事情没有原先所想象的那么简单,或每当前所未有的选择突然而来,我们等于取得一种新的机会：借此我们可以重新思考，大家要共同做何努力，以携手缔造一种社会典范。困难可以刺激我们，唯有懂得不断反省自新的民族，才能永葆活力和创造性。

## 对话逻辑、公共领域与人文教育

　　这本书所欲略尽绵薄之处，在于通过人文思考，考察政治与社会发展、人性与神性的对话、国际交流等变动中的对话逻辑与规则。其中一个重要的论点在于从古典政治哲学出发，重新定义我们的政治宇宙。政治宇宙超越政治的维度，它包括众人共同的价值观、向国际开放的程度、对社会不公和社会各阶层的关怀、报界视听媒体的质量、聆听他人和论辩真理的能力、教育制度是否有利于独立性和思辨精神等等。显然地，这些层面有很多都需要努力，理想尚未竟功。我们也需要辨识，何者为主要的障碍，同时也需要参考其他国家的解决方法是否适用于自身文化。

　　本书所收录的文章，从2000年起至今写成，并为汇编出版而重新整理，分别以四个主轴来安排这些文章：

　　第一部分首先对公共领域进行反思：对话如何根基于实在的语言游戏，和真实的文化保持生动联系，并承担普遍性的重任？古典的民主理念和人文主义，在今日高科技和全球化的社会中是否仍具有意义？提供给今日儿童的教育，是否有助于造就未来的人文公民？当我们常常生活在既被动又功利主义的社会环境时，如何鼓励个人的反省和集体的讨论？这部分的文章都源于一个相同的信念：即思想自由和社会团结总是脆弱不定，我们必须一再地加以确定，社会契约需要不停地重新建立。

　　第二部分将进一步明确地指出：可持续性发展的不可或缺、现今农民工的流动，以及西方潮流中家庭的演变，作为中国社会发展的参考。此外，我们还从艺术的发展探索"中国认同"如何被确立及被诠释。

第三部分讨论转变中的关键精神：未来的世界将被撕裂得更严重，我们或许能团结一致，克服目前的挑战。认识内在世界，将帮助我们实现与他者同在一起的愿望。

最后一部分将反思扩大到国际社会：我们不仅要教育个人的道德感和团体感，也必须拓展新的国际视野，并参与建立一种新的国际契约，使得每一个国家都能在相互尊重彼此文化和社会特点的前提下和平共存。在危机时代中，我们的眼界不仅止于看到一些冲突，我们还能发出安定和建设性的声音。

当然，我提出的反思本质上都是未完成的印记。它们都是由阅读、长期知性探索的兴趣，以及感受变化不停的世事所得到的启发。我们应该与世人共同持续、专注地观察这个时代，聆听最多数人的声音、忧惧和希望。新轴心时代将是通过我们的决定一起创造的。

本书收录文章的多样性或许会使得某些读者感到困惑：本书除了收录曾刊行于杂志、阅读对象为一般大众的简洁短文，同时还刊载曾经发表于学术期刊的长文。笔者这样的做法有其充分的立足点：本书着重思维的推展经验，理解人们历经交流的万事万物，同时辨识出在我们生存的庞然世界中的运行机制与人们实行决定的准则。因此，本书内部自有一道对话之声：两种书写形式的对话。有时，当我们试图通过高度的直觉传达于外时，令人满意的表述语句即在脑海中诞生。短文如诗，直指问题核心，显露原初的"眼光"。为了解释并深化原生的直觉，我们必须通过学术的视角加以陈述。有时，思索事物的过程却完全相反：在解读文本与事实分析等枯燥乏味的工作中难以开辟一条思考之路时，思想的章法后来反倒显现于短文。在不同书写形式中来回,作者揭示自己与自己的对话,同时也开启与广大读者群的深度对话。虽然书中收录文章的多元性可能使某些读者初感失措,但相信他们将会在本书厚植的活跃对话架构中得到收获。

我再次感谢几位同仁这些年来对本书文字润色所付出的辛劳。这本书的内容都由我承担全责。衷心希望这本书的问世能获得读者的青睐,更盼望这本书能使得群体对话持续不断地向前推进。

魏明德

2012年3月于上海复旦大学

# 目 录

## 一 公共领域的互动 …… 1

对话、文化与普遍性 …… 3
想象力与团队精神 …… 15
我的政治省察 …… 17
全球化时代的和平教育 …… 30
知识分子有用吗 …… 47
知识网络 …… 49
启动进步的一星烛火 …… 53
公共领域、公共空间与政治版图 …… 54
城市是政治实验室 …… 69
民主与网络 …… 73
新轴心时代的智慧风格 …… 75

## 二 转变中的社会面貌 …… 83

地位与自由 …… 85
真实世界不是计算机游戏 …… 87
数字与真实 …… 88
价值、环保与经济发展 …… 90
电视不是你的眼睛 …… 105

| | |
|---|---|
| T恤会说话 | 107 |
| 人不是物品 | 108 |
| 彝族打工者城镇迁移之研究 | 110 |
| 新潮流下的新家庭 | 140 |
| 中国的"形象"与绘画的"无形"：中国艺术作品中的自我形象和圣经关联 | 149 |

## 三 现代人的静坐 … 165

| | |
|---|---|
| 活泼的静观 | 167 |
| 灵性的力量 | 169 |
| 天国的比喻 | 171 |
| 放胆思考 | 180 |
| 假象都市 | 186 |
| 变成你自己 | 187 |
| 身体的痛 | 194 |
| 内在自由的开荒刀 | 196 |
| 人与神的友谊 | 197 |
| 圣传中的圣人 | 203 |
| 神在网络中吗 | 219 |
| 高歇的"宗教退出"说与中国宗教 | 233 |

## 四 新的世界地图 … 253

| | |
|---|---|
| 全球化与地方文化 | 255 |
| 世界治理与区域联盟 | 259 |
| 水是无边界的宝物 | 263 |
| 庭园、公园与菜园 | 266 |
| 世界需要中国 | 268 |

赫拉克勒斯与七头蛇:思索人类生存七大危机 ……… 270

文化行动迎战气候变迁 ……………………………… 279

希望交响曲 ……………………………………… 287

零核地球村 ……………………………………… 289

辞典的时光隧道 ………………………………… 291

内婚制与团体重建:基于《以斯拉记》与
《尼希米记》的研究 ……………………………… 297

利玛窦的世界地图 ……………………………… 319

结语 …………………………………………………… 337

参考文献 ……………………………………………… 339

# 一 公共领域的互动

"对话"的沟通风格如何在家庭、学校、社会、文化或是国际交流中充分展现出来？政策如何兼顾效率并尊重多元？维系社会运作的关键与动力是什么？为什么在"自然状态"之外仍有其他的"引力"？为什么能成功地缔结友好关系？古典哲学思想如何将城市当做一个政治宇宙？城市、国家或者说今日的国际社会能不能够存续，主要必须面对哪些挑战？本章内容帮助我们了解什么是团体的交流，不论是"足球团体"、"市民社会"、"环保团体"或是"虚拟团体"。

# 对话、文化与普遍性

本文将"对话"一词与"普遍性"、"文化"置于论辩之势,并说明它如何在中间扮演主导者的角色。对话的功能就像是语言游戏,能以思想经验转化对话者的生活风格。我们只有从文化的基底,以及文化间通过对话的经验彼此相互转化的方式,严肃看待对话风格的形成,我们才能真正了解对话与普遍性的真正关系。

某些词语的使用现在越来越见广博的弹性。因此,我们可推测"对话"一词,它的含义已经逐渐得到引申,如今超越了传统定义所能接受的幅度。例如,对话适用于社会对话者建立交流,以确立企业家利益、雇员利益与国家利益之间的平衡(由此确保劳资政策或是社会保障能够运作),或是适用于各大宗教与文明之间的互动,使得各大宗教与文明之间能够相互比较(或者说是丰富、甚至是调整)各自拥有的道德训示以及宗教教义。在一般为人所接受的范围中,"对话"指的是一种态度与可能的行事方法,在家庭、学校、一般社会或是国际交流中充分展现出来的沟通风格。在此重要的是"风格"的引入——沟通风格和生活风格密不可分——"对话"风格正扩展到人类活动的各个领域。工作、家庭生活、情感生活、教育以及文化相遇都是显明的例子。而神学的研究与灵修生活则显示了"对话风格"在其他应用层面的优先重要性。因此,在基督宗教的体系中,如此的风格主导"人与上帝的对话"形式,由此衍生出某一类型的读经与祷告的方式。

前文最后一个例子很清楚地说明,"对话风格"的普及可被视为是一种沟通模式的普遍化,体现西方传统中的规则、规范与价值观。在西方传统之下,年代与学派的差异会造成诠释的不同结果,不论是在获取知识的概念上,或是人类社会化的过程中。若果真如此,我们可以理解"对话风格"普及化在其他文化所遭遇的保留态度,不管在哪个领域的社会活动,例如家庭关系、政治活动、或是灵修与宗教领域等皆是如此。但是必须注意,"对话风格"若涉及国家与文明之间的关系时,它还是一个规范性的共识。

　　由此导出一项新的考察:对话一语,在现今为大家接受的含义中,对话与一类概念相随相形,以致很难清楚区分其中的差别。在第一个层次上,"沟通"、"交流"、"对谈"、"互动"往往成了对话的同义词或是参考词组;第二个层次上,某些词语如"移情"或是"宽容"暗示了对话风格的内涵。此外,许多专业化的技术概念更能进一步缩小对话的指涉范畴,例如通过语言哲学或是宗教神学的专门领域。

　　本文试图反思对话词语现行的宽泛用法,以厘清其外围迷雾并估测其丰饶之境。下文将"对话"一词与"普遍性"、"文化"置于论辩之势,并说明它如何在中间扮演主导者的角色。

## 对话与语言交流

　　"对话"一词引领我们进入语言交流的领域。语言交流是知识的明证:对话者共同确认知识内容无误,甚至共同测试其有效性。知识可分为两种——一种属于科学范畴,如物理;另一种探索人类本身,例如社会中人的本性与存在。在第一种情况中,交流立基于同一水平的事实、经验与数学公式,真实知识由此往前迈进。在第二种情况中，真理并不是来自数学的维度。真理的维度来自历史与文化的维度，这个维度只有对话能够提供进入的路径。它指涉的并不是机械过程，而是差异关系的建立：对话中同时倾听。我们提到的"对话"一词，以及关注对话的背景提供我们进入真理维度的研究方法。

换句话说，真理维度的确立与"对话风格"紧密相连。至于真理维度与对话风格的运作方式，在此举出几项重要的里程碑：

> 对话被理解为逻辑的锻炼，旨在推出普遍有效的论题，而且皆能处于非矛盾的体系里。它基本上并不将"自己与自己讨论的独立研究"区隔出来，目的在于建立真理本身的科学论证。然而，即使在亚里士多德式的辩证法则中，一个对话者的存在（有时不显于外）是为了确认论题的有效性，严格来说论题不属于科学的范畴，而是属于意见（doxa）的领域。换句话说，对亚里士多德来说，推论的风格会依据我们想建立的真理层次而有所区别。[①]

> 苏格拉底式的对话通过戏剧的形式被书写出来，对话者达成一致性的可能性，受到不同方式的考验，其中形成的张力无所不在。它们就像几出不断累积的短剧，最后走向成功或是失败：苏格拉底的审判说明了对话对立最高点所导致的结果。文学内涵的演展形态和后来撰写纪录者柏拉图[②]所抱持的学问态度前后一致：真理是通过多样，而且在多样中找到统一的，只

---

[①] Aristote, *Métaphysique*, Livre *Beta*, chapitre I.
[②] 柏拉图认为追求真理的方式就像小出话剧的对话展演，若要寻找到真理，我们必须面对所有相互对峙的意见，通过多元的表达形式中寻求共通点，此点端系于对话者抱持的真诚度与逻辑性。

有通过对立的对话者,逐渐达成统一,真理才能实现与呈现。否则,它只会被分歧的局面与敷衍的修辞所掩饰。①

经院哲学式的对话也是基于同样的法则运作,不过理性推理论述的"普遍"原则被取代,由文本所提供的原则作为依据:该学说公认的文本(例如西方中世纪的经院哲学或是新儒学)决定了该学说所收录的文献或是引用文献的范围。② 非矛盾原则同样适用于这些文本内部的阅读与解读。

相反地,教育形态的格言集是"生命"的对话,例如孔子的《论语》即是一个很好的例子,这一对话旨在提携弟子,使得他们行动与信念一致。对话是入门,入门后是真理、道路与生命三者结合的实践生活。③

福音对话也相当接近上述类型,但与其说它为格言集,不

---

① F. Cossutta and M. Narcy, *La forme dialogue chez Platon*, Grenoble: J. Milon, 2001; Frédéric Cossutta, "Neutralisation du point de vue et stratégies argumentatives dans le discours philosophique", Argumentation et prise de position: pratiques discursives, *Semen*, 17, 2004. http://semen.revues.org/document2321.html, 29 April 2007.

② 关于非西方国家中经院哲学的广义解释,参见 Jose Ignacio Cabezon (ed.), *Scholasticism: Cross-cultural and Comparative Perspectives*, Albany: State University of New York Press, 1998; the book review of this work by J. Tiles, "Quaestio Disputata De Rebus Scholasticis", *Philosophy East and West*, Vol. 50(2000), pp. 119-130.

③ "It is in the discussion of particular facts of human existence that Confucius, and after him the philosophers in the conversational tradition, produce their particular insights, short, incisive stabs, into the human condition. To organize his insights into a system would be to devitalize them, therefore his disciples have tried to keep them as close to their original, particular, concrete form as possible and have preserved these Conversations or sayings on different particular occasions. The same can be said for all the later philosophers in the conversational tradition. And the fact that this can be said for later philosophers is important; it shows that the form of the *Conversations* is not an archaism, the fumbling attempt of the first Chinese philosophers to put their ideas, pell-mell, into some sort of order, but is an integral part of Confucius' thought, and, indeed, an important clue to the character of Chinese thought in general." Donald Holzman, "The Conversational Tradition in Chinese Philosophy", *Philosophy East and West*, Vol. 6, No. 3 (Oct., 1956), p. 226.

如说它是转变人心的对话录,我们必须将重点放在交流中作决定的一刻(参见《马尔谷福音》第10章,第17—31节,"耶稣与富贵少年的对话")。①

庄子、禅宗以及某些印度学派都列属不同讲求"悟性"的对话观,对话将两方推到一个极点,然后打破非矛盾原则,使得与话者产生突然的转变。

最后还有一种我们称之为"民主"的对话,它不只适用于政治领域,同时也适用于跨宗教对话。相互聆听对于伙伴关系具有转化的力量,使得伙伴之间理解对方的立场,懂得面对面时面对的个体,以期找到"第三方位":共同决定、共存或是根据个案延续交流之举。②

换句话说,我们可以将对话区分为"演展式对话":在言语争吵对立的经验中,对话者心存信念,而且彼此会因为交流的体验产生转变;另一种为"检验式对话":彼此确认意见或是事实是否一致,或是理论是否符合事实。

演展型特色的对话所涵盖的类型多样、不一而足。因此,交换书信(通信)是一种对话的类型,它使得认识论的要旨甚至是地位豁然开朗。法国17世纪的"灵修书信"的往来即是一个有

---

① 关于福音中对话的重要性,在此以《玛窦福音》为例,耶稣基督总共被问了75个问题,而他本身则提出了80个问题,尤见第15章至第20章。
② 这是哈贝马斯(Habermas)论述的进程:"(With the development of democratic societies), the authority of the holy is gradually replaced by the authority of an achieved consensus." Jürgen Habermas, *The Theory of Communicative Action*, Vol. 2, trans. Thomas McCarthy, Boston: Beacon, 1987, p. 77. "Only those norms can claim to be valid that meet (or could meet) with the approval of all affected in their capacity as participants in a practical discourse." Jürgen Habermas, *Moral Consciousness and Communicative Action*, trans. C. Lehnardt and S. Weber Nicholsen, Cambridge, Mass: MIT Press, 1991, p. 93.

趣的例子：此时，关于"神圣事物"的通信建立了一个横向的沟通网络，脱离教会与政治层面的审查，对话者通过信件交换灵修体验，试图辨别舍弃自我时灵魂前行的法则。随着信件换文的象征与延伸，灵魂的神性"沟通"使得对话者产生深层的转化。神秘的书信体风格与经院哲学产生对比，正如灵修神学与教理神学产生对比一样。①

延续上文的探索，我们似乎能够将不同的对话风格视为不同的语言游戏，而其规则和不同的生活风格②密不可分。每一种对话风格被当成一个类型，是一个由规则定义的封闭体系，它确实也是一种"思想体验"。③ 首先，思想体验比起交流中制式的形式规则显得更为"单纯"，就像经院哲学的辩论或是禅宗师生之间的对话。然而，思想体验却使得我们自问：难道思想体验不在"争吵的话语"中油然而生——比起形式的规则，规则的激进用法反倒使得经验的力度与严谨度达致可能。换句话说，规则限制每个对话者挪

---

① Sophie Houdard, *Les invasions mystiques*, Les Belles Lettres, 2008; Patrick Goujon, *Prendre part à l'intransmissible, la communication spirituelle à travers la correspondance de Jean-Joseph Surin*, Grenoble: Jérôme Million, 2008.

② 维特根斯坦（Wittgenstein）使用"语言游戏"词语的方式有时颇具弹性。在此，我采用他简述如下的定义："Ways of using signs simpler than those in which we use the signs of our highly complicated everyday language."（Ludwig Wittgenstein, *The Blue and Brown Books*, Oxford: Oxford University Press, 1969, *The Blue Book*, p. 17.）

③ 科苏塔（Frédéric Cossutta）举出一个苏格拉底式的对话为例，其中我们能看到对话者基于语言游戏达成清晰的共识，由此对话能够继续发挥作用："苏格拉底（Socrate）：高基亚（Gorgias），难道你不想继续讨论，就像我们现在做的一样（一人发问，另一人回答），我们延续上次过长的谈话，就像波洛（Polos）刚刚开启的话语？但请注意，请不要改变你的承诺——请同意能简短回答问题。高基亚：苏格拉底，某些答案需要很长的言论。然而，我当然不会不试着尽量简短。我必须说，这是我试图要做的事，没有人的用字能够比我说的还要精简。" *Gorgias*, 449c-d, Frédéric Cossutta, "Neutralisation du point de vue et stratégies argumentatives dans le discours philosophique", *Argumentation et prise de position: pratiques discursives*, *Semen*, 17, 2004. http://semen.revues.org/document2321.html, 29 April 2007.

移的幅度。① 因此我们可以换个方式推出以下结论：对话的功能就像是语言游戏，它的效益比起规则的激进用法更为深厚，更能以思想经验转化对话者的生活风格。

## 对话与文化

上面的论述能够点明跨文化对话的本质，跨文化对话的挑战和方法论是当代再三出现的问题。更广泛地来说，我们只有从文化的基底，以及文化间通过对话的经验相互转化彼此的方式，严肃看待对话风格的生成，我们才能真正了解对话与普遍性的真实关系。

对话与文化这两个概念的内在关联，借由一件简单的事实阐明，就是通往文化的通道——语言。语言的任意性说明它并不是来自于人类的属性，即使语言是人类的一部分。语言、记忆以及延续而来的历史给予人类群体一个面貌。同时，人类的肉身是语言的重要关键，由此在文化中，艺术在各个文化中借由肉身展现风貌，就像文化通过肉身的塑造，决定寓居世界的方式。文化定义某些"风格"，其中"对话风格"也是文化催生的其中一种表达类型。

前文的论述似乎引领我们观察到跨文化对话一开始不可行，甚至不同"团体"的成员之间的对话也不可行，由此我们必须使得双

---

① 参见班尼卡（Raimon Panikkar）的论述："Dialogue seeks truth by trusting the other, just as dialectics pursues truth by trusting the order of things, the value of reason and weighty arguments. Dialectics is the optimism of reason; dialogue is the optimism of the heart. Dialectics believes it can approach truth by relying on the objective consistency of ideas. Dialogue believes it can advance along the way to truth by relying on the subjective consistency of the dialogical partners. Dialogue does not seek primarily to be duo-logue, a duet of two logoi, which would still be dialectical; but a dia-logos, a piercing of the logos to attain a truth that transcends it." Raimon Panikkar, *Myth, Faith and Hermeneutics*, New York: Paulist Press, 1979, p. 243.

方无法理解的语言彼此产生交会。① 班尼卡（Raimon Panikkar）的研究取径看来依循此理，他认为各个宗教就像具备独自一套规则的"语言"一样：班尼卡偏爱以"宗教内部的交流"取代"跨宗教交流"。② 语言交流就像宗教交流一样，我善用（不管是能力高强）几种语言试着为自己进行"翻译"——从一种语言到另一种语言的翻译就像从一种宗教体验到另一种宗教体验的翻译——但是我不能使他人依归于他所不精通的语言规则。

## 艺术姿态的人类学观点

然而，我们讨论到的各种对话风格全然归根于文化的特殊性，在其中它们全然成形，同时它们也是促使文化间相互渗透的载体，借由这些载体，文化形成普遍的一体。在此，我们必须借由艺术姿态的人类学观点切入。虽然乍看之下此番绕行论述似乎远离主题，但是后文将说明，此举将相反地引领我们回到问题的核心。

我们以下列两个论句作为开端：

我跳舞，因为我走路。
我唱歌，因为我说话。

首先，这两个论句暗喻艺术姿态的人类学视角的原则，简单而

---

① "We bring numerous only loosely connected languages from the loosely connected communities that we inhabit." Ian Hacking, "The parody of conversation", in Ernest LePore(ed.), *Truth and interpretation*, *Perspectives on the Philosophy of Donald Davidson*, New York: Basil Blackwell, 1986, p. 458.

② Raimon Panikkar, *The Intrareligious Dialogue*, New York: Paulist Press, 1999.

且令人信服：这两个论句都牵系于肉体作为主体，开创艺术的延伸，伸展本能，试探极致，在极致时跨界升华，于是探索主体本身的进程使人从一个能力过渡到另一个能力。然而，表面上看来简单的动作却隐藏着重大的困难点。这些困难点并不会使这两个论句变得"无效"（我们反倒要问句子照这样的顺序铺陈是否有效），不过困难点给予这两个论句一个"初始论题"，由此让我们全面思索困难点所点出的问题。

在此我只提出两个困难点。第一个困难点在于这两个论句的并排法无法成立。事实上，"走路"与"说话"分属两个不同领域的能力。走路似乎是属于人类本能的活动，通过这样的活动我们可以理解主体在"测试自身的限度"——关节的灵活度与充分行走的能力。然而，从现在起，我们所说的"自然性"是相对的。"我跑步，因为我走路"可说是最"自然"的论句。舞蹈当然由走路衍生而出，但同时使得人停下脚步，它卷曲人的动作，使得人类重新体验身体的"动物性"，例如模仿猴子、鸟类或是熊的姿态，而走路也是与身体产生同样的关系。

相反地，"说话"一点儿都不是自然的活动。甚至于我们可以问道，难道歌唱不是先于言说的能力，难道不是在寻求表达的过程中放开嗓音，逐渐脱离叫喊，然后变成表达合宜的歌声，最终才成为口头表述字正腔圆的语言吗？"我说话，因为我歌唱"于是也成为有效的论句。然而，另有一个说法支撑上述"我说话，因为我歌唱"的先行逻辑是因为说话是肉体的，人类器官能够发出字正腔圆的声音，"说话"不再被视为一种行为，而是一种能力。而这个方式却解决难题，反过来彰显第一个论句的意义：发音器官之于歌声，就像脚之于舞蹈，表现肉体的动作从主体本身初始的笨拙限制与生存限制中逐渐释放出来。在这样的基础上，歌唱与跳舞的"社会能力"逐渐受到拓展，丰富文化表达形式，并走向系统化。

然而，我们觉得这样解决困难点的方式并不尽如人意。"说话"与"歌唱"分属两项拓展天赋的不同模式。"歌唱"拓展说话的能力，较之跑步和舞蹈拓展行进与站立的方式并不相同。即使最简单的字正腔圆的发音能力，"说话"连接自然面与文化面，就像符征与符旨一样密不可分。

尽管如此，检验第一个困难点有助于我们丰富并反省这两个论句的内涵，在此，我们可以再增添一项推论：若说具实效性的"走"和"说"推衍至舞蹈和歌唱，不如说是此一逻辑的翻转：若说主体能跳舞和歌唱是因为"超越"普通活动而达致，不如说是一种"折返"的探寻——跳舞和歌唱回归自然的本体，由此走路与说话变得可行。在这样的逻辑翻转以及象征意义之下，下面两个论句同样有效："我走路，因为我跳舞"；"我说话，因为我歌唱"。当我主动探寻能力，寻找构成我的能力以及我必须承担的全部能力时，每一组话语逻辑之前后关系被打断，变得没有区别。因此"说话"、"歌唱"变得不离不分，就像"走路"、"舞蹈"并无二致。

检视第二个困难点，使我们将论点往前推进。若说歌唱与舞蹈能够正式被认定为每一个文化与社会内部现存的构成要素，那么线条的形塑，如素描、形象化、象征符号、绘画等，能力也应理同如此。在此，引用史前壁画为例可能会产生误导，因为它们的前提在于抵抗时间得以保存的特性。我们若看儿童的发展阶段就会感到较为宽心。无论如何，若我们承认描绘的能力是人类社会的构成要素，如同歌唱与舞蹈一般，接下来我们的提问将是："我作画，因为……"我们要如何完成这个句子？先前的处理第一个困难点的方式启发我们自觉地答道：我作画，因为我的手允许我画。姿势直立，声门发出字句清晰的声音；手让我们抓住某物，然后制造工具。现在我们充分认识到人之所以作为人的根基，然而关于如何过渡到歌唱、舞蹈、作画的阶段，以上的说明（或者说尚未道尽的言词）显然仍有不足之处。

在此提出两条路径，提供我们作出新的省思：第一个在于先行提过的"折返"概念。当双手不进行与主体相关的获益活动时，例如抓取、制造，双手即是在探索本身具备的动物性的痕迹：不论自然形态、动物甚至是抽象形态，或具有象征意义的形式都要回归姿态"这一边"的探寻，也就是自然性，回到控制的姿态，就像歌唱与舞蹈的象征化，人们以同样的方式在空间与时间的画布上作画。歌唱、舞蹈与作画的合一在于三者皆是在时间空间中象征性的再创造，走路、言语与姿态才有可能发生。

第二个思索的路径：线条的轨迹首先而且必须与双手相应，但是画的线条并不完全臣服于双手。因此，某些史前洞穴的线条是通过口而描绘完成。以下的论句并没有失效："我作画，是因为我攫取。"这个论句和"我作画，因为我看见"或是"我作画，因为我感受"同样抛出落实时问题的复杂性，由此歌唱、舞蹈、作画有可能发生，不过我们还是提出外迁的律动，以及通向人类特有能力的极限的过程。当然，这样的复杂性已经由前面提过的词语点出，例如"象征性的再创造"，其中"象征性"与"再创造"都再加上长时间的默想或沉思，才会达到一开始我们提及的行动，如歌唱、舞蹈、作画。

## 史前绘画形成普遍性的典型

换句话说，艺术姿态的人类学是否真能被理解为一股活力的能量，引导人类意识自身的自然能力，甚至将自身当做完成过渡的首要之地？难道它不应该只在检视象征性的矩阵中拓展，其中歌唱、舞蹈与线条真实地取得形体与意义？在此，梅洛-庞蒂（Maurice Merleau-Ponty）推论得更深远："首批洞穴图画催使人们往前绘画或是素描，召唤绘画不定型的未来，如此一来它们向我们倾诉，而我们通过千变万化的面貌予以回应，借此它们和我们共同合作。"①

这项观察极为重要：虽说史前绘画是基于人类的自然能力来作画与描绘，史前绘画却形成普遍性的典型，从一开始即不是"自然能力"的领域，而是归属"文化对话"的范畴：一方面，史前绘画是对话式的，因为它们探索人与世界的关系。这样的关系往后扩及整个绘画史：史前绘画建立第一个"对话"，也就是人与"环境"的对话，因为从描绘的姿态那一刻起，人将世界定义为寓居的"环境"。另一方面，从逆推的关系上来看，史前绘画是对话式的，因为首批绘画者的创始姿态，通过将世界再现的事实，唤起我们继续生存在这个世界上的重任。

## 世界与历史是无止境的对话网

在这项简单的观察之中，我们仍可寻觅到思索不同文化表达之间的对话关系：这些文化表达都具有普遍性，因为彼此间的对话仍在继续。对话的性质有着未完成的印记，恒久对外开放，使得对话能够随着不同对话形式与风格而不断重新开启、延续、扩展、扭转，在历史与时间中迁移与变动。今日，孔子的"论语"、苏格拉底或是福音的对话、经院哲学的争论仍在延续，因为它们的理论结

---

① Maurice Merleau-Ponty, *Signes*, Paris: Gallimard, 1960, p. 75.

构使我们能够再次转述。对话的口语性与脆弱性维护其延续性,因为对话能够被转述、批评、转化。

换句话说,对话风格的流动性使得对话具有普遍性。对话是通过语言的使用,允许第三者走入语言游戏,共享语言游戏的共通规则,在共享的同时,逐步扩展并转化游戏规则。对话越是根基于实在的语言游戏,和真实的文化维系活泼的关系,那么对话就越能在时间和地点中留下印记,越能着重口语的源流、转折、流动性,越能够承接普遍性的重任,因为它能够随时被转述。我们能将世界与历史视作无尽的对话网,不断能够被转述,我们并非不能这么想。对话总是有着删除、缩减、无语或是忽然被打断,我们参与的对话总是存在我们的观点,还有其他人的观点。我们必须而且只需要谨慎地表达言词,它不会封闭地停留在原地,它总是能被转述,就像发球,游戏规则可使得球不断地转动。

# 想象力与团队精神

英式橄榄球赛只要有两个团队跟一颗球就行,适用的规则都相同,很适合拿来比喻各式各样的团队工作:团队工作若妙趣横生,将如游戏般激发团队成员源源不绝的想象力。

旧历新年之前,2007年诺贝尔物理学奖得主艾尔伯·费尔博士(Albert Fert)到台湾访问,我恰巧有机会听他演说。幸运的是,他谈的不是自己专精的领域,否则我肯定没办法针对这场演说写一篇短评。而奇怪的是,我之所以觉得他的演说深具启发性,并不是因为他辩才无碍（他一副欲言又止的模样），而是因为他说起话来非常精简，反倒让他的信念显得更有分量。

费尔博士提到两件事，让我在心里产生联想。第一件事就是，对科学家来说，想象力是最重要的优点，且在其他领域皆是如此。虽然人不知道自己的点子从何而来，可是人一定需要新的构想，也就是事后能拿来验证的构想，而能够提供新构想的，只有想象力了。吸引我注意的第二件事，就是团队精神。他在年少时期，非常喜欢玩英式橄榄球。直到现在，他都还觉得自己的实验室就像是一个橄榄球队，而实验室里的人全都"学会如何共患难"。

我觉得英式橄榄球很适合拿来比喻各式各样的团队工作，不管是实验室、出版社、新创公司、小区电台等。当然可以用别种球赛来取代，只要有两个团队跟一颗球就行，适用的规则都相同：球员要快速传球、协调团员们的表现、享受团体行动的乐趣，赢的时候欢喜庆祝、输的时候坚持不懈。工作必须根据团员各自的特质与功能来做区分，但如果出现突发状况，也要能够找到临时替代的人手。虽然团体里有角色的等级之分，但也要把持平等的精神，保持心胸开放、自由度及友谊。

在想象力跟团队精神之间，我看到一种强而有力的联系。一般来说，大家会把想象力跟个人特质联想在一起。不过在运动赛事里，伟大的团队会发挥想象力，运用变化多端的策略，让对手惊奇不已。一起打球时要是乐趣横生，团员的想象力就会被激发。团体之中的自由与友谊会让新的构想源源而来，并且有机会加以尝试。

所以我深信，费尔博士之所以会荣获诺贝尔奖，是因为他在年少时代学会打橄榄球，而窝在实验室时，心里也继续打着橄榄球。更重要的是，他教会自己的实验室团队，让成员不管是晴是雨、逆境或顺境，都陪着他一起享受团队合作的乐趣。希望我们大家都学会结合创意与团队精神,即使最后得不到诺贝尔奖也不要紧。

# 我的政治省察

> 人的政治意识与历史意识息息相关。笔者通过内省与外观,描述20世纪60年代以来以至21世纪初人类大环境的变动。这些跃然而出的字句使得你我不禁回顾起个人的政治信念与集体认同感的形成过程。回溯过去有助于创造共同的未来。

"人生而自由,却处处受到桎梏。"这是卢梭①在《社会契约论》中开宗明义的醒世名言。这句话预示了一场即将改变全世界的民主革命:无论是英国革命、美国革命或法国大革命,在开启了一个政治实验的阶段,其中有新的收获,也蕴藏着新的危机。19世纪以来,欧洲的民族国家逐步地具备民主法制的制度,同时,他们却在全球大部分地区进行殖民主义。于是民族国家之间意识形态的对立,终于引起两次世界大战。到了20世纪,被殖民国家基于同样的民族自决和民主原则,起而寻求自我解放,挣脱枷锁。但是,人类却不断地为自己制造新的手铐脚镣,诸如社会不平等、工业制度、社会分工、极权主义政权、国家主义、自由主义、帝国主义、宗教狂热等等。整个时代里,本该拥有自由和平等的世人,却一再遭受羞辱和奴役。

---

① 让-雅克·卢梭(Jean-Jacques Rousseau,1712—1778),法国思想家,主要代表作为《社会契约论》(*Le Contrat Social*,1762)。

## 奴役与自由的吊诡

我们清楚地感觉到,人类的社会不断地在进步,却也不断地退步。我们也了解,是人类本身在创造这个社会,使它重生。虽说社会是我们必须忍受的一种现实状况,但它也是我们可以共同塑造和凝聚的一种理想。话说回来,我们也常常感到挫折,谈理想又有何用?因为政治活动往往导致分裂、冲突和危机,所以我们常退缩到家庭、朋友和工作上,不碰政治。亚里士多德说,人是一种"政治的动物",但我们却只喜欢做"家庭的动物"或"工作的动物"。让别人去创造理想新世界吧,我们只要"自扫门前雪"就已足够。这种态度不能说没有几分道理:当社会和政治理想没有植根在思虑周全、兼顾现实、人道关怀及同理心时,这样的理想很快就会变成毁灭性的疯狂行为。但当我们放弃政治理想和人性中的政治本质,而任由别人来替我们做决定时,我们又使自己陷入卢梭所谓的"手铐脚镣"中。结果个人主义和集体主义竟殊途同归,同样容易陷人于奴役的状态。

## 内省与外观

我在上大学的第一堂课时,教授说了一句话,我用大写把它记下来。他说:"所有的政治意识都是历史意识。"借此他想说明两件事:第一,我们所做的政治选择,例如偏好这个党,而不喜欢那个党,或比较喜欢稳定而非变动等,都是建立在一种个人经验上,如从小父母言行的耳濡目染、历经令人震惊的重大事件(如越南战争、9·11事件等)、接触对我们有影响的人物等。第二,我们每个人也活在一种"宏观的历史"、"长期的历史",一种涵盖我们的历史意识中,也就是我们的文化、国家和社群环境。正因如此,我们常常在不知不觉中形成对国家、种族、自身权利义务、正义及自由的种种意向。

自由、平等和博爱的理念曾经吸引 18 世纪欧洲的思想家,以及接下来两个世纪中其他地区的知识分子,但在今日,我们必须重新创造符合这个时代的政治理念,并重振对自由、平等、博爱的伟大信念——它不该抽象空洞,也不应与现实脱节。因此,为了重拾我们的政治行为、振兴公共舆论,首先我们应在个人层次上进行自我省察。诸如:我们该如何与他人共处?我们希望建立什么样的人际关系?甚至更往前推想,我们的政治意识是如何形成的?我们如何看待社会、权力、国家和人类……这可是"大哉问",并且它的答案也因人而异。

现在,我决定对自己进行这样的一番省察。我要审视在 50 年的生命中,我的政治意向是如何形成和演进的;我个人的经历和国家或国际的历史,是如何交会而发生关系的。我也要对这段时期所发生最显著的变动作一番考察,例如我生于哪一种阶级环境?而现在我又处于哪一种阶级环境?我向各位提出这一篇"政治性的省察",期待您也能由此导引出个人的经验。我相信各位终将明了,回溯个人和集体的过去,将有助于获得崭新的泉源,以创造我们共同的未来。

## 流动的认同感

我 1960 年出生于阿尔及利亚,由于我父母的教职被指派到那里,所以他们无法拒绝前往那个战争中的国家。那一年,是西方战后婴儿潮的最后一年,同时也是许多非洲国家获得独立的一年。当时正值"去殖民化"的高潮,许多新的主权国家因而诞生,阿尔及利亚经过一场血腥的战争后,也在 1962 年独立,父母和我在前一年即回到法国。也就是说,我对出生地没有任何的记忆。但是出生在那里,对我而言仍然是有意义的:即在一场战乱中诞生,而我的父母才刚抵达一个遥远的国家,随即在 14 个月后又离去。后来这种际遇使我了解,当时我们正处于一段充满暴力的历史洪流中,也由于这段历史,我们生活在一个社会和政治制度皆脆弱不堪的环境中,其形成、变动与瓦解都由不得我们。

出生在阿尔及利亚,也使我对种族和国籍的归属感相对淡化。我从来没有回过出生地,也不曾对那一块土地产生眷恋。父亲的本籍在法国北部,靠近比利时边界的地方,我曾祖那一代定居在那里。但对于祖先们在佛兰德(Flanders,属今荷兰、比利时与法国东北部分地区)的生活,我们一无所知。母亲的祖籍也在法国北边,但那是比较靠近西部的一个沿海城市。我对于母系的家族也几乎没什么了解,只知道两次世界大战使得那个时代到处都是寡妇。母亲就是一名寡妇的独生女,外祖父在第二次世界大战去世;我的曾祖母同样也是寡妇,因为家族的男人在第一次世界大战中也全部阵亡。由于父母亲分别是教授与教师,我们家由阿尔及利亚搬到阿尔卑斯山,再由阿尔卑斯山搬到巴黎地区。于是就像这个时代的许多人一样,我的"集体认同感"和土地没有什么关系。当然我也有"根",但我的根是流动的,并非植根在土地上。

## 见证国家的变动与脆弱

我之所以强调出生的年代和地方,用意在探究民族作为一种变动和脆弱的现实状态,其境况可以到何种程度。1960年这一年,法国完全放弃了她的殖民大梦,退回自己的国界。她在19世纪所极力追求的梦想,受到两次世界大战的强力撼动,大大地减损了法国的国力,及法国在殖民地的威信。不论是中南半岛、非洲或阿尔及利亚,在1945年到1960年之间,殖民强权垮台,新兴的民族国家诞生。英国的旧属地也发生同样的现象。阿尔及利亚虽然也迈向国家独立之路,但由于在仓促中自立,却使国家走向毁灭和痛苦之途,直到20世纪90年代仍然发生残酷的内战,至今仍令人感伤不已。

在20世纪60年代,民族国家呈现出它们的活力,却也难掩其弱点。何谓活力呢?也就是启发了安德森(Benedict Anderson)所谓"想象共同体"(imagined communities)这类梦想的朝气。论者认为,借由历史、语言及文化上的渊源,及相同的记忆,可以创造一种共同的命运。而弱点则是这种共同体基本上乃是植根于神话,及其所隐含的矛盾,即少数族群语言、族群对立、疆界争议等。简言之,这些新兴国家从一开始便举步维艰。同时,除民族国家以外,其他的政治形式也确立了。当时出现了三种政治形式,直到今日,它们的重要性可说前所未见:即"欧洲共同体"、"新帝国"以及国际社会。这三种政治形式深深地改变了20世纪60年代全世界的平衡。

## 崭新的模式——欧洲共同体

经过八年的摸索和试验之后,欧洲共同体于1958年成立,当时由六个国家共同创建。这是一种史无前例的政治模式——这个由各国所组成的共同体,同意各自让出一部分的国家权利,以创造一种崭新的政治权威。无疑地,这是首度有国家自愿放弃一部分的主权。在这项努力上,我们逐渐地看出它是世界史上一个决定性的转折点。至2004年5月1日,欧洲联盟已经拥有25个会员国、涵盖188个地区、4.5亿公民及20种官方语言。

欧洲共同体起源于一位政治人物之手,此人也是我崇拜的英雄之一,即在1950年担任法国外交部长的罗伯特·舒曼(Robert Schuman)。舒曼出生于多次受到战争蹂躏的法德边界,比别人深知两次大战所带来的可怕代价。他的观点简单而宏大,于1950年5月9日言简意赅地发表在他那篇著名的宣言中,文中宣布"法德煤钢共同体"的成立,同时也欢迎所有其他欧洲国家的加入。① 在当时的情势与气氛下,法国担忧再度遭到德国的攻击,而德国的复原和重整军备首先会反映在煤钢的产量上。因此舒曼认为,若能组织一个机构,来共同管理这类资源,则和平就能真正落实在一种互信中。舒曼在他的宣言中表示:"以往欧洲(和平)因为没有造好,所以才会发生战争。而欧洲(和平)并非一蹴而就:和平必须借由具体的措施,先行创造一种事实上的休戚与共才能达成。而要促成欧洲国家的团结,法、德之间必须先化解百年的宿仇。为了这个目的,法国政府愿意把本国生产的全部煤钢置于一个共同的'高级总署'(une Haute Autorité commune)之下,而这个机构所属的组织,亦开放给其他欧洲国家加入。"

## 迈向欧盟的希望与疑惧

于是在这项基础之上,欧洲共同体在20世纪60年代开辟了它

---

① 这份宣言的拟定,是以法国政治家莫内(Jean Monnet)所提出的意见为基础的。

的发展途径。各国合作的范围日渐扩大,也建立了共同工作的习惯与机制。一种史无前例的政治形式由此诞生,既不是一个国家,也不是一个帝国。到了1979年,欧洲议会进行直选之后,又进一步地赋予欧洲共同体一种政治正当性。而自1984年起,共同体主席雅克·德洛尔(Jacques Delors)更致力推动欧洲货币与经济的统一。同时,另一个新的问题即将形成:即欧洲这项政治理想是不是制造了一个新官僚体系呢?在20世纪60年代,这个问题还不明显。欧洲共同体带给某些人很多希望,但也引起另一些人的疑惧。那时我父亲是欧洲共同体的热烈支持者,这其中,源自于基督宗教的观念影响很大,舒曼是一位虔诚的天主教徒,就像我父亲一样,他出生于边界地区,而法比边界同样受到战争的蹂躏。记得小时候,"欧洲"这个字眼,听来充满崭新的观念和事实,以及对未来的美好期待。确实,今日欧洲面临严重的经济、社会与政治等多重危机,但这样的危机牵系于理想欧洲与晚近政治现实之间的差距,而并非"欧洲联盟"这个概念存在固有的缺陷。欧洲若将欧盟的信念作为首要的活力与创造力来源并全心信赖,相信欧洲有能力跨越现今的危机。

## 美国——间接帝国崛起

其实"帝国"这个字眼,不尽然适用于美国。随着当时西方人大多肯定美国在世界的角色,这个字的含义便有了差别。美国是以一种"间接的"(indirect)帝国姿态出现,而不像苏联那种强权作风,直接对邻近的民族进行殖民化控制。但这个"间接强权"似乎也是居心叵测,在全球许多地方,欧洲前脚出,美国后脚便到;无论在中南半岛或非洲特定的地区,美国人都建立其全球战略、经济利益及势力布局。越南战争就是美国这种"新殖民"行为最显著的例子,同时这场战争也凸显出美国扮演这种角色所遭遇到的极大困难。有一段时期,美国能够真正发挥直接影响力的地区,只局限于中美洲和拉丁美洲。就在越战撤退之后,智利军人所发动的军事政变,在许多欧洲人眼里,根本就是再次显露美国强权的邪恶本质。当时我还很年轻,但我记得这场政变的消息传来时,法国几乎举国愤慨,谴责的声浪在整个欧洲左派间一呼百应。然而经过数年之后,欧洲舆论对美国人友善多了,因为苏联在1979年入侵阿富汗,被视为另一场越战。于是在1950年到1989年之间,美、苏两大帝国上演了一场权力平衡的游戏,直到苏联体系在东欧瓦解为止。

## 国际社会的形成

正当欧洲一步步地进行建设,美、苏两大帝国彼此抗衡,另一股新兴的政治力量自20世纪60年代起也成形了,那就是国际社会。所谓国际社会,指的是一些国际组织(特别是联合国)和日新月异的信息传播科技所形成的国际舆论。

联合国原先创始的用意,是为了阻止武装危机的发生,以确保国际安全。然而,就在联合国宪章订定武器管制的机制,世人相信全球解除武装为时不远之际,却出现史上前所未见的军事竞赛。联合国担负的主要任务失败了,但另一项历史性发展又赋予它第二个任务——即"去殖民化"。一大批新兴独立国家的加入,使联合国变成一种世界议会,并随之设立新的社会暨经济发展组织。联合国另外也成为一种绝佳的论坛及协商的场所。联合国有助于形成国际舆论,并提供一个讨论的平台,使全球问题得以厘清。

通过区域组织、美苏帝国的影响力及全球体系这三大主轴,国家才得以逐步重新界定。虽然国家的概念仍相当强烈，并保存其象征的形式，但实际的效力已经逐渐受制于上述的因素。许多国家内部的地方性诉求，也由下而上地限制了国家体系。所以尽管国家并没有消失，未来也仍将会存在，但它已经变成诸多政治行为者的其中之一而已。

## 在危机中转变

在20世纪70年代，年少的我目睹了民族国家日渐欲振乏力。在1973年至1974年这个转折点上，正值以色列和阿富汗战争、第一次石油危机及失业率骤增，[①] 我开始有了政治意识。而东西欧的分裂，更加剧了石油危机的效应。有好几年的时间，法国和德国因应石油危机的经济政策各行其是，结果互相抵消了效果。我们那一代的人面对失业的不断恶化，想法变得很悲观："上一代活在一个繁荣进步的社会，我们的年代却经济萧条，找不到立足之地……"1979年的第二次石油危机使这种悲观主义雪上加霜。我们感觉好像活在走下坡的日子里。现在回顾起来，多亏20世纪80年代中期以后科技的转变，才帮助我们克服这种印象。

从某方面来看，1989年的危机，与1973年至1974年的正好相反。我们发现历史并非静止不动，民主制度确实能够向前推展，政治与社会制度也能够大步地迈向现代化。当然，东欧民主开放的热潮过后，产生了许多幻灭，但人们仍然感觉迈入了一个新纪元。由此可见，人类不只是忍受历史，随波逐流，人类还是能创造历史。

但是创造的能力也是一种危险的力量。在东欧解冻之后，随即

---

① 1973年至1974年间，欧洲在经济上面临危机，但在政治上却有着十分正面的发展：西班牙、葡萄牙与希腊都在此时成为民主国家。

而来的是前南斯拉夫的悲剧：刚刚才向前迈一大步的欧洲，似乎同时又经历一场突如其来的退步，倒退到法西斯主义，倒退到20世纪30年代族群和意识形态的对抗状态。在这方面，国家再一次地暴露它的无能，而需要国际组织来介入国家所做不到的事。所以就出现了一种"失败国家"（Etats manqués；*failed states*）的政治理论（如索马里、伊拉克、刚果、前南斯拉夫）；这些国家的统治机制未能控制武力的使用，所以必须由国际行为者来暂时取代。而国际社会也必须以这样的方式成立组织，以便因应类似的需求。

的确，从1973年到2000年之间，世人对于国际社会的观感已经大为不同。即使人们仍然无法解决某些争议不休的危机（如以巴冲突），但我们生活的世界已经和30年前不一样了。

## 20世纪80年代的政治文化

然而，尽管国际景象大为改观，但20世纪80年代的政治文化，仍然深度地停留在国内事务的层次上，直到今日依然如此，法国和大部分国家都一样。从1976年起，我热衷投身政治，甚至在1982年参选地方民意代表。有好几年的时间，我担任一个中间派青年政治运动全国副主席的职位，代表出席欧洲范围的活动。在那里，我结交了许多同年纪的朋友，但我们感兴趣的仍是国内的政治、巴黎政坛点滴或政党恩怨……1982年至1984年间，我有幸赴美国停留，接着又在欧盟机构里工作了四年，直到1988年。若没有这一段经历，或许我就无缘增广见闻，开阔视野。后来我到安哥拉、以色列和马达加斯加的旅行，同样启发我思考许多具体而广泛的问题，这些问题远比我们在法国国内所关切的还要严重得多。但是人们总是囿于国内事务，眼光褊狭。一直到今天，几乎每个国家都是如此。尽管人们明明知道,那些问题在国内是无解的,但是政治文化仍然无法提升到国际层面。人们心态的调整总是那么慢,就像地理演化般漫长。

因此,所有的政治分析和策略,都势必要考虑到这种意识形态转变的缓慢。无论人民、心态和文化都承受不了骤然的七扰八翻。凡事欲速则不达,仓促行事最后反而坏事,甚至使人沉湎于过去、自我封闭起来。近年来,关于"全球化"的讨论越发使人察觉到上述的情况。例如有一种普遍的言论笃定地认为,全球化是不可避免的,这种论调反而引起某些人更加敌视全球化,因畏惧改变而退缩到从前。因此,政治人士们理所当然地必须积极解决冲突和不义之事,但同时也应该明白,他们所面对的是活生生的人,而不是一些概念或机器人。

## 暴力的沉沦与超越

回想起过去 40 年来的政治,最令人沮丧的,莫过于目睹暴力、野蛮及仇恨的存在与蔓延,人类行为中的暴力成分一点儿也没有减少。诸如尼日利亚(Federal Republic of Nigeria)内战、越南战争、柬埔寨内战、黎巴嫩战乱、尼加拉瓜及哥伦比亚大屠杀、南斯拉夫内战、利比里亚(Republic of Liberia)内战、两伊战争、海湾战争、车臣战争、安哥拉内战及阿富汗战争……简直不胜枚举。前苏联解体之后,正当历史加速向前之际,发生在前南斯拉夫的种族冲突,正是历史倒退最鲜活的例子。直到 20 世纪 90 年代,卢旺达、刚果和阿尔及利亚的悲剧更是残酷不堪。自从我开始知道世界比我的家乡或国家还要大之后,报纸和电视上的新闻便充斥着这些影像和字眼。面对这么多大屠杀的叙述和图片,到头来我都搞不清楚,自己的良知和感觉究竟是受重创还是麻木。我只知道很难去克制看报纸和电视新闻之后所产生的无力感、沮丧感、荒谬感及反感。

然而,这种感觉还是得要克服才行。对暴力的迷惑会使人变成共犯,会使人自我封闭在一种肤浅的愤世嫉俗中。人们不应该忘记,过去的冲突都是多亏一些有勇有谋之士①的介入,才得以避免或结束。我们也不应该忘记,即使在血腥的冲突中,人们也会有怜悯、慈悲和抚慰的举动。我们更不应该忘记,纵使这个世界充满强者为王或恐怖统治的丛林原则,但事实并不尽然如此。经过痛苦和退步之后,也会产生向往和平与互相尊重的普遍意识。这是一项事实,我们身为承平时期的受惠者,有责任保卫这种普遍的意识,并使它滋长下去。

以上就是我政治记忆中的浮光掠影、片段的回忆,当然我还可以想起更多:如1987年首度造访中国时,目睹中国刚启动的改革开放;上大学时结识了日本和阿拉伯同学,他们改变了我对世界的看法;1978年伊朗的伊斯兰革命,正式宣告这个积极的伊斯兰教国家成为国际事务的新行为者;我在欧洲议会的短短数年,经历了各国在不同意向之间,为了达成一种共识所经过的漫长讨论;在马达加斯加肮脏的海滩尽头,看到贫穷而无立锥之地的渔夫,窝在简陋的铁皮屋内,竭力地修补破洞百出的渔网。

## 公共论坛审慎商议

在这样的人生过程中,我心中确定了几个简单的信念:

第一个信念就是,我们所生活的环境其实是一个残酷、暴力、

---

① 最近在莫桑比克、拉丁美洲等地,都有借由协调与斡旋而成功避免冲突的事例。

非人道、被丑恶不堪的不公不义所撕毁的世界,而我们正是这不公不义的共犯(第一个就是我)。就如我一身所穿的衣物之所以价格低廉,其实来自于对广东或其他地区低价劳工的剥削;而我们所浪费的水和石油,是从人类共有的资源劫掠来的。

第二个信念是,这个暴力的世界也是一个美妙、热烈、充满创造力的世界:穷人们奋力谋取工作,建立属于自己的家,养儿育女;也有强韧不屈如舒曼、曼德拉这类的人物;还有在人道组织、环保团体、社区等贡献自我的志工。

第三个信念:这个暴力又美妙的世界,同时也是一个引人入胜的世界,因为它可以被改造。无论是政治活动、言论主张、民众集结、议会立法、国际游说(如促成扫除地雷的运动)等等,都使世界变得不一样。如今的我,比20岁时更加叛逆不安,但也比当年的我更确信,自己迫切需要获取新知,与他人沟通,并共同采取行动。

第四个信念:我深信政治行动应该通过内省来加以制衡。人们常自以为是英雄,说的、做的比别人都对;动不动就把自己的文化、宗教和所属的族群,当做是最好最棒的。故而教育年轻的政治活跃分子,使他们具有批判精神,使他们能够淡化自己的归属性,懂得内在省思,这是政治热情中不可缺少的一项训练。但是政治后进们却鲜少从他们的前辈那里学到这些,反之,政治先进常常只会利用年轻人的热情,而吝于传授他们分辨的能力。

第五个也是最后一个信念:所谓政治是人们学习表达和共同决策的空间,而现今这个空间的扩展比以往更加必要。因为现今这个世界里,各行的专家各说的各话,其所做的决定没有人能理解,也没有人能明白。在古希腊的理想中,公民们充分清楚城邦的事务后,能够在公共论坛中审慎商议,以便达致一个理性又为各方所接受的决策,这个理想至今还没有哪一个比它更加完善。在现今的时代里，随着传播媒介的多样化，以及一种普遍意识的出现，这个理想应该比以往更容易实现才对。因此，即使需要"日日新"以适应新局，我们也应该维护这种古典的民主模式，使其不死。

## 世界层次上教育公民

综上所述，我的结论如下：现今最重要的工作是在世界的层次上教育我们的公民，使他们能够和别人沟通，并共同作决策；而这种教育工作不但必须借助现代科技，也必须倚赖永恒的哲理与精神食粮。

"人生而自由，却处处受到桎梏。"这诚然是一句至理名言，但我们也可以加以补充：今日活在手镣脚铐中的人们，无时无刻不向往更加自由、更加团结；当人们共同分享这个愿望，一同努力促成这个愿望的实现时，那些手镣脚铐早已从手腕上自然松落，因为唯有自由和正义的价值为我们所珍爱时，它们才有落实的可能。

# 全球化时代的和平教育

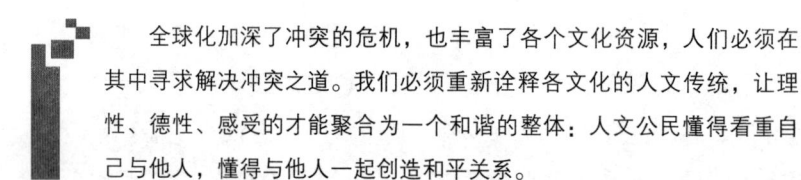

全球化加深了冲突的危机，也丰富了各个文化资源，人们必须在其中寻求解决冲突之道。我们必须重新诠释各文化的人文传统，让理性、德性、感受的才能聚合为一个和谐的整体：人文公民懂得看重自己与他人，懂得与他人一起创造和平关系。

和平教育是面对冲突必备的前置教育，不管面临哪一种形式的冲突都能提供对策，如家庭、族群、文化及国际间的冲突等等。当我们面临冲突的情境时，应运而生的协调及和解艺术皆受到自身文化的陶冶与影响，然而我们直到近来才懂得开始去反思和平教育的底蕴。究竟我们要在什么样的基础上建构和平教育，教导年轻人或下一代以理性的方式面对让团体决裂的冲突呢？什么样的人文传统、价值观及学校教育可以教导人们分析冲突，理解冲突的原因何在，同时再次开启对话，以确保长久的和平呢？

在这篇文章中，我认为人文传统必须在今日社会中重新被借用，并得到新的诠释：当今的世界越来越全球化，也越来越区块化。全球化加深了冲突的危机，也丰富了各个文化资源，人们必须在其中寻求解决冲突之道。

我不以史学的角度阐述人文主义的内涵，也不采归纳、列举各学说，以定义人文主义的内容，仅以下列的论述作为起点：意即不论东方或是西方，人文主义是在各个文化中早已存在的态度，特别是知识分子的态度。从这样的态度可看出人文主义的两个方面。第一，"全人"教育：不限于技能的养成或学科的知识；第二，跨领域的教育：重视文化、语言及心性涵养的多元性。换句话说，人文主义是跨学科、跨文化的，也跨越各个精神层面。因此，我拟提出两个重要的研究方向：第一，和平教育是人文教育。第二，和平教育以文化互动作为起点。

## 和平教育是人文教育

### 诠释传统建构新理念

我要提倡的人文教育，和欧洲自文艺复兴时期以来实施的教育模式，有若干类似之处。这个教育模式期望教导人类善的一面，创造"全人"，在"健康的身体中开创健全的心灵"，开设的课题不仅让学生运用他们的记忆力，同时也能让他们善用个人意愿、自由与想象力，这样的课题也能让学生运用理性与感性，使得两者没有矛盾，让理性、德性、感受的才能可以合为一个和谐的整体。在某些方面，人文教育的理念事实上超越了文化与时代。在各个文化综论当中，我们都会找到这样的事实，儒学的革新就是一个例子。每次的革新都是让这个传统跳出怀古的僵化框架中，而能够对源流重新加以诠释。这就是我们今日的使命，我们并不需要重新发明一个新的观念，而在于重新诠释，让这个理念符合时代的潮流，并具有实践性。

## 第一项原则——认识自己

以我的理解，真正的人文教育应该用下列四项基本原则作为基础。第一个原则就是要学习认识自己。[①] 这项原则就字面上来看似乎十分清楚，但是要界定所有涵盖自我认知的因素是一项比较复杂的机制，不同的文化有不同维度的提问法，来让一个人去探索内在的自我。对我来说，我认为要做到认识自己似乎可再分为下列四点：

### 认识自我的主要欲求

自我的主要欲求是引你行动的动力，引你憧憬的内在力，引你作出选择的优先顺位。全人类都受整体欲求所推动，后者形成一股

---

[①] 魏明德主编：《和平教育：面对冲突、建立和谐》，台北：光启文化事业，2001年，第15—36页。

主导的力量。由此来看，教育是自省经验的总和，大家多方尝试不同的事物（绘画、算术、文学写作、运动、团体活动），或是在学科上的良好表现，那是去体验品而有味的事物，那是唤醒你心中生命的活力，那是一股内在的喜悦。当然，我们必须去品味全部的事物，而不能任由个人的喜恶引导，然而，如果老师能够以才智与善意来引导你，大家就会渐渐学到认识自身深层的欲求，也就是在某种程度上掌握个人活力的跃动，让个人体会到的内在的美好来作为引导。

### 认识自我的内在黑暗面

没有一个人是完美无缺的。但是教育很少让我们去诚实面对自我难以了解的部分，或是自我不能完全掌握的事实。这份缺憾"滋养"了一种罪恶感，也有可能使得我们终究完全否认自己难以认清的部分。举个例子来说，自由畅言的教育就是诚恳地承认我们制造冲突的真相，并承认个人在团体中感到不自在，以求进一步承担自身的限度。教育的目的不在培养超人，而是培养人，因此我们才能知晓世界上的男女和我们自己一样复杂，同时存在各自的限度与自我摧毁的欲力。这并非把我们关进自我的牢笼，而是希望能够更清楚地正视个人内在的负向能量。

### 认识自己和尊重自己

除了这两个基本的认定（欲求、暴力，也就是生与死）之外，我们还需要肯定自身的价值。这个价值与行善、行恶的价值不同，我们认为一个人的内在都有一种精神，使自己源源不断超越自己。凡是轻视他人、伤害他人的人，一般来说都是不懂得尊重自己的人。认识自己和尊重自己乃是一体两面。

### 认识自我的创造力

所谓创造力，举例来说，建立家庭、完成一件艺术作品、写计算机程序、组织一个公民团体等等都与作为人类的条件息息相关。创作不分大小，只要是依着人类本性完成的创作都是伟大的。人文教育让我们认识自我，为的是接纳自我；自己一旦成了创作者，渐渐地也会成为命运的创造者。

## 第二项原则——认识他人

人文教育不仅教导我们认识自我，还教导我们去认识他人。[①] 对于认识他人，分三点说明如下：

### "感觉"他人的世界

对于认识他人，伦理教育发挥了重要的功能，例如我们要让孩子懂得什么是遭人恶意取笑的感觉。借着这样的机会，我们让孩子了解世界各地有什么样的物质条件，社会上有哪些被忽略的阶层，了解什么是挨饿，什么是对国家的未来失望，说一种快要消失的语言又是什么感觉。"站在别人的立场"必须懂得发挥想象力与感性的活力。只有对过去的记忆较为完备的时候，才能发展人文教育的这个层面。现代科技的影像帮助我们更深一层去"感觉"他人的世界，但我们必须知道亲身的体验是无可取代的。对都市的孩子来说，与其播放影片教学，不如实际带他们到山区接触少数民族的儿童更有教育意义。

---

① Paul Ricœur, *Soi-même comme un autre*, Paris: Seuil, 1990, pp. 137 – 164.

### 超越文化的刻板印象

我们的文化与认同都是相对的,而且会随着时间的推移而演进。如果我们不了解他人,我们也可能会认为其他文化不过是"东西",所谓的文化特色变成大众强行赋予的陈腔滥调,例如广东人有生意头脑、日本人伪善、法国人浪漫、非洲人懒散……学习了解他人就是要超越这些刻板印象,并且明了世事都不是绝对的,而且会受到时间与空间的限制。

### 学习维系与他人的关系

他人并不是我们可以冷眼检验的统计数字,他人像自身一样是一个活生生的个体。若想要了解他人,不能像在实验室解剖白老鼠一样,而要懂得开启与他人活泼的对话。如果检视我们的教育制度,我们就会发现学生同侪之间、学生对老师或是老师对学生的关系,往往是被忽视的一环,其实这是很匪夷所思的。学习礼貌,学会分享与坦诚,学着具体地解决冲突,例如在课堂畅所欲言地发言与讨论,这些都是维系师生关系的一部分。我们要学习坦率、互相尊重地与他人沟通,如果教育能达到这样的目标,就是一项极大的成功。

## 第三项原则——重新创造文化

今日全球人文教育的第三个原则是重新创造文化。[1] 当然,它也教我们学习去尊重传统,同时让我们知道文化是不断转化的:文

---

[1] 魏明德:《政治与公道》,《冲突与和解》,台北:立绪出版社,2000年,第90—98页。参见魏明德:《全球化与中国》,北京:商务印书馆,2002年。

化只有随着时代变迁，才会变得更为活跃。这也让我们学习去认识本身固有的文化资源，并借用新的资源来完成文化上的创意结合，例如：中国传统的艺术理念在录像带和电影中觅得了第二次生命；少数民族运用新式媒体承载传统的神秘图案及美学，如油画、时装、网站架设。当宗教团体与其他的灵修团体互相尊重地对话，每个团体都可以全然表达其宗教信念，聆听对方的想法，从而对自身的信念产生新的看法。戏剧、小说、艺术等文化资源被孩子吸纳，成为自己的一部分，并且用自己的方式诠释：独自写作、排一出戏、把周遭的环境画下来。如此一来，孩子的创造与再创造的能力就会受到鼓舞。这并不是背叛传统，而正与之相反——当我们运用个人的文字和影像，把传统转化成自己的一部分时，我们才能开始学会去爱自身的传统。这些文字和影像包含了文化的要素，一开始像是外在的，却会慢慢地转化成个人生存与生命的一部分。

## 第四项原则——跨学科和宏观的视野

人文教育必须要重视的第四个原则：人文教育鼓励跨学科的视野以及对各知识领域有"宏观"的观点。[1] 当今，我们活在一个被学科分隔的世界，各个领域的语言到了无法相互沟通的地步。法学家听不懂程序设计师所说的话，程序设计师听不懂生物学家的话，生物学家无法了解精神分析专家使用的词汇，精神分析专家可能无法明了所谓的政治决策，政治决策者听不懂佛教僧侣或神学家使用的语言，更不用说其他专业领域使用的语言。当然，每个领域的专家都有各自专门的语汇，这原本是很正常的。但是，不同领域的语

---

[1] Jürgen Habermas, *The Theory of Communication Action*, *Vol. I*: *Rationalization of Society*, Boston: Beacon Press, 1984.

言沟通产生了很大的困难，成为我们今日必须首先面对的问题。如果不先面对这些问题，我们就会活在一个越来越破碎化的社会：公共辩论只能及于表面，若谈到议题内容，涉及选择、取舍时就变得寸步难行。因此，朝向未来开放与发展的人文教育，必须能让科学家接触文学、社会科学的语言，同时把科学的语言教导给一般大众知道。至于技术层次的语言，人文教育应该重视书写表达与口语表达的能力，并当成首要之务，如此大众才能学到和谐的沟通方式。这对民主辩论是极为必要的，最后必定能帮助科学的推进。事实上，所谓创造力在于联系和跨越不同的知识领域，而不是把人封闭在各个专门领域。

## 目标先于技术

第二次世界大战以后，整个世界的发展都在科技日渐专门化的基础上进行。在这样的基础上，各个专业领域的学问确实得到傲人的成就。往后的挑战在于如何整合各个知识领域，并共同决定未来往哪里走。近年来我们遇到的难题，大多起因于科学提供的卓越工具，使我们最后竟然不知道要拿它如何是好。举例来说，信息提供了卓越的沟通方式，但比起我们要沟通的内容，早就不知超越了多少倍。因此，现在我们应该从内容着手。再举一个例子，生命科学的发展引发了哲学与公共伦理层面的问题，我们高度掌握生命科学，但也不禁重新问道："什么是人？"学生若受到人文教育的陶冶，就应该懂得如何给予技术层次的手段一个意义，这样的学生可以掌握科学层面的技术问题，继续加以改善，同时也会从个人看到群体的层面，视野扩及人文发展及全面发展。自省能力及创造能力使他不盲从，并进一步懂得运用弹性、创造力与反省能力，把技术引入设定的目标。

## 学习决断、包容和反省

人文教育的内涵很明显地就是"和平教育",因为人文教育教导大家作决定。[①] 然而,有的人因为不知道如何反驳,只能被动地承受周遭的暴力,或是随着性子走,不知道如何分辨,在理性与情感之间无法做出决断。不知道作决定的人往往是引发暴力的始作俑者,同时违背人文教育的理念。人文教育明显地滋养了文化相对性及宽容的内涵。

人文教育重视反省,这并不是来自于理论的范畴,但是这会使得学生学习如何超越冲突,学习如何在一起工作。因此,17、18世纪法国某些中学对教学改革有极大的贡献,其独创的精神就是让学生自己演出戏剧。这些教育者知道排戏是极佳的一个训练,学生借此学习人与人之间的互动,并找出化解冲突的方法。当大家共同排戏时,必须学习如何成为团体的一分子。我们没有办法让每个人演主角,但是每个人的表演都会牵动他人的演出。若在剧本的诠释上有不同的想法,也必须经由讨论找出解决的方法。最后若能成功演出,也表示培养了团队精神。今日我们同样可让学生借由戏剧演出,或是共同完成录像、多媒体制作达到同样的成果。

## 翻新表达能力

和平教育基本上非常注重语言的学习,如母语、外语、影像、面对各式人际关系的语言、科学的语言以及计算机的语言等等的学习。人文传统为我们作出定义,定义我们为使用语言的存在者,而非展意符号拼贴的总和。也许后者会让我们变得很有学问,完全懂

---

① Éric Weil, *Philosophie Politique*, Paris: Vrin, 1971, p. 11 以下。

得使用计算机，但是终究是一个"哑巴的"存在者。和平教育不会劝大家不要用计算机，相反地，和平教育希望大家使用计算机，赋予语言新的活力、新的表达能力。和平教育让我们明了，若没有语言的中介，不论是个人的创作或是社会的和解都无法完成。学习运用在技术层次具有意义的语言，这和"人文传统"是息息相关的。

对于评估教育课程的改革或是教育现行体制的革新，以上的考虑或许仍有不足，但是我在这里提供了一个基础，供大家长期思索，同时帮助大家想象何者是今日与明日所需要的人文教育。过去大家有了不少教育试验，有的现在还在进行中，最重要的是我们要如何去整合、诠释，找出适合的教育模式，不仅能给教师和学生带来希望，也为整个社会带来活力。

## 文化互动模式的精神

### 全球化体系

我想继续探讨的是文化互动的应然面，而非实际情况。更精确地来说，我想探讨文化互动过程中的"虚拟真实"[①]，使文化互动在其进行过程中，能有助于世界上不同国家、文化、族群及宗教团体等发展出更为和平、公正与成功的关系。我甚至希望能建构出文化互动的理想过程，借由这一过程，使文化与宗教上的互动能共同孕育出一套人道发展模式，以强化人类社会中多元性、宽容、自由选择、社群建构等理念的发展，也能更加关注在全球社会中，各团体与个体间最弱势者的意见与经验。

---

① Joachim Ritter,"Virtualität", *Historische Wörterbuch der Philosophie*, Darmstadt: Wissenschaftliche Buchgesellschaft, 1971.

我之所以由文化互动的"虚拟真实"论起,意在建构一套主体与他者之间文化、信仰、价值观相关的态度与方法。这种行为上的态度与方法在今日全球社会中并非主流论述,它作为促进和平与国际社会正义的工具性效用,也尚未完全受到体认。正因如此,这套态度与方法更应被阐扬,以便持续催生上述的过程。

目前无疑地正处于一个全球化的时代,[①] 尽管这个措词可能会让读者产生迷惑与不满。然而这意味着三件事:第一,这个世界是一个全然整合的体系,而且体系中从一端到另一端持续不断地进行着文化刺激与回馈的观念,这已经成为我们集体心态的一部分;第二,信息时代大量增加的讯息、情感、意见的交换,已经多到由原本的"量变"现象往"质变"现象发展;第三,这种"质变"现象已对文化艺术、公共伦理、价值观、世界观、宗教教义交流时的强度及其后续发展,产生了深远的影响。

## 感受与认知的再创造

我所说的"简单文化互动模式",是经过长达十二三年时间,不断地与社会科学研究人员、哲学家、艺术家、教师、学生,以至于政党人士、企业家及一般民众进行对话交流的心得。在这个过程中,人们发展了形式与实质上的关系,也产生了互动的成果与障碍。要如何才能使交流过程对涉入其中的人产生意义?它又可以发展到何种程度?是由"我"自身开始吗?

当我们提到不同文化背景的人要发展具有意义的关系时,常牵涉到一连串当事人的感受与认知:第一,在交流过程中产生的偏好,在对话中产生的乐趣、语言的借用、异国风情、发现新奇、友

---

① 参见 John Tomlinson 著,郑棨元、陈慧慈译:《全球化与文化》,台北:韦伯文化事业出版社,2001年。

谊等等；第二，因思想借用所产生的认同，如视野增广、想法、改变偏见、情绪与回忆分享。具有意义的关系会再进而转化与创造意义，而意义是构成对真相、种族、地域、文本进行认知、评价、诠释的要素。再者，具有意义的关系会源于或产生共同的计划与实务上的合作，以求实现共同目标，不论这目标的大小为何。

## 文化互动四步骤

因此，在试图使互动双方的关系可以更具意义的过程中，笔者逐渐构思出四个步骤的想法。这四个步骤不但可以描述与评估私人的、小型的文化交流行为，亦可用于正式的、多边的、长期的、文化与文化间的活动。

### 寻求共通点

寻求文化间交流之意义性的第一步，即是寻找共通点。但通常这种共同性不是正面，而是负面的：经常是共有的危机与挑战。形而上或是宗教上的交流可能是如此，例如人终免不了一死的事实，但亦可能是全球化时代中特有运作逻辑所导致的文化与社会上的交流对话。

全球化最基本的现象，就是危机与挑战全球化。这可能意味着人们不是经由文字，而是共同经验，来发现滥伐、耗费自然资源、艾滋病与药物毒品的蔓延、环保等问题：它们已是全人类的共同挑战，不再仅限于少数地区。我们也了解到上层社会文化精英的理性语言，与边缘社群的表征性语言之间的鸿沟不仅日益加大，更使得所有的沟通理论与假设失去效用，而这已是一种全球化的现象。交流的共通点也可能是因个人原本赖以了解自身世界、认同与文化的传统方法衰落而来，亦可能因必须处理科技生活所带来的日常生活与道德挑战而起，或是由学校或社会上的强势文化暴力所导致。这些都使得和谐与妥协难以达致。人们首先所共同拥有的感受竟是迫切与杂乱！

## 文化差异的意义

交流过程的第二阶段是去重新体认我们在回应这些挑战时，一切能够为我们所用的众多文化资源。当我们认真去面对共同的问题与危机，就会发现源于不同文化或社会的世界观仍存在相当的歧异性，如道教、佛教、伊斯兰教、基督教，或是汉化地区、非洲、欧洲社会等。不论就生活本身而言，抑或权力结构、与自然或是他者之间的关系、对话与评价模式、基本感受方式、逻辑思维方法、宗教文本与根深蒂固的行为模式等，都存在着各种想象可及的差异、分歧或矛盾。我们的文化传统是由历史记忆交织而来，发现彼此文化差异的所在，或许会令人振奋，也可能会使人不知所措。因此，当人们开始思考彼此间的共同点与隔阂时，在"差异"的症结中自然会产生"意义"。

## 主体与他者的动态关系

到这个阶段就必须作策略性的选择。我认为当人们一旦决定要以不同文化内涵作为重新思考自身传统与文化的媒介工具时，"意义"即处在持续流转的状态之中。[①] 当借用其他文化、世界观与宗教信条中具诠释性内涵的过程时，自身的文化、世界观、宗教信条就会被重新阐述建构。而且这种运作模式会自发作用于所有交流者

---

[①] Paul Ricœur, *Le Conflit des interprétations : Essais d'herméneutique*, Paris: Seuil, 1967; Éric Weil, *Logique de la philosophie*, Paris: Vrin, 1996, pp. 121-138.

之中。这种诠释过程可以是一种非常细致的、智识上的尝试，例如用大乘佛教的概念重新诠释基督教的神学架构。这种以其他文化内涵重新诠释自身文化的路径，其实不难理解。我有位中国友人精于道教仪典与历史，我曾问及他的计划为何，当时他已完成数本著作，他答道他在与基督教接触的期间，感受到尽管基督教在世界上获致成功，但仍必须处理现代性挑战所遇到的包容性问题，以使基督教的教义思想能与时俱进。他告诉我，他要尝试使道教也成为一个类似的现代化宗教。类似的想法与智识活动早已在无数的心智或领域中成形与展开。最令我感兴趣的是，每一次主体与他者互动的动态关系会使这段关系变得颇具参考意义，成为诠释的资源，借此人们可以重新建构自身文化的认同。这种重新建构的过程是自发的、具有高度智识的、对个人既有的文化认同核心给予不同程度冲击的。但不管在何种情形之下，文化交流均传输一种可供个人选择与诠释的文化资源网。

## 个体与本土的回应

由此看来，所有文化、宗教信条、世界观都在不断重塑，而重新界定上述价值观，完全迥异于既定的思考模式，则是交流与诠释过程中不断质疑与发现的结果。因此，文化认同的核心意义绝不是在我们后面，而是在我们前面。同时，在文化、宗教信条与世界观的重塑过程中，不会导致产生一种混合体，而是让我们重新界定个人的归属感与核心价值。虽然不同的文化认同是可变的，但它仍是不同的实体，因此对共同危机的解决方式仍会具有地区与认同上的差异。也唯有经由这样诠释性的过程所酝酿出来的因应之道，才会与个人通过传统文化价值所思考出的方式不同。这些由不同文化或团体所构思出的因应之道，可以被理解为一套相关的态度、选择与决定。

因此，对于文化互动模式的四个步骤，在此扼要地归结如下：

一、我们迫切需要去发现与思考全球化时代中挑战与危机的共同性。

二、为了响应全球化挑战与危机，不同的文化有其不同的反应及文化资源，我们必须承认这样的内涵具有多样性，各有其长处与限度。

三、交流的过程中有了许多诠释的互动，使得每个文化重新评估自身对问题的反应与价值认同。

四、体认不同文化之间再诠释与再评估的结果，面对共同挑战不等于共同解决问题，但却可持续催生个体自身归属与本土性的选择与决定。

## 文化互动模式的使用

这套文化互动的模式提出之后，产生了四点质疑意见：

一、目前没有任何规范的模式可以发挥作用。作者认为文化互动是一种真实的存在，但目前却没有一种途径来规范。目前找不出使外来者采取较为积极、理性与富创造性的行为模式，响应与其他文化的交流。

二、关于文中"诠释"被赋予的重要地位，在此提出疑问。作者以为本文相当强调其他文化诠释性功能的策略，这难道不是意味着任何既有文化的主体优势将受到另类世界观的冲击？另类的世界观真有诠释性的典范作用吗？"诠释"是否过于依赖《圣经》的诠释传统？

三、文中指称的架构究竟是"内容"还是"过程"？（以下会进一步论证相关的另一问题是：我们用什么语言来做诠释？）

四、关于全球化过程中的诠释会产生本土的响应、抉择与认同的看法需要进一步讨论。如果这一命题为真,关于全球公共伦理的课题又是如何?

事实上这些问题都是相关的。我拟采取不作个别响应,而是尝试作一种综合性答辩的方式,并希望进一步探讨上文勾勒出的模式。

## 翻译的过程就是沟通

以下几点我们必须加以重视。第一,文化互动是通过语言而发生,而语言的互动取决于翻译。最重要的是,界定不同族群与文化之危机感与认同的基准点,即是存在于各自的语言[①]中。第二,在任何一个社会之中,同时存在于社会与政治领域中的象征语言[②]与理性语言[③],两者之间也是需要翻译的。在翻译、诠释、相互酝酿的过程中,的确需要一种被广泛使用与理解的语言,使参与对话者能通过讨论变得客观化,且所使用的是远离自身环境的语言。第三,文化语言(如次文化语言)与自然语言(如母语)之间有必要做到双向翻译,并借以弥补语言之间的落差。我们可以用边缘国家的边缘族群在与文化强权遭遇对话时,以全球化、工具性的英语结构与词汇进行沟通作为例子。

文化互动可以允许不同的族群,在了解其他语言及被了解的情形之下,以各自的母语表述主体文化。这一过程之所以能进行的重要因素,乃是人们深信有沟通的需要,其过程有赖于直指重要问题

---

① 语言是符号(signe)形成的体系,在此语言指的是母语、次文化语言、各阶层的词汇、专业语言及象征。
② Yves Michaud, *Violence et politique*, Paris: Gallimard, 1970; David Apter, Nagayo Sawa, *Against the State: Politics and Protest in Japan*, Cambridge, Mass.: Harvard University Press, 1984.
③ 理性语言指的是建立在现代科技基础上的语言。

的高技术语言。就文学概念而言,"诠释"在此处可以被理解为一种哲学与注解的隐喻,若说得更精确些,它是文化交流的核心与动力。翻译的过程就是沟通,翻译模式才是真正的规范模式。

这正是文化交流必须在这种思维下进行的原因,同时也是关于过程与认同的问题。能自某一处翻译与思考,可以修正人们对环境的眼光、对自身的表述方式,以及所倾向支持的解决方案。所有这些过程都是同时发生的。同理,地方性的解决之道也是通过"共同语言"的响应。这本质上是一种"语言答案",但并不是说这些答案与其他能化解冲击模式的差异,仅是形式上的,不具实质内容,而是人们借以表述的语言为他们的运作方式奠定了基础。因此,全球所迫切追寻的全球公共伦理与翻译过程密不可分。就不同的思考层面而言,其实就是翻译过程建构了全球的公共伦理。全球公共伦理不涉及形式,也不涉及实质内容,而和演变内容的形式息息相关。换句话说,全球公共伦理就是一种语言的伦理观。

### 通往全球伦理的路径

这并不是说诠释过程不传递实质文化内容,而是说实质文化交流的内容将是一种语言性的创造、一种创新发明的过程:诠释本身就是一种创造,只有当我们对旧有的价值加以重新诠释,我们才能勾勒出公共伦理基准点的新界线。认同永远是被诠释与被创造的,也唯有承认这个过程,认同才可以被分享、沟通、充实,被诠释后的认同变成价值创造的动力。只有在了解认同、诠释与创造是当代文化交流的三个信念要素之下,才能由全球伦理的关注中刻画出进步的指引路径。

### "人"才是和平的关键

"人文主义"一词随着时代的不同需要重新解释,因为新的时代有新的试炼,那是与过去截然不同的挑战。同时,人文传统有着对文化差异的关注,重视"全人"教育的意义,尊重、聆听他人,这都构成了和平教育的重要基础。冲突使得世界分裂,而化解冲突的意愿、解决冲突的策略、和平的缔造都必须回溯人文传统,才能落实到现实生活。达到和平最后所依靠的并非和约、策略、法律、对谈及协商等高级术语。冲突是人引起的,需要人克服、平息,因为只有人才能够缔造和平。

# 知识分子有用吗

不论在东方或西方,20世纪被称为"知识分子的时代",他们的写作、演说与辩论影响了政治发展、文化趋势与社会意识形态。21世纪,我们还需要知识分子吗?

## 知识分子的今日特质

很多人认为知识分子的时代已经过去了,因为现在是信息时代,"知识"属于大众,而不再由某个阶层所垄断。知识走上专业化,例如计算机、管理学、生命科技等,都是不断地变动与发展的专业领域。我们怎么可能相信科学家或经济学家有能力讨论政治和社会议题呢?相反地,若知识分子没有任何专业知识,在这个信息爆炸的时代,他们又如何能引导我们的思维、协助我们思考社会与文化的议题呢?

何谓知识分子？因为他们似乎没有特定的专业，所以很难定义。在历史上，知识分子是与民主意识形态共同发展的。他们挑战了科学和文化之间逐渐深化的隔阂，更拒绝把"知识"与"良知"分开。目前为止，我们虽然无法为知识分子下一个标准定义，但是每次当我们见到一个有"知识分子特质"的人，我们常会发现他们有着以下共同点：他喜欢看有关任何主题的书、无论什么议题他都会有自己的意见、他关心许多和自己看似无关的问题。总而言之，知识分子似乎是"不管自己的事，却关心他人之事"的人。

## 市民社会的启蒙者

有时候，听知识分子讲话使人起反感，因为我们感觉他似乎不够资格出来表达意见，而且我们常常不了解他们论述的逻辑。但是知识分子绝对有其社会功能，而且我认为这功能比过去更为重要。通过"跨领域"的特质，知识分子有助于社会缔造"公共的语言"。公共语言有别于自然语言，由于阶级、专业领域、地区、世代等因素的不同，我们所用的字汇和概念也都不同，不知不觉地，社会上的隔阂与陌生感越来越严重，我们的知识和思考范围也变得越来越狭窄。而知识分子的功能，就在于提出跨领域和跨阶层的问题，让不同背景的人能够将自己的生活体验和概念相互对照。社会大众逐渐缔造一种能够彼此沟通的"公共语言"，因此知识分子可称为社会沟通的启蒙者。

在地方团体中，我们也可以找到地方知识分子的踪迹。只要有人不愿意受限于被动的小团体，起身提醒大家一起面临新的挑战的事实，又愿意为了创造更公平与团结的社会，与大家共同奋斗，我们就可以说：又有一个"知识分子"出现了。

## 从批判到助人辨别

在信息时代中，知识分子的社会角色不可能没有变革。在上个世纪，知识分子的角色比较重在批判，他们强调社会的不公平，提醒政治改革的必要性。至于现在，知识分子的角色在于促进社会的自我了解。他不会提供自己的意见与批判，但他会帮助人们辨别政治上、文化上和科技上的各种伦理挑战，而且他会协助每个社会成员参与公共领域的辩论。换句话说，他的言语不应该占满公共论坛，而是应该引起社会大众共同的参与和讨论。

越来越复杂的信息时代，还需要不专业的知识分子吗？知识分子可能只有"无用之用"的功能，但是人生的味道与意义永远在于无用之用。

# 知识网络

在"知识网络"（knowledge networks）中，信息甚至变得更具核心重要性——此种网络基本上是个讨论空间，有助于研究方向的设定（对学术社群而言），或行动策略的选取（对于环保团体而言）。

"网络"（network）是个使用并不严谨的词汇，指的是以不严谨的方式进行信息交流，以便彼此支持或从事沟通。网络在各种层次上联结了人与团体，地方或全球皆然，有时是为了自己本身的好处,有时则是为了超越网络成员的目标之利益,并将成员团结在一起。

互联网大幅强化了网络的所及范围与其效能。这有一部分可能是因为互联网使水平式的关系得以存在,而水平式关系则是网络运作相当核心的课题,使其有别于其他的组织化结构。

## 信息如何变成知识

知识交流是网络的另一项特征。这一点在"社会网络"(social networks)当中本属真实无疑,旧生会(Old Boys' Associations)便是一例。当然,社会网络所提供的,主要是情感和文化的支持,但却也是信息的供应港,可能使人借由这些信息而改变职业生涯路径,或获得股市交易上的诀窍。

当我们提到所谓的"知识网络"时,信息甚至变得更具核心重要性——此种网络基本上是个讨论空间,有助于研究方向的设定(对学术社群而言),或行动策略的选取(对于环保团体而言)。换一种方式来说,唯有在知识网络之内,"信息"才真的变成"知识",亦即信息被具体化成由一致且交互增强的设想所构成的主体。也是在网络之内,知识才有其意义,而使团体能够依此进行价值判断,或许还能够决定行动路线。

知识网络之所以必须延展散布,乃是基于科学评估、政策制定与草根行动必须联结在一起的需求。此外,环境、暴力、国际贸易、劳动权等议题所具有的全球性,也都诱使人们将文化与社会背景各异、但关切相似事物的团体联结起来。国际性网络有一部分乃是民族国家(nation state)权力衰退的产物,有一部分则是对其他角色(如跨国公司等)影响日增所作的响应。

## 如何使网络发挥功能

费克伦（Willemijn Verkoren）曾指出数种可使知识网络正确运作的条件（《国际和平研究》[*International Journal of Peace Studies*]，Vol. 11，No. 2，2006）。在此我以我自己的方式，重述其中我认为较具重要性的条件：

一、网络并非孤立而存在，网络与现实生活活动中的交流行为，乃是以一种永续的方式彼此相连；

二、建立网络的目的很明确，其所提供的可能性与可达目标所受的限制亦然；

三、若网络要发挥效用，成员的学习能力、讨论空间和开放态度，以及讨论与分享，均为必不可少的要件；

四、网络有能力自主运作的同时，也必须与更宽广的外界环境有所联结，网络才有施与受可言；

五、互动的结果必须具有某程度的可见性；

六、网络的促进与节制都需要时间与专业知识；

七、最后，网络的弹性使其无待穿越疆界，便有助于促进交流、行动与赋权（empowerment），而非以成为一种全方位的知识体系为目标。

## 文化资源的动员

社会行动领域中，传播知识网络模型的诱因，或许不如我们经济及当前世界统治体系可持续性所引发的关切那般强烈。关于气候变迁的论辩显示，科学结论的达致本身，便得益于一个永久性的信息和论辩网络。政策辩论来自于各种（且通常是有歧见的）公民、专家与企业网络；这些团体间的相互联结，有助于由传统式的游说走向新颖的网络运作，而对事实与价值的论辩日渐增加，则使此种相互联结具有传导力。技术性的专业知识尚不足以应付受到如此广泛型塑的议题，公民团体会持续不断地辩论，例如有关消费模式、节约、团结等价值的复苏等议题，冀望能够进而有所规划与洞见，并发展出一种与其技术需求一致的文化模型。为了培养可持续发展而来的文化资源动员——此种动员是通过核心价值的对话、成功故事的分享，以及策略分析的交流而达致——正是知识网络可能想望达成的目标。

细思下列问题，或许对我们所有人都将有所帮助：

我目前致力于哪些知识网络？

这些网络是否与我的现实利益与当前关切相关？或者我该试着参与新的网络？

我的环境需要哪些类型的知识网络？我对促进此类结盟是否能够有所帮助？

设若我鼓励团体采取必要的行动，以使其更具反省力和参与度，这个网络是否有望发展成真正的知识网络：其成员之间与其他网络之间得以分享信息，而我能够活跃于此种关系网当中？

## 成为主动积极的世界公民

希望我们的在线互动和现实生活中的活动，都愈来愈能循着前文概述的模式而行，从而能够克服那经常将我们淹没的无力感。我们身处的世界，其命运终将取决于我们踏入的网络运作，以及自然随之而来的行动途径，而我们对某类知识网络的参与，理当会促使我们在这样的世界中，成为主动积极的世界公民。

# 启动进步的一星烛火

面对现实中看似绝望的难题,默默的改革动力如同一星烛火引燃其他火苗:网络散播知识和概念,公众意见把这些转化成改变的力量,一些相关人士及组织让它们实现……

若说有一件事让你对世界感到绝望,那就是周遭大大小小的问题,似乎依旧留在那里,未曾得到解决。阿富汗让奥巴马辗转难眠,中东情势的演变越来越糟,应对气候变迁的协商拖拖拉拉,银行业者重拾他们不当的红利,贪污与短视仍阻碍多数国家转向能长远维系的发展……唉,而这清单可以无限延伸下去。

当然,若你更仔细地注视这景象,或许还没有感到全然绝望。人们很容易忘记已达成的进步、已发生的突破,而都自然地把焦点放在仍有差错的事上。更重要的事实是,多数问题并非一两着棋便能补救,而需要长期、逐步增加的调整措施。尚未有人发现对抗癌症的疫苗,但各种治疗模式确实比以往——譬如说 15 年前——更为聪明和有效。人类以往一直都在混乱中"摸索着找到路",未来大概也会继续如此。"摸索着找到路"不是电影的好脚本(我们爱看的是关键性胜利或惨败),但却是构成我们日常奋斗的基本内容。

随着圣诞时节迫近,或许会唤起我们的记忆:真正的进步往往是安静且审慎低调的,由我们内在微妙的转变开始,继而传播到周遭,如同一星烛火引燃其他火苗。举例来说,关于气候变迁的协商会议当然重要,而我们也需要新的法规。然而同时,人类若要克服这样的挑战，必须改变消费模式，意识到挑战进而导致行为改变。企业主须承诺改用可再生、非污染性能源，即使如此一来会涉及额外成本……这些改变实际上已在发生，正因一些相关人士及组织让它们实现。网络散播知识和概念，公众意见把这些转化成改变的力量，而地方领袖不时能够让整个社区动起来。

这样的结果绝非自动产生，而是始于个人，从心田里萌芽生长——这些人决定认真看待自己能实际响应的挑战，并且与心意相仿的人结盟。正如默观耶稣诞生于马槽一般，让我们感动的往往正是这些个人或地方团体的弱质：通过微型贷款而转型的巴基斯坦；动员起来抵制暴力的阿富汗妇女，一如数十年前也曾如此的爱尔兰妇女；奋力维护自身认同及传统背景的原住民团体……不可思议的是，他们的弱质成了他们的力量，如同在告诉我们人生的基本原则：问题不是靠解决问题的专家就能解开，必须毅然找到根源着手处理，动力来自一场从"心"开始的革命。

# 公共领域、公共空间与政治版图

何谓"公共领域"？公共领域在哪里？公共领域正在消失中、扩张中、减弱中、还是演化中？何谓公共空间？为何公共空间是一种空间实体，但也是政治领域中的一种隐喻？公共领域与公共空间的关系为何？政治体系应如何发展，才能朝向"国际公共空间"开放？借由这一连串问题的提出，期能有助于进一步厘清现今政治哲学的领域何在与其所面临的问题。

当我们开始就哲学、政治与公共领域进行相关讨论时，一连串的问题自然而然地出现在脑海里。譬如何谓公共领域？公共领域在哪里？在目前所能探知的范围之内，公共领域在科技、全球、网络，以及其他由社会学或文化分析所提出的因素的影响之下，究竟是呈现何种态势——消失中、扩张中、减弱中、还是演化中？"公共领域"一词是否只是用来谈论媒体中的政治辩论的一种便利的隐喻而已呢？这一词汇能否继续被视为是对探讨当代社会现实的有用概念呢？借由这一连串问题的提出，期能有助于进一步厘清现今政治哲学的领域何在与其所面临的问题。在开始从政治哲学的立场进行探讨之前，拟对上述问题先加以讨论。

我们先回顾自 1962 年哈贝马斯（Jürgen Habermas）提出"公共领域"的概念以来，围绕在"公共领域"议题上的一些论述与争议，① 接下来则将讨论的重心由"公共领域"转至"公共空间"上，最后我将借由过去历史的教训与政治哲学家魏尔（Éric Weil）的《政治哲学》（*Philosophie Politique*）②的启示，试图勾勒出"政治界域"（political territory）的版图。我认为，魏尔出版该书虽已近五十年，但仍有启发今人之处。

## 以哈贝马斯"公共领域"为中心的讨论

由于哈贝马斯的"公共领域"在"公"（public）与"私"（private）的历史、哲学与政治相关研究中，成为一个不可回避、必须讨论的概念，已有学者对其主要的主张，多次进行过清楚而精确的

---

① 我探讨所依据的版本为 Jürgen Habermas, *The Structural Transformation of the Public Sphere: An Inquiry into a Category of Bourgeois Society*, trans. Thomas Berger, Cambridge: MIT Press, 1991。

② Éric Weil, *Philosophie Politique*, Paris: Vrin, 1971.

陈述。首先，且让我们回顾，"公共性"（publicity）所指的是，由封建时代中提供的舞台（spectacle），转向布尔乔亚公共领域（bourgeois public sphere）中的协商过程（deliberation）的历史情境。但后续的历史发展却削弱了这一协商过程（deliberative process），转向了大众传播社会的喝彩过程（acclamative process）。其中布尔乔亚公共领域的逐渐消失，代表政治维度的削弱，尤其是先前在社会与政治体系（the State）之间的政治联系的减弱。

## 市民社会的理性辩论空间

哈贝马斯对"公共领域"的陈述中，其最富于影响力者乃是假定它为市民社会的基本要素，是能使市民社会自暴力威胁之中解放出来的理性辩论空间。哈贝马斯认为"公共空间"的历史发展源于18世纪的咖啡屋文化（coffeehouse culture）。在咖啡屋中，中产阶级可以暂时放下各自的日常关注，与他人交换意见与讯息。这个特殊的历史情境被哈贝马斯抽离出来，化约成一个介于私人领域（private sphere）与民族国家的概念性空间——一个超然独立于阶级、种族、性别等现实物质性（physicality）之外的抽象理性空间。[①]

公共领域乃是一个不受外在压力限制、个人可于其中进行意见交流的世界。理论上它对所有市民开放，是一个可以酝酿与形成公共意见的地方。我们必须注意的是，"公共领域"和代表官方权力的政治体系与市民社会的经济结构并不相同。它的主要功能在于调和政治体系与社会之间的差异，是一相对于政府之外的空间，大众于此空间自我组织，形成公共意见与表达欲求。由哈贝马斯的讨论

---

[①] Midwest Faculty Seminar, "Violence in the Public Sphere", http://mfs.uchicago.edu/violence.html.

可以看出,"公共领域"并不是在每个社会中都可形成,也并非都具有相同的地位。至少就哈贝马斯所界定的意义而言,在中世纪时并不存在"公共领域",当时只有在封建权威之下的"代表领域"(a sphere of representation)。只有在 18 世纪之后,随着教权衰微与中产阶级兴起,"公共领域"才开始浮现。在开放的公共领域之中,个体与私人志趣调节着公共权力,有产阶级为人类发声。但在进入 19、20 世纪之后,"公共领域"转变成一个大众消费与公共性(mass consumption and publicity)凌驾于理性讨论活动与公共意见阐述之上的场域。①

## 雅各宾党与哲思学会

就我所知,菲雷(Fransois Furet)在以科尚(Augustin Cochin)作品为基础,对雅各宾党与哲思学会(Société de Pensée)起源所作的讨论分析,对哈贝马斯的"布尔乔亚公共领域"内涵已多所增补,但这点尚未为人重视与注意。

"雅各宾主义(Jacobinism)是一种完全发展的政治与社会组织形态,于 18 世纪下半叶广泛散布于法国。哲思学会是一种社会生活的形式,它的成员为求能参与其中,必须去除所有具体差异及其具体的真实生活。它与旧体制(Ancien Régime)所称的一种职业与社会利益取向的公会(corps)不同。这种哲学社群的目的并不是为了行动、代理或代表,而是为了经由成员的协商与讨论,提炼出某种共同意见、某种共识,以便随后加以表达、提倡和拥护。"②

---

① http://www.press.jhu.edu/books/hopkins_guide_to_literary_Jurgen_habermas.html.
② F. Furet, *Interpreting the French Revolution*, London, 1981, pp. 173-174.

换句话说，团体成员的政治与智识上的影响力并不限于论述的层面，而是经由精英分子的社会性——亦即管理某一氛围的社会生活的一套内在规则——所组织的"公共领域"，能对整个社会发挥全面的影响力。我们且回想托克维尔（Tocqueville）对法国哲学家所作的著名的分析，他说他们对政府事务的抽象推理方式，深深地影响了公众精神（general spirit）："文人并非政治的门外汉，或只被抽象的哲学与纯文学所占据，就如同大部分德国文人一般……群众的热情披上了哲学的衣袍。"①

## 两种公共领域的对立

这个短短的注语或许已经宣示了哈贝马斯的历史取径，有需要再加充实与修正之处。此处最重要的假设，是哈贝马斯由于选择材料上的限制，可能忽略了他所研究的那一段历史时期中"公共领域"的多样性。"公共领域"本质上是否真的曾经是，而且仍然属于布尔乔亚？若再根据相关的材料作进一步分析，是否存在着各种"平民公共领域"（the plebeian public spheres），仍有待分析与理解。以上诸问题是法尔热（Arlette Farge）研究18世纪巴黎的舆论，经由对迥异于哈贝马斯择取的档案文献数据（包括巴士底监狱档案）进行分析之后所提出的。② 哈贝马斯的理论忽略了一个现象，即布尔乔亚公共领域与各种平民公共领域的对立，而后者已各自发展出对政治权力的知识与批评。而这正是何以哈贝马斯的"公共领域"是"理想化的"，被视为是在自由的公共领域之中，经由启蒙式的讨论所得的结果。也难怪在今日当代社会时空中，这位哲学家

---

① Tocqueville, *The Old Regime and the Revolution*, New York: Harper, 1956, p. 174.
② Arlette Farge, *Dire et mal dire, l'opinion publique au XVIII$^e$ siècle*, Paris: Seuil, 1992.

只见到这一典型的终结，而忘记了它仅是一个脱离历史与社会脉络的"理想型"。换句话说，哈贝马斯的"公共领域"，是一"施事的"（performative）的概念，而非"历史的"的概念。

### 人类学的聚焦

在哈贝马斯将"公共领域"化约成布尔乔亚的变项之后，于今日再重新还原"公共领域"的多样性、变化性与可塑性，将有助于对现代社会中的协商过程、公共论辩与沟通过程，发展出一个较为乐观的看法。就本质而言，布尔乔亚公共领域的结束，并非代表协商过程亦随之结束。强调"公共领域"的可塑性，使我们了解到协商的过程并非是纯粹理性的，它亦牵涉到人类用以表达的全套感受与渠道。此一诠释性的意图会突破理性的界限，以期能发现那些渗透他者的论述的象征感受、多样性与沉重力道。也因此，一个更充实的人类学理论模型，将可能推衍出更富内涵的政治哲学，包含一个更为富有弹性的沟通过程理论。这一人类学的聚焦，将会带领我们返回至亚里士多德，以及他所谓的"惊奇之心"（wonder）——这当然是通过运用我们今天的哲学工具，并以此方式产生理趣（logos），借以奠立我们以政治社群的身份在政治社群之中工作、协商和行动的基础。

## "公共空间"作为实质性与象征性的实体

前面表述的立场，界定了本文下一阶段的讨论。且让我们走到哈贝马斯理想化的"公共领域"背后，重新掌握"公共领域"作为意见交换、辩论陈述与利益表达，并获包容的空间的变异性与可塑性。

## 从实体到隐喻

在政治与哲学圈中,"公共空间"(public space)一词早已被如此广泛地使用,以致我们有时会忘记其字面意义。就多数人而言,公共空间指的是一个空间实体,一个为公众所共同分享的空间。但在政治领域中的公共空间,却只是一个隐喻,必须通过对它所指称的现实加以理解。以下这段摘自网络杂志的引文,通过建筑与社区关系的讨论,或有助于我们由"空间"迈向其"隐喻":

> 何谓公共空间?它指的是属于公众、由公众资助、并为公众使用目的而存在的任何事物,如学校、公园、球场等诸如此类对公众开放与免费使用的,或是博物馆、戏院、游泳池、网球场等收取名义上的使用费却接受税收补助等的机构,甚至是警察、消防、紧急医疗等等。公共空间也包含干净的空气与饮水、经由新闻频道获取讯息,以及行使投票等权利。
>
> 为何我们称不是实体空间的事物为"空间"?因为我们认为,在一个自由开放的社会之中,必然有些不可或缺的要素。这些要素支持最低限度的生活质量,故因此必须对公众,甚至是无法付费的人开放。最低限度的生活质量不仅是维生所需者,也包含社区生活所必需的其他方面,如艺术、文化、休闲中心与社区广场等。这些设施所需要的经费由公众所缴纳的税收支应。从字义、比喻与事实三方面看来,它们都占用空间,但这个公共空间却迅速私人化。为了使公共的学校能提供艺术与音乐课程,甚至图书馆,家长必须以私人名义募集经费;国家公园为求能平衡预算,便必须向公众收取入场费,博物馆与

艺术会场亦同。这些空间表面上是公共拥有，却是由私人领域的个人供应财务开支。

尤有甚者，一个社区更常常划分为有能力享受私人健康俱乐部、道路、学校、校外课程者与无能力者两部分。公共公园、社区中心以及为小孩、老人、残障者设置的日间看护机构等，因其不被视为社区生活的必要部分，故质量日益低下。①

上文虽然强调社区的需要与主动性，但却未能将讨论自空间实体扩张至其政治隐喻。它的立论观点是基于社区的实际需要，而社区所需要的空间有其固定界限，社区中的公共空间占有一实际上的地理领域，需要以特定方式管理和照料。

## 社区协商

就概念本身而言，希腊的"广场"（agora）有着较当代美国社区工作者所主张的更为深入的内涵。公共空间是为政治目的，是为了讨论与社区公决有关的事务而创立。然而对美国实用主义者（或说工具主义者）而言，公共空间（亦即为各种社区目的服务的场所）的安排本质上就产生了政治领域本身。政治说来只是个副产品，并未被视为与发展出自身意志的社区有相同的范围。

无论如何，使用"公共空间"一词，能使我们顺利航行在物质性与象征性之间，在人们互动与游行的广场、道路与网络聊天室之间，在都市计划的议题与媒体权力结构的议题之间。

---

① *Building Movement*, *Inspiring Activism in the Nonprofit Community*, http://www.buildingmovement.org/tips/tips_v1n01_0304.html, April 2003.

## 都市规划与政治权力

我接着将继续说明物质性与象征性空间的关系。当我们着眼于一些政治权力核心都市,如华盛顿、北京、凡尔赛、巴西利亚等之时,常可发现城市规划体现着权力结构。例如,自由民主派的原则可以应用于城市规划中,诚如华盛顿的总设计师郎方(Pierre L'Enfant)所言:"主要的设施……应该从自中心等距的不同地点开始,如此一来不仅分散的居民……在所有如此配置的区域都可以分配到同等的利益……而且会使得相互对立的居民由于天生的忌妒,刺激对方有所建树。"[①] 换而言之,一个空间的组织形态便会透露许多建立该社群的意识形态,而后者也将决定其公共领域的界域。公共空间体现了公共领域是如何地被建构与界定的。

## 私领域与公共领域的划分

今日的公共空间究竟位于何处?这个问题或许只有能确切指出何谓公与私,并划出公与私界限的人,才能回答。"私"是一个不断演变中的观念,在过去数十年中,关于"私"的核心定义不断地被探讨着。

人类学家穆尔(Barrington Moore,1913—2005)已经指出,在传统社会中的个人,其"私"的权利,以及运用该权利的机会,是相当受限制的。传统社会之中用以保障个人私权的方法亦颇为有限:在小屋中的一点儿私人空间、在关键时刻将目光移开等。原始社会的社会网络既紧密又单纯,主要是依靠血缘关系,而且所能产

---

[①] James Young, *The Washington Community*, p. 5.

生的经济盈余甚为稀少。以是之故，所有的社会成员几乎必须耗去所有的时间参与该社会的工作，结果使得私权在传统社会之中并非重要的社会需求。

然而，当人类社会繁荣之后，个人的需求改变了。科技与社会的创新生产了更大的经济盈余，也促成社会劳力分工愈趋专业化。这些发展的影响之一，便是在社会契约之中提供给个人隐私与社会参与的条款，必须重新协商。相较之下，现代社会之中即存在着许多私人领域。"私"（privacy）与社会整体，也就是"公"（public）的关系，只构成关系整体的一小部分。人们可能与数以千计的团体有关联，如政府、卖主、雇主、保险公司、财务金融机构、律师、医生、卫生医疗机构等，而对于这些关系，托克维尔称之为"无数的联结"。今日信息时代的一项主要课题，是去均衡个人私权与社会参与两者间的发展，也就是关于自主性（autonomy）与公共责任（public responsibility）两者间的均衡。[1]

换句话说，通过上述历史方面的讨论，可以发现，公共空间与私人空间并非呈现发展一致的态势，也非其一空间的成长就代表着另一空间的消退，而是公共空间与私人空间都是一种"分化了的空间"（specialized spaces），且都借由相互间的支持动力来发展与界定自身。在近代以前，空间并未有分化现象，但在现代世界之中，界定何谓私人领域也就意味着去标示何谓公领域，反之亦然。

## 混淆不清的真实

那股促成公共空间与私空间分化发展的相互支持的动力，近来已受到科技演进与其他因素的挑战。在经过 300 年的分化发展之

---

[1] Richard O. Mason, "A Tapestry of Privacy, A Meta-Discussion", http://cyberethics.cbi.msstate.edu/mason2/coda.htm.

后,"公"与"私"的界限已经模糊,至少已让人有即将混淆的感觉。

"什么是私人空间?什么是公共空间?街上、商店之中,到处充斥着摄影机。在未经同意的情况下,我们早已不知被多少家用摄影机摄入镜头之中……不论是对不法行为所进行的监听,或是人们讨论晚餐吃什么等,都以数字讯息的模式存在于我们周遭空间之中,就在我们伸手可及的范围之内。"①

网络多样性用途提供了一个在单一空间之内,公私双方并存的良好范例。摄影机的使用限度、人身肖像权的争论、信息近用权问题等,也都是我们今日讨论行为界限、隐私权对比于被告知权等问题时,所必须面对的难题。在今日的社会之中,不同的社群同时存在于一个既存空间之中,但却未必彼此进行互动,来使这空间变成共享的"公共领域"(这或许正是多元文化主义争辩的最主要核心)。同时,私人空间也正面临无以计数的威胁,个人却无能为力。

## 公共空间:趋向累积的弹性

目前人类是否正在迈向一个富于弹性与可变性公共空间的时代尚有争议,而不能说公共空间正在消失。这一现象或许是媒体所提供信息倍增的结果。现在除了报章书籍(这是18世纪时,布尔乔亚公共领域唯一的信息来源)之外,另有广播、电视、录像、网络、大量散布的电子邮件、大都会中的人口聚集、世界性的会议与抗议活动,一如晚近在西雅图对世贸组织(WTO;当时正是世界公共意见形成的决定性时刻)的抗议、综合使用上种种技术的互动性论坛等等。近来发生的"快闪族"(flash mobs)现象,不正提供

---

① Robin Rimbaud, quoted in Matthew Mirapaul, "A Sonic Quilt of Stolen Voice", http://is.gseis.ucla.edu/impact/w96/News/News11/0328mirapaul.html.

我们一种表达世界性公共意见的隐喻？一群人在短时间聚集、行动、随后解散，不论他们是为求乐趣或是表达特定理念，最大多数的公共性在最少量的时间与力气中被传达了。

"私"的界域亦变成是可移动的，但这并不意味着它正被有系统地削弱。最近在许多国家明文规范与保障人身肖像权，可视为是"私"概念的复兴的佳例。另外网络上保护个人隐私的奋斗，最终亦可能会获得成功。是故，尽管现在"公"与"私"领域的界限或许仍混沌未清，但经过努力与协调，仍可重新获得厘清。值得注意的是，只有公共空间持续为人使用的情形之下，才可能使一个社群去接近自身"隐私"与维持"公共空间"的权利。"公共空间"越不为人使用，就越不易见到它的后续发展。

## 协商过程、政治体系（the State）与普遍性（Universality）

我拟提出以下论题：对"公共领域"存在的威胁，其社会学的色彩并不如哈贝马斯所设想的那样浓厚，而是来自哲学与理论上"政治"（politics）概念的消亡。①

我认为，我们实有必要重新申明古典的"政治"内涵，使其继续成为一种对全人类开放、近乎一种出自理性与智慧的理想典型。对于此点的论述，我将引借魏尔的作品与观念。魏尔并不能算是"现代"的哲学家，因他一再处理康德与黑格尔的观念，即使这两位大师的思想已与魏尔当时的哲学版图不甚一致。魏尔在纳粹当权

---

① 我原可继续讨论哈贝马斯的沟通行动理论。但对我而言，参见另一个哲学背景以及一个对政治领域较社会过程有兴趣的哲学家，似乎是更为有趣的。因此哈贝马斯在"公共空间"之后的哲学与社会学的发展不在后续的讨论范围内。

期间流放他乡，这说明了为什么海德格尔会被刻意地从他的视野中移除。魏尔惯称自己为"后黑格尔-康德主义者"（Post Hegelian Kantian），意指伦理学与政治学关系——这正是他的思想的核心，唯有对人类的本质通过历史而获得实现加以省察，才有获得理解与发展的可能。我将自魏尔的《政治哲学》（*Philosophie Politique*）一书中，撷取三个相关观念，借以重新申明"公共领域"的范围与角色：普遍性、政治体系与协商过程。

## 世界的社会组织

《政治哲学》一书开宗明义，就将"政治学"界定为"理性行动的科学"；政治学原先是一门经验性的科学，但它不得不处理人类与人性的整体。① 在这一理性行动的科学之中，存在着一种欲力（*conatus*，本是斯宾诺莎②的用语，而不是魏尔的），使得政治的协商与行动，从源头开始，便朝向普遍的计划与目标发展。（虽然魏尔并未明确地如此表述，但这或许正是政治学可以正当地被视为是一门科学的原因。）也因此，《政治哲学》一书的最终篇章，探讨如何落实一个"世界的社会组织"，该组织建立在多元志趣的共通性的基础上，以便实现理性的潜能和出自政治行动本质的理趣。③

另一个核心概念是"政治体系"或"国家"（the State），这与"民族国家"的概念不同。就其形式而言，政治体系是一个历史性社群的组织模式，以使得该社群能按照一明白界定的历程（至于历

---

① Éric Weil, *Philosophie Politique*, p. 11.
② 斯宾诺莎（Baruch de Spinoza, 1632—1677），荷兰哲学家。
③ 这并非否认暴力与非理性，因为暴力的问题正是魏尔的关注所在。参见 Éric Weil, 前引书，"论理性的他者"（the Other of Reason）部分。

程如何，则视政治体系的本质与实践特性而定），作出决策。① 换句话说，政治体系的界定，就其形式而非就其本质而言，端赖乎其所要达成的决策在实践上的至高要求而定，至于决策过程的方式，则将会引入暴力与理性交互作用的问题。

## 协商过程的教育功能

界定并改善决策过程的必要性，使得政治体系得以扮演教育者（educator）的功能。就是在这里，必须引进"协商过程"（deliberation process）的概念。对魏尔而言，协商过程是现代政治体系唯一可用以扮演教育功能的工具，他说："按照现代政治体系的原理，经由协商，可以导致理性的决定。"② 这也是为何"不同政体的差异，并不在于它们是否更合乎科学，而在于它们最终作出决定的方式。问题在于政治决定是否依法经过开放的讨论、是否对所有参与者及所有课题都普遍性地开放。"③ "讲理而且理性的协商过程，是能使普遍性存在于人间的唯一保障，也是能使法律、机构与风俗习惯免于堕落的唯一保护。"④

换句话说，我们将"公共领域"界定为集体协商过程可以于其中进行的公共空间，魏尔并不将"公共领域"与市民社会等同，而是将之等同于"政治"，而政治总是经由政治体系的组织来塑造和引导的。此处所谓的"协商过程"并不被视为仅仅是政治体系与社会的中介，而是现代政治体系的本质，至于政治体系，则是政治决定得以准备、制定与传达的形式。

---

① Éric Weil, *Philosophie Politique*, Paris: Vrin, 1999, p. 131.
② Ibid., p. 203.
③ Ibid., p. 215.
④ Ibid., p. 261.

总而言之，今日政治哲学的任务是对促成政治的重新觉醒（political reawakening）作出贡献。这意味着将政治学本质界定为：(1) 以促成社群形成决定为导向的行动科学；(2) 一系列可使决定形成与落实的特定的机构形式，并了解这些机构形式的时空变化，且不自限于国家机器组织；(3) 一种通过有组织社群的中介，企图实现理性的普遍潜能的尝试；(4) 在具有教育性、实践性与哲学性本质的协商过程中作出特定的决策的同时，迈向理性的普遍性前进的康庄大道（即将人类自暴力中解放出来）。

## 国际公共领域的维度

对于公共领域的论辩，应该置于这样的视野内：协商过程的形式，在性质上是社会学的、历史的，但人有必要去协商，这一至高律令界定了政治学作为讲理的行动的科学的本质，指向通过历史去实现人类作为一全球社群所具有的讲理的（亦即普遍的）理性的本质。在过去 30 年的演变中，尤其是化约在"全球化"一词之下，这一古典的政治学立足点，是否真的已经变得不再具有效力？对我而言正相反，我们所见证的发展正意味着这一亚里士多德论点的复兴。过去政治哲学中的主要课题（教育人类经由协商过程去面对一个社群所面对的具体挑战），现在已然全球化，且较过去更为波澜壮阔。也因此，今日的哲学家的角色，必须在"国际公共领域"（international public sphere）持续进行的论辩中，带入有意义的问题意识。而政治与社会行动者的任务，则是去活化或创造可供全球讨论发生的公共空间节点（the nexus of public spaces）。"公共领域"不能再仅仅被视为是一个历史名词，而是一个道德上的至高律令。对"公共领域"的漠视，将会使男人和女人的"政治动物"面貌消失，而这却是使人成其为人的关键要素。

# 城市是政治实验室

> 古典哲学思想将城市当做一个政治宇宙：城乡的差异不只在于"规模"的大小，更在于"本质"的差别。城市在建立之初都备有一个计划：要重新创造宇宙的缩影，建设一个自给自足的天地。

城市就是一个世界，它之所以与乡村不同，在于城市是一个大千世界的缩小版。而究竟是在历史上的哪个时期造成了城市与乡镇的分野，又以何种方式完成，这实在很难明确地加以论定。但可以确定的是，城乡的差异不只在于"规模"的大小，更在于"本质"的差别。城市在建立之初都备有一个计划：要重新创造宇宙的缩影，建设一个自给自足的天地。

## 城市的存在起始于政治需求

当今的城市多半规模宏伟，可以称之为一个大宇宙。但就拿西方古希腊的小城市来说，那一类的古城算是小宇宙，也是一个实验地。那时，当一个市民算是"新人类"。市民也叫做"公民"，并不需要关心实验地的劳动工作，只要专心于政治素养及人道意识的养成。城市的兴起最初就是一个实验室：一个追寻自我，同时构筑人道主义梦想的实验室。

没有市民就没有城市。市民不只是住在城市，而且以某种的方式寓居其中，并为自己的命运负起责任。这就如同卢梭在《民约论》所说的："大多数人认为城市就是城邦，① 以为中产阶级就是公民。这些人只知房子聚集就有城市，并不知道公民造就了城邦。"当一群人聚集在某个特定的地方，就有利于辩论、共同作决定，并一起创造命运共同体。马克思说过："一个城市的存在起始于政治维度（作为人类特有的活动）的普遍需求。"

西方的政治理论学家一致怀念古希腊城邦，因为这样的政治结构非常独特又富有创造力；即使它掌控了乡村，并在结构内部建立奴役及阶级制度，但仍可视为是完美民主体制的先驱。现今当人们谈到"城市如宇宙"的时候，我们就会想到现代超大都会区无限延伸，似乎象征了浩瀚宇宙的无边无际。然而，古希腊城邦却代表了另一个形式的宇宙，那是一个永恒的、有条理的、完备的宇宙。对希腊人来说，宇宙、天地、穹苍并不是无限大的，而像数学一样完美：城邦的结构恰如天体运行的法则，所有古典政治理论学家都企求重现这份完美。理性的政治言论就是重现宇宙中的数学语言——至少理论上是如此，这份理想启迪着西方民主学者对城市起源的情感。②

## 城市是丰富的政治宇宙

在柏拉图的《理想国》中，"城邦"的基础就是公道，在架构上被拿来与"灵魂"相比拟：两者都存有正义。柏拉图认为"灵魂"指的是人内在的精神境界，等同于"义"。《理想国》书中也提到一个精彩的比喻，柏拉图说城市就像是一本书，书中字体的大小完全配合我们的洞悉能力。"人"这本书的字体太小，只让我们观察到孤独的个

---

① "凡是能够发挥市民精神的城市，我们才能称为城邦。"让-雅克·卢梭：《社会契约论》(*Le Contrat Social*)，I-6。

② Jean-Pierre Vernant, *Les origines de la pensée grecque*, Paris: PUF, 1962.

人;"宇宙"这本书的字体太大,启迪了我们对宇宙的静思;"城市"这本书的字体大小刚好,足以显示出规律在同一时间管理着宇宙(无限大的世界)以及人类的灵魂(微小的世界)。

到了 16 世纪、17 世纪,西方政治思想的变革依赖城邦国家的发展,例如文艺复兴时期的意大利、荷兰、德国北部。斯宾诺莎认为城市是一个可以达到理性与哲学同时共存的世界。对于斯宾诺莎来说,城市形成最丰富的政治宇宙(例如阿姆斯特丹或威尼斯),这样的宇宙最能使人们过着建立于"理性"的生活——真正富有哲学内涵的生活。我们可以说斯宾诺莎认为逐步建立一个条理严谨的城市,一个使得商业活络与科学兴盛的城市,这是哲学进程的"影像化",由此热情逐步被理性驯服。

## 城市是冲突和历史的舞台

19 世纪时,城市所代表的意义又完全改观。它真的变成一个"世界",一个"宇宙",现代人给予的字面含义于是现身,如:无边的都市丛林、无限广阔……许多文学与影像的象征意义随之而来。这让我们想到巴尔扎克[①]的作品,巴黎街道就是人们争权斗势的舞台;城内的市区牵连着各个社会环境,每个社会环境各有其价值观,不同的价值观引发了冲突、悲剧。城市已经成为人类戏剧中的主题,它也变成一个可怕的、巨大的、无法控制的角色。很快地,电影也取用城市作为题材,并赋予城市百般魔力。

在《德意志意识形态》(*l'Idéologie allemande*)中,马克思还把城市当成"历史的主体"。[②] 城市的内部集结了构成社会的必要条

---

① 巴尔扎克(Honoré de Balzac,1799—1850),法国写实派作家。
② Henri Lefebvre, *La pensée marxiste et la ville*, Paris: Casterman, 1972.

件,并决定历史演变的种种权力关系。在马克思早年的文章中曾说过,近代史可说是一部乡村都市化的历史。当城市成为主要的社会形态时,历史就开始蠢蠢欲动,因为城市内结合了各阶层的冲突,并使得这些冲突达到顶点。此外,在马克思一些比较理想化的文章中,我们难免会认为城市可能会消失:虽然马克思在这一论点的阐述上并不很明确,但理想中的共产社会的形态似乎并不偏乡村,也不偏都市。后来,萨特[1]重申马克思的"城市为历史主体"之说。因此,在《辩证理性批判》中,他描述了1789年法国大革命的7月事件:"在巴黎的每一处、每一刻、每一个片段的过程中,戏码不断上演,于是城市运动在这里找到了它的完美与意义。城市就是融合中的群体。"[2]

## 城市是一个有机体

政治思想学家对城市如此眷恋不已,那是因为他们认为城市是一个能够呈现集体存在意义的空间。谈到城市,就不能不谈计划、理想、价值。城市也是一个有机体,我们观察城市,就像我们观察天象和星星那样自然,因为城市有自己的科学定律。克劳德·列维-斯特劳斯[3]说过:"探究城市,就像植物学家探究植物一样,先知其名、观其外貌,再由其结构得知科属。人类运用同样的研究步骤,为大自然加入了一个新科属,就是城市界。"[4]

城市已经成为第二自然。我们在城市里移动,就像原始人一样在荒野丛林中探勘。然而,我们对城市的存在习以为常,反而忘了

---

[1] 让-保罗·萨特(Jean-Paul Sartre,1905—1980),法国哲学家。
[2] *Critique de la raison dialectique*,Paris:Gallimard,1960,p. 391.
[3] 克劳德·列维-斯特劳斯(Claude Lévi-Strauss,1908—2009),法国人类学家。
[4] *Tristes Tropiques*,Paris:Plon,1955,p. 124.

是"人"造就城市的，也忘了我们有能力及义务去决定城市的未来。不管过去或现在，城市是政治的创造领域，那是一个让市民成为公民的空间。只有公民才能把城市变得具有人性，柏拉图告诉我们，如果我们对"城市"的内涵加以省思，就会发现正义已经自然而然地刻印在我们的灵魂之中。不管怎么说，当我们观察现代城市的时候，至少能明了什么是"不义"，并试着去想象及实现所谓的现代正义。城市不该只是一片丛林，它应该保有原本的面貌：一个政治的实验地。

# 民主与网络

虽然网络为我们建立了新的联系方式，却也破坏了不少过去维系社会团结的人际关系与价值观。它改变了民主制度的游戏规则，究竟是福是祸，谁也无法断言……

因特网的出现彻底改变了好几百万家庭、公民及公司的工作与沟通模式。网络开拓了进入知识领域近路，轻易上网，主题丰繁，搜寻能力快速倍增。如果你想要旅行，只要登入网站，不论航班或是订位、订房，信息一应俱全。想要找谁的数据，只要轻敲键盘，你所感兴趣的内容都会逐一列出，一目了然。

## 网络改变人际互动

全世界使用因特网的人口已经超过10亿，因特网可说是一部了不起的庞大的经济黑箱。美国有 5800 万人每天至少寄发一封电子邮件。每三个美国人中就有两个人使用网络管理银行账户。网络上现有的博客（Blogs）为 3100 万个，而每天仍有 8 万个博客持续增加中。因特网如此功能超强的工具同时也为企业界增加了不少产能。来自各方的讯息倍增，多到令人目不暇给。我们迷失在收信、转信、发信的讯息之中。这个工具也带来了一些弊病：在网络上流通的讯息与内容可能令人无法苟同，某些讯息给儿童带来不良的影响。不仅如此，社会与国际上所谓"网络人"和"非网络人"之间的差异与不平等，也日益受人注目。

因特网在短时间内改变了人与人之间的关系，也改变了人与权力、文化、社群之间的互动。无论基于兴趣所在或是热情投入，以家族关系或是宗教关系虚拟结合，因特网让我们建立了某种"次文化"。网络让我们摆脱了时空的限制，使每个人都能在自己所属的领域外建立新文化。因此，它帮助我们过"协会式"的团体生活。而有心人士更可以在网络存放传统文化的宝贵数据库，并为传统文化发声。

## 众说纷纭规则改写

然而，在现代社会里，因特网强调的是个人化。网络将作者的言论、感想、讯息都放在同一个平台上，并不过问发言人的出身或知识背景。网络上变成"齐头式言论"的发言地：如果言论变成齐头式的平等，我们就无法厘清什么是攸关社稷的重要言论，什么又只是个人意见而已。

网络使用者收到的讯息又快又多，比起专业记者可说是不相上下，如此一来使得传统报业的业绩与新闻可信度上面临空前的危机。传统专业至上的权威发生了转变，如今阅听人所要求的是真正的实力。从这个角度来看，若在某种程度上将这样的现象视为民主精神的深化，同时也说明了因特网接纳极端个人化的观点。网络摧毁既有的社会规则，因为每个人都可以自创规则。虽然每个人的看法都可以登录在网络上，但意见叠床架屋，众人的意见并无法凝聚共识。看来这一切必须等到合乎道德与专业的规范内化到人心，调节每位使用者的使用方式，因特网才能臻于成熟。

到目前为止，虽然网络为我们建立了新的联系方式，却也破坏了不少过去维系社会团结的人际关系与价值观。它改变了民主制度的游戏规则，究竟是福是祸，谁也无法断言。

# 新轴心时代的智慧风格

> 我们必须缔造这个时代的智慧风格。我们可以非常确定的是，这一次不会有一个人坐在树下，然后就想出一个解决之道。现在，或许是一个人必须走出去，坐在另一个人的树下，再请他的邻居到他自己的树下坐一坐。

如果，人类历史的"轴心时代"再度来临，我们的时代，将孕育出什么样的智慧？智慧，它究竟是一种统一的和谐，还是在差异与冲突中，彼此诠释、相互丰富的多元系统？当"智慧"的内涵越来越多元、甚而产生对立与冲突，追寻智慧的人们将如何因应？

我们除了再次肯定并回归传统智慧之外，似乎常常忽略了智慧本身所面临的危机。我想从三个方面来谈谈"智慧的危机"。

## 智慧与智慧的对立

第一是智能本身的概念的危机。我在此举个例子。波兰哲学家科拉科夫斯基（Leszek Kolakowski）有篇文章讨论价值的问题。[①]他说人们常不知不觉以为有一个价值的天堂，在这个天堂里，价值与价值之间是没有矛盾的。可是，现实可能根本不是这样。例如，在自由与正义之间，就有无法超越的矛盾。我认为"智慧"本身很有可能也有类似的问题。换句话说，我们或许得先承认：智慧与智慧之间、智慧与智慧的风格之间，也可能会有无法超越的对立！

我认识不少人，他们有"山上的智慧"。他们住在山上，花的钱很少，生活在大自然之中，做他们喜欢的事情。在这些人当中，有些人非常有智慧，过着一种平安、完整的生活。但当然也有不少人，在这样的状况中根本不是有智慧的人。

相反地，这个社会中有很多很忙碌的人物，每天要管很多问题，有人称他们为"中流砥柱"。虽然许多人会认为"忙"就是没有智慧，但事实上，也有不少忙人是很有智慧的。换言之，有些人的智慧是在这个社会架构之外；有些人的智慧却是在这个架构之内——可能是一个教会、一个政党、一家公司等等。

当我们的世界越来越多元，当智慧本身的内容变得越来越难以界定，根本的问题在于：或许"智慧"不是以其内容，而是以它的形式来定义的。智慧本身应该没有自我矛盾，行为与思维是一致的。同时，智能也应该是有弹性的，而不是僵化、固定的。例如当一个人认为"唯有生活在大自然中才是有智慧"时，这样的智慧似

---

[①] Leszek Kolakowski, *Towards a Marxist Humanism*, London, 1970.

乎太狭隘，也不算是真正的智慧。所以如果我们一定要界定智慧的内涵，或许我们可以找到一些"形式化"的智慧，可是我们仍然无法决定"智慧"究竟是怎么一回事。这是"智慧的危机"的第一个角度——意即智慧内容方面的多元，以及智慧与智慧之间的对立。

## 科技挑战自然与智慧的联结

第二个角度，和现今世界的特色有关。今日的世界，基本上就是一种对智慧的挑战，其一就是"科技"的危机。为什么科技对智慧是一个很难超越的挑战呢？在这方面，我相信，当事物的发展到了某一个阶段时，"量"（quantity）的增加会造成"质"（quality）的改变，就如同资本积累到一个程度，可以让你发展出新的产业一般，"量变"可以造成"质变"。所以，当科技的发展达到某一个阶段时，或许人性都可以被改变。

虽然这不是我全部的看法，但无论如何，传统的智慧和"自然"一定有关系。不论是在哪一个文明中，不论指的是人性方面的自然，或是大自然本身，智慧跟自然都有密切的关系。但是，如果我们的人性、我们的工作习惯、我们社会的架构，都是不自然的，我们应不应该创造一个所谓"不自然的智慧"？这个问题，到目前还没有一个肯定的答案。

同样的，当代的另一面是所谓的"全球化"，多伦多大学中国思想与文化讲座教授沈清松认为，全球化与智慧有密切的关系，[①]笔者完全同意这个观点。智慧并不是抽象的智慧，智慧是属于一个背景与脉络，例如一个团体的规则等等，就像是经文的上下文脉

---

① 参见《沈清松的当代般若——汲取智源、创造慧命》，《人籁论辨月刊》第9期，2004年10月，第24—33页。

络。经文也不是脱离社会的,而是存在于一个环境当中,与其他经文之间是有脉络可循、有意义的,也就是大社会的环境。所以社会、上下文、脉络是同样的内涵。总而言之,智慧应该是"活着"的、是自然的东西。但在全球化的过程中,智慧本身的背景以及智慧与"自然"的联结被改变了,我们就要接着问:"究竟是智慧的'本质'改变了,或者只是它'活着的方式'改变了?"这是智慧之危机的第二个角度。

## 人类似乎越来越疯狂

最后一个角度,就是智慧与"疯狂"的关系。几乎每一种传统智能都有面对疯狂的对话。譬如当我们讨论道家的老子、庄子时,总是会讨论到智慧与疯狂的相对性。[①] 但是,并非所有的智慧皆然,例如儒家就把疯狂视为"问题",采取的是一种否定的态度。至于在基督教的中心,也有许多关于疯狂的讨论,例如《圣经》中这样描述:神的疯狂比人的智慧更有智慧,或是神的疯狂判断人的智慧是疯狂的。[②] 可是,我觉得在现代的智慧当中,这个道理有其新的意义。

人类似乎越来越疯狂。但在一个真正疯狂的世界当中,我们是否仍然可以过一种充满智慧的生活?有时我们自以为还生存在一个充满智慧的世界,但如果我们的眼光放大一点儿,就可以发现,现代的社会其实充满着结构性的罪恶,例如资源分配的不均、贫富的差距、不同族群或宗教的仇恨与战争等等,让人根本没有办法过一个充满智慧的生活。

---

[①] 例如《庄子·至乐篇》:"庄子妻死,惠子吊之,庄子则方箕踞鼓盆而歌。"指的是庄子知晓妻子去世,非但不哭,还盘着腿、敲着瓦盆唱歌的"疯狂"行径。

[②] 参见《圣经·哥林多前书》第1章,18—25节。

## 更多聆听、讨论与分辨

人类历史中最有意思的时期,我想大家会同意是 2500 年以前的"轴心时代",也就是卡尔·雅斯佩斯在《历史的起源与目标》一书中提出的"轴心时期"。在人类历史上短短的 150 年间,苏格拉底、孔子跟老子、以色列的先知们,都在这个时期不约而同地突然出现。基本上,人类智能的基础,都是在这个时期诞生的。

然而,为什么在那样的一个时代里,会出现如此多伟大的智者?大约是 70 年以前,这个问题被看得比较清楚,也许不是个意外。我一直感觉,现在我们正面临另外一个"轴心时代",也就是像刚刚我们所谈的,"量变"已经达到"质变"的临界点了。当然,社会不断在变迁,每个时代的状况也都不同,但在大约 100 至 150 年前至今的这段时间,人类似乎正步入一个新的阶段,我想刚好是现代性的问题。

所以,面对现代性的问题,我认为必须缔造这个时代的智慧风格。我们可以非常确定的是,这一次不会有一个人坐在树下,然后就想出一个解决之道。现在,或许是一个人必须走出去,坐在另一个人的树下,再请他的邻居到他自己的树下坐一坐,需要更多的树,还要多走一点路,然后在另一个邻居的树下也坐一坐。

这样的过程,无疑地需要更多的聆听、更多的讨论与分辨,这是我们现在所碰到的问题。我们不但需要聆听、需要对话,而且我们需要被改变。

## 共同的问题与危机

如果我们可以聆听,也可以被改变,我们或许真的可以找到属于这个"新轴心时代"的智慧。基本上我一直认为,这个"新轴心时代"人类智慧的形成,要经过四个阶段的努力。

第一个阶段,并不是从我们的传统智慧资源开始,而是从我们共同的"危机"与"问题"开始。因着共同的挑战,我们得以共同面对那我们所不知道的、目前无法解决、却又必须迫切面对的部分。如果传统的智慧已经足够我们解决一切问题,我们就不需要新的智慧了。换句话说,这样的危机与挑战,可能是来自生命科技、文明冲突,也可能是民族分裂、教育改造、环保危机等等,先从这些我们"共享"的危机开始。因为是共同的危机,我们应该先欣赏这些危机,面对它们,而不要逃避它们。

## 发现差异寻找意义

第二个阶段,是再一次欣赏与了解我们所拥有的、多元的文化资源。当我们真正面对共同的问题与危机时,我们会发现,不同文化的智慧与世界观,不论在生活方式、权力结构、与自然的关系、逻辑思维等方面,皆存在着相当大的差异。例如,针对同一个问题,道家的回答跟基督宗教的回答是不一样的,和伊斯兰教的回答也是不一样的,各有其长处与限度。所以,我们应该再一次检视并欣赏我们所拥有的、多元的资源,并且去"发现"其中的差异。当我们在危机之中去思考彼此的差异时,过程中自会产生"意义"。

## 在交流中缔造智慧

第三个阶段,就是我们必须要为自己的资源创造"新的诠释"。因为在我们"看到"其他智慧资源的过程中,我们的文化、世界观、宗教信条都会被重新建构、阐述。意思是说，现在如果我们要做道家的解释，我们会希望不是由道家的哲学家来做，可能是由伊斯兰教的人来做；当我们要做圣经神学，希望是由佛教或道教背景的人来做。换句话说，我们运用他人的资源，为的是重新看见自己的资源。

第四个阶段，我们要朝向共同的回答方式努力。无论如何，应该让不同的传统智慧都有新的面孔。我们并不是要建立"一个"智慧的混合体，但为了真正把这些传统智慧转变成新的智能，我们必须通过其他智能的语言与眼光，对自身的传统智慧进行一种不断"质疑"、"再诠释"与"再发现"的过程。在这一重塑的过程中，我们得以重新建立个人的归属与价值，并发展出共同危机的因应之道。

## 智能教育需要新路径

我们的智慧教育必须创造新的风格与表达方式。因为在现在，抽象思想的教授是那么困难，我们必须找新的路径，例如用电影、网络、数字化的艺术等不同的方式，来创造、表达智能的内涵。当然，这并不是说只要运用各种方式，我们就可以让智慧从无中生有，而是说我们必须要重新创造出人人都可以接受的抽象思想的风格，来表达智慧的内涵。

我认为"新轴心时代"的智慧，最后必须小心处理的是智慧和宗教的关系。对每一个民族和每一种文化而言，宗教都是一个非常重要的资源，可是如果我们忘记宗教本身与智慧之间非常棘手但是必须处理的关系，它有可能变成一种很危险的力量。

# 转变中的社会面貌

中国跃升为世界舞台的行动者,同时也正在应对瞬息万变的全球情势。在社会发展、人道精神、生态保护上,中国正在寻求永续之道,因为这不但关系中国自身,而且影响到亚洲和全世界的整体发展。经济发展改变人们的社会环境与生活形态,每个当下的抉择都牵动着未来的面貌。

# 地位与自由

> 现在中国年轻人的期待与担心,就是地位与自由之间不断地发生冲突:若要多一点自由,就需要放弃自己部分的社会地位;相反的,若希望自己的地位更高一点,就需要限制个人的自由。

最近,我跟一位成都的朋友谈论现在中国年轻人的期待与担心。他说:"他们关心两件事:地位与自由。"我的这位朋友说,现在年轻人大学毕业后都愿意留在都市。他们薪水比较高,但是工作压力很大,而且要辛辛苦苦地得到老板的注意和信任才能成功,这就是"地位";下班后,他们可以去酒吧,花钱满足他们的欲望,这就是"自由"。

## 重视团体中的自由

若要平衡"地位"与"自由",真是让人左右为难。当然,这个难题不只是中国年轻人会碰到,在发达地区中,一般的人都会面对类似的问题。但是,这个问题在中国比较严重一些,因为中国的公共领域空间不大,一个人只可以在私人生活中发挥自己的特色,而且市民社会的空间还是很有限。因此,扩大"个人自由"的小天地变成了克服工作和社会压力独一无二的手段。

在这样的情况中,消费主义等于个人自由。消费就是发挥自己的特色,张扬个人的价值观。可是若消费等于自由,那么,为了加强自己的自由度，必须先提高自己的地位，而为了提高自己的地位，就需要多听从老板，需要多工作，需要当公司的"奴隶"。结果，下班后必须花更多的钱，才可以克服工作压力。因此，他们就会再需要提高自己的地位，为的是加强自己的消费能力。

没有办法！无论在哪里，人们若要多一点自由，就需要放弃自己部分的社会地位。相反的，若希望自己的地位更高一点，就需要限制个人的自由。所以，自由与地位之间不断地发生冲突。

## 地位是担当决定的后果

其实，一个人可以自由自在地行使自己的自主权：他可能会认为提高自己的地位，可以给予家人、公司或国家更多的贡献。这样的态度，我们都可以了解。关键的是，每个人都应该清楚地自己作决定：有的人会重视自己的空闲时间和私人生活，有的人会强调自己的责任与工作能力。

我们都知道，消费主义提供自由与地位的幻觉：我以为我是自由自在地买这种产品，我以为我拥有的东西可以证明我的个人价值与社会地位。虽然我们都知道，还是很难不被卷入这样迷人的幻觉。事实上，问题并不在于拒绝消费，而在于自我控制消费的程度，这样我们才能当自己的主人。自由到底在哪里？自由就是自我了解，也就是明白和表现出来生活中决定的理由与基础。地位到底在哪里？地位就是担当自己决定的后果。我们都应该渴望地位与自由，但是我们不能接受社会地位控制我们生活的一半，个人自由安排我们时间的另一半。总之，地位与自由应当成为一体：人性的地位就是发挥个人的自由，个人的自由在于提高人性的地位。

# 真实世界不是计算机游戏

> 当抽象认识只剩下实用价值,而热爱计算机游戏的思维又成为时尚时,难道不会主导我们对真实世界的看法吗?政治决策者若不与人类的性情相依存,建造出的将是没有人性的世界。

前些日子,我带着我的小表妹到中国走一走。她是法国人,第一次到中国旅行。有一次,我们经过一个大型工地,她对我说:"好奇怪喔,我觉得自己好像走在计算机游戏的世界。"

## 承载人类的只有一个地球

我可以体会到她真正想要表达的想法:过不了多久,这个工地就会被直上云霄的建筑物所覆盖;湖泊旁边本来有人家种蔬菜、养水牛,现在整个都改种桃子,变成大型的观光景点;工厂无故关闭,也没有给员工遣散费;上山城的行道树全被砍光,为的是开辟宽广的新柏油路……

中国的经济成长令人叹为观止。然而,中国有些地区的政经决策者似乎以为自己身在计算机荧光屏前:为了所谓的益处,在很短的时间内就必须作出决策,结果就是拆掉旧建筑盖上新工厂,或是拆掉旧工厂盖上新房舍。取决的条件往往出自时兴的选择。当你置身在虚拟的世界时,若说有什么抽象的概念或是不可变动的价值并不会影响你作决定。然而,我们必须面对的是实实在在、有血有肉的男女,以及唯一的自然环境,因为承载人类的只有一个地球。

当抽象认识只剩下实用价值，而热爱计算机游戏的思维又成为时尚时，难道不会主导我们对真实世界的看法吗？如果只凭仗着数据与实用的概念，而没有与人类的性情相依存，政治决策者将会建造出没有人性的世界。

## 失去生命学人类将走向疯狂

有些地区决策者所作出的决定，有好的一面，也有不好的一面。他们的决定来自总体经济学的考虑，不管怎么说都应该是正确无误的；而不好的一面是说，这些决定往往远离了人类的禀性，为了数字上的成长，牺牲了人文、林木、文化或是家庭。而这些成本需要赔上未来子孙的发展潜能，以及后代的宝贵资源作为代价。

决策者应该做的，就是当一个人，能够欣赏夕阳的美、夏日的树叶、回响着脚踏车铃声的乡间小路、田间的古墓、公园里与邻人下棋的闲情逸致……我们诚心希望每个决策所蕴含的智慧，也包括了品尝生命的味道，而不是让过度的理性主导而走向疯狂。我们衷心希望每个决策者能够像性情中人一样去感受与述说，不要当沉迷于计算机游戏的幻魂。决策者的政治责任一旦失去了人性的维度，就没有真正繁荣的政治或经济可言。

# 数字与真实

各种数据与统计资料，究竟呈现了事实，抑或蒙蔽了真相？我们必须追问统计数据背后的成因：统计数据必须被放置在脉络中思考，才能与真实世界建立关联。

日复一日，媒体与政府不断提供数据与统计资料，期待我们依此理解世界。"中国去年的经济成长率是11%，但在法国却只有2%"、"物价指数在上一季涨了1.2%，通货膨胀再度来袭"、"证券市场资本总额下降52%"、"G20会员国通过一兆美元的经济刺激方案"等等。数字在我们的脑海中飞舞，稍纵即逝，却留下一种这个世界完全无法被我们掌握的感觉。数字与统计数据操控一切，我们恐惧它的力量，敬畏它的权威。

## 数字背后的真实意义

其实，多数的统计数据可以被其他的数据制衡。举例来说，中国高达11%的经济增长率，仅为每位国民额外增添150美元的收入，但法国2%的增长率则让该国居民的收入多了650美元。换句话说，相对的数据与绝对的数据会给人截然不同的印象。另外，G20峰会后各国领袖宣布将投入一兆美元振兴经济的说法也值得怀疑，因为这笔钱有些出于早已宣布的金融方案，有些显然来自永远不会实现的承诺，贷款与补助也被计算在内，仿佛两者是同一回事。凡此种种，类似的例子不胜枚举。

更重要的是，数字本身并非价值中立。有人可能会哀叹欧洲的公共支出很高，却没注意到，美国的公共支出之所以低，是因为公民直接承担了医疗与教育的高昂费用。通货膨胀本应是坏事，可是因具污染性的稀有能源价格提高导致的通货膨胀，反而可能使世人更妥善地保护环境，并且减少资源上的浪费。

## 保持正确的判断能力

独尊数字的态度使人们看待议题时往往"重量不重质"。统计数据让我们忘了，在观察现象之余，还应该追问它的成因。我们采取宿命论的角度看待周遭现实，却忘记自己有能力感知世界、传递价值判断，最终改变世界。

统计资料"告诉"我们世界上发生了什么事，就像新闻报道跟其他信息及分析来源一样——不多不少，仅止于此。但统计数据必须被置于脉络中思考，必须与真实世界建立关联。数据理应反映其所关联的真实世界，我们必须保持正确判断的能力。追根究底，统计数据可能真的事关重大，因此更不能容许领导者和统计学者垄断解释权。

# 价值、环保与经济发展

> 伦理与价值不是以普遍、毫无弹性而不能应用的原则来思考的。它们应以普遍原则和我们在这世界中的生活经验之间的关系来设想。如此想来，环保并不是经济成长之后才想要做的补救措施，因为环保应在一开始就被纳入经济发展的概念中。我们必须破解看待自然的传统迷思，才能建立可持续的经济发展模式。

当我们谈到"价值"、"社会价值"、"价值系统"等时，指的是什么？价值是什么，我们在哪里找到它们，它们又是如何产生的呢？价值是否也会死亡、变化，或者，是否在某个地方，某些事物可以是一套恒久不变的价值？事实上，在此我并不想提出"价值"这名词的社会学定义，而是想要以价值本身应该被如何看待来定义它。

## 价值与事实对立吗

显然地,"价值"这名词具有今日世界的特色。在许多层面,当人们说到"价值"时,必然会导致一种相对性的态度。在经济市场中,"价值"总是根据供需法则而变。当人生活在一个不容许对既定的态度和信仰提出质疑的封闭世界里,没有人会感觉他是依据一套"价值"而行动,他不过是做他所该做的事而已。今日的情势正好相反。当代的人们遭遇到"他者"(otherness)从根本上的挑战,他们知道,有时候也直接经验到,世上有种种不同规范行为和态度的常模或价值,这些常模或价值又是在不同的历史、社会和文化背景下衍生的。因此,对许多人来说,发现"他者"的存在使得他们认为价值完全是相对的。

现今世界的另一特征更助长这种态度,那就是科学的权威性,因为它是一个精确而可验证的知识体系。我们本能地这么想:科学总是和"事实"有关,而伦理则是和"价值"有关,并且价值被认为是与事实对立的。这么一来,价值便显得是毫无根据而且非理性的一些假设,这些假设或许连被提出来讨论的余地都没有。

这种想法可能会使某些人感到恐慌。为了因应这多元价值的发现,他们便倾向于思考,有一套既定的价值系统是"绝对"的,然后把它从这世界的种种偶发事件中抽离。于是价值被定义成完全外于世界的,或者说高于世界的,我们无论在什么情况下都必须遵守的法则。他们说,价值是源于神圣者,源于那超越世界,在世界以外的范畴。这种态度或许是有意识的,或许是无意识的,但不论是哪种情况,这种态度是相当普遍的。正因为让一套价值变成绝对的,是一种维护自己的身份,以对抗社会文化环境中种种变化威胁的方式，人们更是容易接受它。

## 伦理处理不断变迁的现实

　　对以上这两种对价值的看法，我都表示质疑，而且愿意提出另一种可能的看法。我自己的观点可阐述如下。个人伦理与社会伦理都有其任务、有其目的，这目的就是帮助人类在世界中思考他自己，在这个他生活、工作的世界中，为的是使他自己的人性发展得更完全，同时也使得这世界人性化。换句话说，伦理与道德不是以普遍、毫无弹性而不能应用的原则来思考的，它们应以普遍原则和我们在这世界中的生活经验之间的关系来设想。按定义说，伦理反省是在发展和变化中，因为它处理的是一个不断变迁的现实。我想，这个简单的观察能够帮助我们更进一步地了解价值到底与什么有关。

　　如果伦理的任务是使世界人性化，它就应被视为动态的努力与计划，也就是基于意志和渴望的努力。一个人或一个群体若要试着使自身人性发展完全，并使周遭的环境人性化，第一要务就是自问："我到底要什么？我们到底要什么？我渴求什么？我们渴求什么？"让我强调一个重要的事实："我们不会抽象地去企求和渴望。人类的意志力必须在其中发展原动力的宇宙，是个已经具有结构的宇宙。"

　　下列几点可以说明：

　　第一，宇宙首先是被规则架构出来的。规则可以被描述为：不是由主体本身所创制的行动与进行的方式。例如，农产品的生产和营销都有规则。

　　第二，道德宇宙是被标准所结构成的，也就是被指示人们什么是可被容许的，什么不可容许的社会指标所架构的。例如，在做生意时，有一些定义合法及合乎伦理行为的标准。

第三，道德宇宙也是被目的结构成的。赚钱是一个目的，治愈病人又是另一个目的（如此可以定义一家医院的使命），或者，对媒体而言，提供准确而真实的信息也构成一个目的。

价值最后可以定义为当主体在将规则、标准和目的整合纳入他或她的知识和分析之后，作具体决定时的基础。

## 价值使人有能力作决定

价值渐进的精致化和普遍化可以证明，人类持续地朝着完满人性发展，也就是说，它证明我们在处理具体情势时所展现的创造性，无论是以个人或团体实现的方式。终究，价值是使我们有能力作决定，并且是以一种可以教育并实现我们的意志，以我们更深渴望的方式作决定，而不是只顺着环境去作决定。在一个受到日渐非人性化威胁的世界中，价值正是我们发现人性化解答的必经之道。

没有意志，便没有实践的途径，因为没有生活的价值系统。当人们不想积极主动参与他们自己生命的演出，当他们认为他们已经预先知道何者为善、何者为恶，以及解决问题或不解决问题的唯一方法，这时候就没有真正的"价值系统"可言，只有一套"道德强制系统"。

如此，价值的概念应被理解为道德主体——"位格"的人（person）在现代观念中的意义。每当我们分析一个具体情境（它可能是关于家庭生活、经济、政治或医疗），会发现我们不可能抽象地选择一个既定价值，好似我们在一家店铺里选一条裙子或裤子那样。我们必须分析并面对一个情境，因为我们必须作出决定。我们如何解决这个家庭危机,我们如何解救这家企业免于破产,我们如何开发一个新地区——每当我们不得不面对一个个像这样的问题,我们会从技术性的分析开始,接着进行咨商和听取专家意见,然后我们自问我们最深的渴望或目的在哪里。例如,在一个家庭或政治冲突中,我们可能感觉在对真理的渴望与对和谐及和解的渴望之间被拉扯,最后会有一串可能的决定。在作最终抉择时,必须谨慎运用智能,并且意识到任何决定都有其相对性。以下我举一个具体的例子作为说明——环保与开发。

## 环境损害考验人们的价值观

环境保护已逐渐成为国家领导人、知识分子和一般民众的主要关注的焦点。长久以来,大家认为中国的经济发展必须以牺牲空气质量、自然资源或都市文化遗产等作为代价。然而,环境损害的程度很难加以衡量,而普遍的看法认为在经济成长与保护环境的取舍上,中国人民宁可确保收入的稳定增长与经济的潜力,而不愿坚持原有的传统生活方式。时至今日,有两项主要的议题逐渐浮现:

第一,环保与发展之间的轻重毕竟并非截然分明。或许,经济发展与国民所得提高所能带来的好处到头来比不上环境被破坏的成本。环境被破坏的程度往往难以衡量,损害到何时也不确知,这又使得环保与发展之间的损益计算变得更加复杂。即使此刻发展的收益仍然大于环保,生活环境的破坏却大可以在几十年内严重地危害到繁荣中国经济的命脉。

第二,许多人已开始去挑战这个环保与发展的损益运作理念,这是一个更值得重视的事实。"可持续发展"的概念(能迎合目前发展需要,而不危害未来世代满足其需要的能力)与文化及哲学上的多方思辨改变了环保与发展的论证。环保的观念不是应该在一开始就被纳入经济发展的概念中吗？换个角度来问，我们的经济发展模式是不是过于简单？而环保的帮助不是应该成为构思发展过程与健全社会中的一个基本要素吗？全世界都问过类似这样的问题，然而这样的问题在中国却是格外地迫切。

## 污染名单榜上有名

污染的问题不仅关系到中国，更关系到全世界。例如，目前仅美国一个国家就必须为全球四分之一以上能源类二氧化碳废气排放量负起责任。但据专家估计，到2015年，中国将会产生比美国更多的废气。

在全球十大高度污染城市的黑名单中，中国就有九个城市榜上有名。这类城市的污染程度都超出世界卫生组织可接受污染指数的五倍以上。如果中国在都市污染的相关政策上无任何改变，攸关都市兴衰的健康风险会在1995年至2020年之间增加三倍。

自然资源的递减，特别是水资源，可能将成为最具威胁的环境难题。虽然几个大型草原与森林绿化企划案已进入完成阶段，植被面积仍然不断缩减。土壤流失的情况也非常严重，有许多地区已成为一片荒原。

人们使用的交通运输方式，由铁路逐渐转成航空与车辆运输，这样一来不但加剧了空气污染，同时也加快了可耕地的开垦速度。较诸私人机动车等交通工具，各地方政府对大众运输如地下铁这类有益于生态环保的运输系统，并未给予特别的优惠或支持。选择私人机动车这种运输方式，除了必须面对交通拥塞的问题外，还使得人们对石油更加依赖，因而让这个问题更为棘手。郊区污染问题的加重，也使得稻谷的生产在质量与数量上都有下降的趋势。在乡间，据说因煤炉的室内污染造成的死亡人数每年超过十万人。

姑且不论以上的种种缺失，中国在过去十年间，生态意识抬头、公共政策相继出台、大型生态工程的开展，并率先成为签署国际环保公约国之一等等，这些都是不争的事实。

## 自然环境是社会环境的写照

"自然环境"与"社会环境"并非两个毫不相干的领域，人与人之间的互动方式就好比人与自然环境之间的互动方式一样，我们必须在创意与尊重、和谐与冲突、团队与个体之间找到一个平衡点。在社会里，一个人必须学习去尊重自己与他者，必须有着与人类一体的共存认知，并同时意识到单一个体的独特性。同样的，在人类与大自然相处的过程中，人类将领悟到自己与自然本为一体，而人也有其特定的需求。在大自然的演进过程中，人类与大自然进入一种"斗争"，但是人必须尊重大自然的基本平衡。我们在社会里学到的技能有如我们跟大自然相处所学到的技能，基本上两者是一样的。当现代化所带来的冲击与挑战来得太过突然，人们便忘记以成熟、尊重的方式与大自然相处，于是自然环境的毁坏也随之加速。

简单地说，如果想要挽救我们的环境，我们就必须去正视人与人之间的互动，正视教育体系所欲倡导的价值观，并致力于社区内公正而开明关系的发展与开创。若能达成这项任务，人们便会自然而然去注意空气质量与水源保护的问题。更重要的，人们在问题的应对上将更具创意。人们若尊重自己也爱护自己生长于斯的社区家园，便会动员起来为其所属的自然与人文环境的提升而努力。

再举一个例子。众所皆知,煤炭是造成中国境内城市污染的元凶之一。然而,燃煤取暖却也是最经济的家庭供热方式。如果不正视中国贫民所面临的经济困境,而想要一味地禁止或以其他较昂贵的能源去替代煤炭,不论对替代能源的优点如何加以提倡,也不会有任何的成果。各个家庭取暖供热的方式,不但是生态、经济、社会的问题,而且是全人类的问题。

在过去的 20 年间,改革开放大大地提升了中国的财力与潜力,然而,规范一个全新发展模式的契机也已到来。当我们定义新的发展模式的同时,却想把"物质文明"与"精神文明"分开来看,那是不可能的事。为求人类整体性的发展,在定义发展模式的过程中,所有的层面——经济面、社会面、文化面和精神面——都要一并考虑在内。若将生态议题看做是次要的问题,中国便是冒着毁损财基——水、空气、土壤——的风险。再说,我们已经知道,仅将生态问题当做技术问题来考虑,并非构思对策的正确方法。换句话说,发展方案必须在一开始的时候,就是一个通盘性的方案。

几千年以来,中国既然在人与大自然的伦理议题上发展出一门相当丰富的学说,我们也势必要去应用这些智慧资源来因应中国今日的种种环境问题。我们探索的目的之一,就是要将这些资产加以盘点与阐释。在此,我将会指出某些传统造成的矛盾,它们使得人们难以面对今日的种种挑战。中国在环境议题上,部分问题来自于对中国社会影响至深的两种乌托邦式的空想主义。我把第一种主义称为普罗米修斯式①的空想主义,第二种我则把它叫做怀旧型的空想主义。虽说这两种主义也存于许多其他的文化中,两者在中国社会里却有其独特的结合方式。

---

① 普罗米修斯为希腊神话中的一位神明,他因偷火种给人类使用而受到惩罚。在此暗喻人虽自以为凌驾自然但最后却落得失败的下场。

## 普罗米修斯式空想主义

何谓普罗米修斯式的空想主义？乍看之下，这个词汇既然指的是希腊神话里的一个角色，明显与我们的议题有所出入。但是为了将中国传统与世界上其他的思想体系与生活方式作一联结，我还是以之为例。中国版的类似神话大概就属"愚公移山"这类的故事。这两个故事有很多显而易见的相异之处，但两个故事都叙述人类与神明在对物质世界的支配上所产生的对峙。然而，在中国版的故事里，人类获得了最后的胜利，将高山移至他处，普罗米修斯最后却因为赠与人类用火的神力而受到惩罚。一般的说法原本都认为西方的传统在本质上属功利主义，而中国的传统重视的是宇宙和谐。然而，事实并非如此，中国人在林木的砍伐和水利的治理上和其他国家的人民一样热衷。

中国历代君王常有对自然环境进行大规模改造工程的倾向。军事考虑通常是主因，万里长城的建造便是一例，而其建造必定阻碍了草原动物的迁徙，也影响了依赖这些动物维生之人的生计。而水资源的操控通常也有军事企图，例如有计划地制造水患以破坏敌国领土。所以广义地说，为求课征最多的实质财税，中国历代封建统治者对资源的开采和自然环境的重整上，是相当积极进取的。于是，同样的论调不但使他们的意图得到合法化，也使其对大自然进行技术性控制的梦想合理化了。

像渭水河谷这类的水利重整工程，通常都有强烈的政治动机又相当损耗人力。有些中国知识分子的确曾一再强调劳工们为了执行此浩大工程所受的苦痛，他们了解基于政治目的而动员人力与自然资源所进行的生产投资，结局都是严重的反生产效果。

中国传统理念里的确存有普罗米修斯式空想主义的思想，此一事实常未能为中国知识分子所察觉。然而，一旦这种思维模式覆上了西方的面纱时，他们却又对之给予热情的拥抱。严复将斯宾塞（Herbert Spencer）的作品传播至中国各地，便是一个典型的例子。对严复而言，斯宾塞正是西方普罗米修斯式空想主义精神的缩影，他的精神就是去动员物质、知识与道德的力量，去保卫国家团体的财富与权力。就如本杰明·施瓦茨（Benjamin Schwartz）所确切批注的，严复之所以能够接受并诠释斯宾塞的思想，是因为他的眼光和中国古代形而上学的宇宙哲学观有些近似。无论如何，和西方的相遇给了这个潜伏在中国传统中的普罗米修斯式空想主义一股新的动力。

愚公移山的故事融合了中国的传统与西方普罗米修斯式的空想主义，它们凌驾自然的意念已经合而为一。这个融合了东西方普罗米修斯式空想主义的混合主义，其作用力还正在运作中，甚至借助改革与开放政策所引进的技术与经济动力而更为强化。即使今日的中国对环境保护表达了许多的关注之情，但私底下的认知，却是中国的发展与强盛仍有赖于对环境的驾驭与改造。中国人是愚公的后裔，而愚公移山的雄心没有靠神明，却也终于靠着中国新世代的努力与其所掌握的科技而实现了。

## 怀旧式的空想主义

中国版的普罗米修斯式空想主义是否受其传统和谐宇宙观的制衡呢？对于这个世界观在政权与环境的对立态度上，是否有任何广泛的影响力，我颇感质疑。我认为"宇宙和谐"是以另一套看重一个假想过去或地方的空想主义来呈现的。就如同"愚公移山"的故事证实了第一种空想主义,"桃花源"的寓言故事也可以用来证实中国怀旧式空想主义中纠结的情感与道德观。

幻想过去的人类与自然万物曾活在一片和谐的世外桃源中,给予了中国知识分子某种感慨社会、自然环境中种种衰败现象的理由与空间。然而,这样的一个世外桃源却不能作为抑制政治动员过度与人力、自然资源过度工具化的替代发展模型。即使是中国权贵所拥护的经典儒家思想,也流于空想之嫌,"田园政治"也不过是夏、商、周三代所投射出来的理想美梦罢了。

## 传统资源新诠释

中国的知识分子在今日面对的问题是如何去利用各自的智慧,使社会在管理人与自然之关系的规章上达成一个崭新的共识。他们所面临的挑战不是去开创一个新的理论架构,而是要务实地评估、诠释传统在哪些方面可以有所帮助。为了去达成今日中国境内的生态危机共识,中国必须借助于现代科学、西方传统的原理或国际间的考虑与价值观。然而,对于中国传统类似的要素也应加以利用:其一,中国传统文化中有着滋养世界大同、人本同根、天下一家等生态观的宝贵资产;其二,在各种理念、贤哲与世界观等为他们所熟悉之文化资产的帮助下,中国人民势必自然而然发展出一套全新的生态观。我想做的只是去指出几个对现行中国传统的重新诠释上,或能证实有所帮助,而以生态议题为念的研究方向。我提议在三个层面上为中国生态思想的再诠释进行整理编制:简单与平等的强调、多元化的增进、一个基于社区文化的发展策略。再者,传统的再诠释不仅不会为我们带来一套单一的发展模式,反而会引导我们去鼓励多样的文化模式和策略。

## 将正义纳入和谐自然观

首先,我认为除了通过"和谐"的纲领去为中国对于自然的传统再作诠释,"正义"的纲领也很实用。举例来说,人有劳动与生活的权利。然而,"执行正义"有更广的含义,如聆听人的话语,接纳他人的话等等。正义的第三层意义,就是建立人与自然之间的正义关系。在这一点上,我们遇到了一个问题:对许多中国知识分子来说,执行正义似乎和实现和谐的任务有所冲突,这个难题通常未能在书籍或期刊文章中被公开讨论。然而,在与几位以和谐作为最高社会规范价值的学者讨论时,我却发现这样一个难题,即"正义"的理想必须借由暴力的手段来达成,这是常被一再强调的信念:这个常被称为"正义"的正义,其实就是和平过程中的暴力。就如他们所说的,正义是手段而不是目的。

为了避免误解,特别说明,我所指的是正义的社会意义,它向来为中国的哲学传统所推崇,特别是儒家一派。"义"可以解释作"个人的正直操守",这和《圣经》里最初的意义一样。个人正义和社会正义的维持可能有其当然的关系,但这样的发展理论相当依赖于社会、学术结构的全面发展,而这样的发展模式在中国并未曾发生。

然而,道家传统中心思想的"平等"和正义的概念却还近似。由佛家所彰显与强调,平等在最初指的是一切众生的本性皆平等的存有概念。平等也是一个生存的概念,这个概念和所谓的"简单"、"朴实"与"节俭"有密切的关联。《老子》和其他道家作品所了解的平等概念,与一种不受异国风味、迷人歌乐、奇装异服所吸引而迷失的念旧情怀有相当的关联。在这一方面,它和之前所提的怀旧式空想主义也有关联。

现今的中国正处在一个诸多不平等、资源浪费与消费浮夸的时代，而且这种消费模式并没有面对任何严重的挑战，若有丝毫的挑战之声出现，想必是来自道家传统，毕竟道家有其厚实坚固的历史渊源。换句话说，要使"和谐"模式更有一贯性与可信度的方法之一，就是要敢去将其所属的传统再作发挥。社区的价值观也大可纳入消费模式的批判理论下，以求社会的更简朴与平等。换言之，将"正义"层面纳入"和谐"的模式里，或许是克服其因强调"和谐"而寓意模糊不明的一个方法。过去 25 年所谓的现代化过程也可作为历史与精神上重新评估的参考。

## 生态多元来自思想多元

尽管新的保护计划业已存在，生态的多元性在中国却正受到威胁，这实际上有其长期的趋势。国家与社会逐渐侵蚀中国的多元性，为了使人类作物的收成增加到极限，中国将其生态系统单一化。几个世纪来，中国丧失了许多生态系统中的缓冲地，如森林、湿地与野地。值得注意的是，生态上的多样性与思想上的多元性或许有其部分的协调性。当单一发展模式被推广提倡时，大地景色也跟着单调化了。唯有特定文化与发展的模式能受到尊重，且生态的多元性代表了与大自然多样的相处方式，民族的多元性才会与生物的多样性一同发生。

就这方面来看，我们还要赞许最近不断被强调的西部大开发计划。因为这个计划将给予我们提倡由地方传统与区域传统所启发的多方发展策略的良机。倘若这个内地发展计划仅是仿效沿海地区的发展模式，以一个生态观点来看，这不但将会有反生产效果，还会摧残更多的自然资源。若是将新兴发展模式实验纳入此次的开发计划中，并尊重当地的情况、条件，或许这将是中国挽救其自然环境的一条明路。换言之，问题不在于去开创一个新的发展模式，真正的挑战是如何使各个区域的思想与策略方法更为多样化。若就其在传统思想、民族族群与生活方式的多元化上做好全面考虑，中国对全世界的生态意识与创造上也就有所贡献了。

## 可持续发展以社区为基础

社区团体是在定义一个有益环境发展模式时的另一个基本层面，这个层面确实与中国传统精神有其相似之处。必须再次强调的是，中国多数的和谐模式的问题，在于它们将其理论建立在一片回到过去的情怀上，其模式和理想化的农业社会所欲传达的意象类似。今日最重要的课题是以社区的价值作为设计创造发展模式的工具，将社区团体与发展联系起来，也就是说，若以社区团体的发展来思考，则将有助于我们对某项工程案进行评估时的多角度思考，使我们能以当地居民的智慧去策划当地的灌溉、运输、工业工程。通过沟通的过程，环保议题便会在发展模式中产生。因为社区团体提供了沟通、议论与交流空间等功用，这个由社区公有理念所衍生的发展模式，自然而然会是个有益环境的发展模式。

"社区团体发展"和"可持续发展"的概念之间有着紧密的关联。因此，国际组织便设立"可持续经济财富指标"（Index of Sustainable Economic Welfare），对发展的质量加以衡量。在对经济活动进行评估时，此一指数可反映出发展对环境与人民所造成的损害。

社区团体发展计划的实行者自然有其一套伦理、理论来引导大家工作。此外，他们能够去描述多种曾经受其运用，而证实对社区进步具备实用价值的策略与模式。在这一方面，妇女在社区团体审定工作上所扮演的角色就特别重要：妇女更进一步地融入发展决策工作，这是促使社区重新掌握自身用来规划未来远景之传统、智能资产的一个方式，地区经济也将因妇女的受教育与训练而更具生产力。

有些工具可以用来帮助社区，使其进入以社区团体发展为基础的可持续发展模式。这包括了画图说故事，为社区景点拍照，为达成共识而努力，重视种族议题与少数民族的需求等等。为了克服纯技术理论的限制，叙述与视觉的呈现也扮演着重要的角色。社区团体明白自身关切何在，则能了解其解决之道。因为社区人民若能提出他们自己的问题，相对的，他们也能够为了寻找问题的答案而动员起来。如此一来，便会使他们对其共同效命的团体产生强烈的信念，特别是去体认一个社区得以塑造自身的命运，同时也拥有掌控地方的能力。借由一同对话、工作与相互观摩，从业人员也可以分享彼此工作上的想法。

给予以社区为基础的、发展更多的空间，这也意味着遵循"授权原则"。意思是说，上级政府要允许社区团体自行决定其大部分的议题，只有在某议题超出社区层级的权限时，才予以干涉。我要再次强调的是，我们不应该只设计一个单一的环保发展模式，相反的，我们必须具备提升社区文化，亦即促进多元化的信念，而此一多元化的本质也将对环境产生正面的影响。

## 多元而平等的社区文化

总而言之，中国所面临的环境危机问题，结构性的解决之道在于采纳"社区文化"所提供给我们的答案。社区文化强调沟通，拓展参与者之间的平等性，并善用他们的多元性。再者，社区文化促进社区与社区之间的多元，因此也能提出更具创意、弹性的解决方案，以因应环境的种种挑战。重新诠释中国文化传统必能对社区文化的促进有所帮助。事实上，一旦没有社区网络，我们就必须进行社区重建。目前，中国众多的区域与村落皆属"建设中的社区"，对环境无害的发展模式之相关主题与社会建设的课题也是密不可分。

"平等"、"多元"、"团体"，这听来或许属于现代化的字眼，但是它们却是中国政治与哲学思想自古所遭遇到的问题与挑战的缩影。中国所面临的环境危机使得这个永无止境的争论再度热烈了起来。我们要再三强调的是，中国的思想家们发现自己正处于抉择的十字路口。他们是否将会延续正统守旧的模式，对社会与自然环境加以控制、压抑，还是会充满自信，寄望于在自身传统觅得更具弹性、多样性与创造性的种子？且让我们拭目以待。

# 电视不是你的眼睛

> 我们必须学习如何不被日复一日的新闻浪潮所淹没，我们必须找到自己的心跳；不要害怕与事件的表象保持距离，我们才有心境去探索生命存在的意义。

媒体每日的焦点报导让大家的心情随之起舞。对于世界与社会上发生的事,电视新闻与报纸强力放送的方式深深地影响我们的心性并左右了我们对世界的看法。

## 社会剧目炫目外衣

只要一个小小的事件,就会被渲染得惊天动地,新闻事件变成每日上演的连续剧。观众的心就像坐云霄飞车一样忽上忽下,而新闻剧往后的发展,却往往是旧闻的翻版。

我们必须学习如何不被日复一日的新闻浪潮所淹没。我们必须用另外一种生活层次来过日子,我们必须找到自己的心跳。当我们探寻自己内心,寻找自身的人性的价值,才会觉得自己真正活着,而不会只注视着社会剧目的炫目外衣。电视的眼睛不是你的眼睛,可惜的是现在电视的眼睛已经取代了你内心的眼。

## 抽身烦嚣探索生命

人类若要追寻内在的精神生活,需要与社会事件维持一段距离,同时需要保持清醒。我们内心深处往往害怕自己与媒体脱节,然而只有保持距离,我们才有心境去探索生命存在的意义。距离感让我们存在。

不要害怕与事件的表象保持距离。只有自由而孤独地自我省察,才能看清楚社会以及周遭的一切到底是怎么一回事,而不是一直接受别人告诉我们的。如此,我们也才能与路上相遇的人交心地来往。抽身出烦嚣的事件,回归自我,我们才能以新的眼光看待世界,以"洗涤过"的眼睛看透世界的心。

# T恤会说话

> 如果让衣服为我们代言,我们就像戴上面具,不给自己说话以及与他人进入对话的机会……

穿T恤,我们也穿出个人自我风格——一个群体的表征,或是对一个城市的认同。有时,我们也会看到T恤与人幽默对话,或与自身展开辩论。

## 衣主之音豁免发言

我常想起一位老先生,一位20年前认识的人。他是一位哲学教授,并且正如你猜想的,他不喜欢T恤这种款式的衣服。不过他不喜欢的原因令我惊讶不已,的确是哲学家给的理由。他不喜欢,并不是因为T恤缺乏美感,或是因为他讨厌T恤向世界宣告的内容,都不是。他说他不喜欢"会说话"的T恤(他是这么说的),是因为T恤"说话"的同时,取代了穿着它们的人们。

T恤能说出世界上最美的字句,没有人能说不是。这位哲学教授说他比较喜欢听衣主的声音,而衣主就这么躲在"宣告"的衣服后面,豁免发言权,逐渐忘了什么是从心灵深处说出的话来。没错,他是一位哲学家,虽然没人真正看重哲学家的话,但他还是提出了一个有意思的论点。

## 有口无耳灵魂之言

英语常使用一个用语,叫做"时尚声明"(Fashion Statement):我们穿什么衣,就证明我们是怎样的人,这样的用词一般来说有抬举之意。时尚声明显示出穿着品位与个人特质,果真如此吗?我觉得如果让衣服为我们代言,我们就像戴上面具,不给自己说话以及与他人进入对话的机会。T恤或是其他衣服即使能代表我们的口,但它们一定没有耳朵。

"会说话"的T恤还让我想起一个句子,另外一位哲学家说过的话。他是罗马帝国皇帝,叫做马可·奥勒留(Marc Aurèle),公元2世纪人。他认为出自我们灵魂的思想会反映在我们的脸孔上,同时指出我们的个人价值取决于滋养思想的价值:吸取低养分的思想,个人价值相对较低;吸取高养分的思想,将使我们获取较高的个人价值。如果他说得对,请在展示"会说话"的衣服时,注意自己说的话。如果他所说的不成立的话,反过来说人应该会不自觉地认同T恤说的话,有一张和T恤一样传神的脸孔。

# 人不是物品

人类是感情的动物。不过,许多社会学家和经济学家早就注意到,人类社会的互动方式将人的位阶降到物的层次,值得我们深以为戒。

人不是物品。对于这点,大家都没有异议。但我们真的都遵循这个准则来对待自己和他人吗？我们在社会上的行事是不是暗地里与这个准则背道而驰呢？

## 人类是感情动物

懂得人与物的区别是儿童正常心理发展的一部分。心理学家格外重视婴儿出生后第九个月的转变。这个时期的婴儿似乎已经能够明显地感觉到在面前的并不只是一个东西而已，他能够从眼前的东西得到满足，同时感受到眼前看着他的是一个有意图有情感的生命。通过游戏以及各种体验，婴儿明了这个生命像他一样有兴趣去了解其他东西、其他人。由此，婴幼儿肯定他人的存在，开始与他人有丰富的互动。人与人的互动建立了人类的情感世界、社会生活，而且是培育美德的基础。

不过，许多社会学家和经济学家早就注意到，人类社会的互动方式已经将人的位阶降到物的层次。物的定义，就是预期东西可以生产的效能：我若拿到一块木头，我能用它制造长笛或做成椅子；我若找到一块石头，我能绑上绳子把东西吊起来；我若有一个玻璃杯，我可以拿它来喝水……人类在现代社会的工作模式，使得我们对他人的期待变成功能性的，我们只希望他人完成某项工作，不管这个人的个性、情绪，也不管我久候不来的服务是否中途遇到什么阻碍——我们把他人当成物品。

## "物化"标志社会

当然，我们可以说落实工作是社会前进的力量，而且某种程度来说很有效率。但曾几何时，我们已经不把"他人"看成人，没有想要了解别人失序的好奇心,更没有互动的乐趣,我们的社会难道就不会扭曲变形吗?

德国哲学家霍耐特(Axel Honneth)认为,社会关系的"物化"越来越标志着我们的社会,今日招募员工的面试方式就是一个例子。招雇的公司希望求职人自我介绍,描述个人的工作能力,并说明未来的贡献,为的是预测这个人的工作成果,就像买一台新计算机一样。在因特网上交友,每个人描述自己的方式就像在定义一项物品,年龄、身高、体重、喜好等等,即使要在网络上找另一半也是如此。换句话说,我们不仅仅把他人当成物品,整个社会鼓励我们把自己"物化"为东西以符合别人的要求。人不再是人,而是被要求生产的东西:传承后代、工作、新鲜感……

我们必须经常记得,时时反观自己造就的成果以及产品,学习无偿心与他人往来并欣赏他人。若没有真正认清自己、肯定他人,就没有真正的人性社会。

# 彝族打工者城镇迁移之研究

本文研究凉山彝族农民工在四川成都与凉山彝族自治州盐源县白乌镇两地的调查访谈,进而陈述今日中国农民工迁移现象的复杂面:彝族人离开家乡到城市如成都打工,但是彝族当地城镇如盐源县白乌镇却吸引更偏远地区的人前来打工。于是,短程迁移、中程迁移、长程迁移正在特定区域中交互发生影响。农民工的迁移逻辑在于求生存与适应,难以拓展个人或是群体的发展策略。

中国少数民族现今正在广大的中国面临重大的变化，他们从乡村迁移到城市是整个转型过程的重大特色①。本文借由聚焦在微型地域的考察方式，记录少数民族彝族人的打工行为，旨在呈现并评估对于个人以及地方团体而言，这样的过程的本质为何并具有什么影响。2007年整年，我们和彝族的年轻打工者展开多次公开且不设防的访谈，地点在成都，同样也在彝族人由内往外迁移、位于凉山彝族自治州西南部的一个地点进行，那就是盐源县白乌镇②。本文即是由两地的访谈，再加上补充调查整理而成。

人们可能会猜想，2008年后的几个月到2009年第三季的金融风暴是否会影响本文论及的相关论据，甚至使得这些内容变得无效。从我们调查的迹象显示，这几个月之间的迁移路线确实有冻结或是逆转的现象发生，但是到城市寻找工作仍是主流的趋势：即使人们转移迁徙目的地，现在人们仍然持续着迁徙之路。我们在2008年、2009年，甚至最近的2010年12月，我们都在白乌镇进行访谈的后续调查工作。虽然晚近几次的查访不如2007年的访谈来得系统化，但是所有的讯息都指向同一个方向：至少在我们访谈的地区，少数民族持续前往各个都市，如同以往一样，但是他们前往的地点以及停留的时间变得多元化，将自己不工作的空闲时间弹性地选择停留在家乡或是在都市。这样的现象将强化而不是削弱我们从分析路径所推及的结论。

---

① C. C. Fan, *China on the Move: Migration, the State, and the Household*, New York: Routledge, 2008; F. Guo, "The Impact of Temporary Migration on Migrant Communities," Z. Zhao and F. Guo (eds.), *Transition and Challenge: China's Population at the Beginning of the 21st Century*, Oxford: Oxford University Press, 2007.

② 关于白乌镇的详尽介绍，参见 Stevan Harrell, *Ways of Being Ethnic in Southwest China*, Seattle: University of Washington Press, 2001, pp. 129-152. 此书为读者介绍何为彝族人，以及他们的认同所在。至于白乌镇第一村的部分，参见魏明德著：《从"羊圈"小村到地球村——凉山彝族的生活与传说》，成都：四川民族出版社，2008年。

## 一、打工者的共通问题

对于少数民族打工者面临的困境与问题,我们可以分成几个剖面来观察:首先,打工者不是没有念过书,就是教育程度低,离开家乡之前基本上接受的正规教育很有限;其次,归纳全中国农民工面临的共通问题,计有居住条件、工作条件、工作过度、缺乏劳动合约保障以及健康医疗等问题;其三,打工者到城市时必须面对文化与语言的衔接问题;其四,家乡缺乏可持续发展的社区计划;其五,个人因此缺乏看待自己家园的长远眼光,对于个人的生涯同样难以长期规划。打工者把挣得的一些微薄的钱财以及工作上学到的实务经验带回家乡,但钱财耗费有日,工作经验片断而不完整,这些打工者回家乡后很快就坐困愁城。

2005年,中国的城市农民工已经将接近300亿美元的款项寄回家。雇主经常利用农民工的弱势地位而拖欠约数十亿人民币工资。2003年年底,建设部公布拖欠建设费与未支付工资达到1860亿元人民币,相当于225亿美元。中央一级官员早已认识到拖欠工资对农民工造成的危机,他们不断要求当地政府注意这个问题,确保农民工能按时拿到工资。

农民工平均收入远低于城市中的其他居民,因此缴交学费与医疗保健费对他们来说如同登天。各种不同的增收费用,使得农民工家庭的子女对于到学校读书这件事望而却步。成都的小学每学期以不同名目向学生临时增收400人民币左右,约48美元;2002年中学每学期增收杂费约为1000元人民币,约120美元。大多数在中国各城市的农民工没有医疗保险,很少看医生,只有出了极端的状况,如生大病或是受伤,才到医院。农村移民投保率极低,平均投保养老保险率只有15%,平均投保医疗保险率10%,而且大多数农民工无法从政府提供的失业保险和生育保险得到照顾。

户籍制度是农民工无法得到公平对待的根本原因。户籍制度在1958年开始执行,无形中加深中国农村居民与城市居民之间的鸿沟,而如劳动就业、教育和工作保障、养老保险等一系列的政策和制度确实奠基于此并延续至今,这些政策造成农村移民进入城市后无法顺利工作的障碍,同时成为约束无数农村移民的主要载体。

农民工反映了中国劳动市场的紧张局面。2006年,中国需要在城市创造2500万个就业机会,但只能提供约900万个就业机会。根据劳动与社会保障部的声明,2010年中国的劳动力供给可望突破8.3亿。到2010年,城市将多出5000万城市居民投入劳动市场,但估计只能创造4000万个就业岗位。另外,国家必须创造数以百万计的工作岗位,以鼓励4500万名民工离开农村,减少农村的剩余劳动力。

## 二、成都彝族打工者

四川省是中国农村剩余劳动力最集中的省份之一,也是农村移民最大的离境地。成都是四川的省会。虽然许多四川农村移民只是到成都转车前往其他省份,但留在成都工作的人数众多。成都市的城镇户口居民大约1200万人,其中620万人有一份正职工作。据估计,在成都市工作的农村移民约有250万人。在成都打工的彝族人并没有任何数字统计,主要原因是因为彝族打工者的流动性高,而且彝族形成的社区能见度极低。对于缺乏打工经验的彝族移民来说,成都最接近凉山,自然而然地成为打工的选择地,因为他们可以很容易在这里找到彝族人并得到帮助，而上年纪的彝族人可以每隔一段时间回家照顾家人。

## (一) 受访者样本

在成都，我们完成23个访谈，时间从2007年4月到2007年8月。我们尽可能地让我们选择的访谈对象能够反映出彝族打工者在成都的各个不同方面的特点。尽管来成都打工的彝族人越来越倾向多样化，但彝族打工者仍是以男性、单身、年轻人居多。以下是我们访问的样本：16名男性，7位女性；14名年轻人，年纪17到25岁，年纪稍长的10名，28到36岁9名，48岁1名；15名单身，已经生育子女的有8名。有几位受访者带着妻子一起到成都打工，但是没有人带着孩子一起出来，因为他们负担不起孩子的教育费以及住宿费。这些受访者中有几位住在公司所提供的住处或是宿舍。

在我们的受访者之中，5位受访者在餐厅或是食堂打工，绝大多数都是担任最低阶的工作，例如洗碗盘或是打扫工作，无法与顾客直接接触。4位受访者担任警卫，3位受访者在建筑工地做建筑，2位受访者受雇于搬家公司，3位受访者在工厂工作，1位受访者当三轮车驾驶，1位受访者是歌手，1位受访者开彝族酒吧，1位受访者受雇于汽车公司，2位受访者正在寻找工作。

## (二) 到城市打工的理由

为什么彝族成年人，甚至是少年人有一天决定离开家园，前往如成都这样的大都市工作呢？彝族人外移到城市工作最强烈的动机来自金钱的考虑。很多打工回来的人强调，他们在短短几个月中挣到的钱，比起在村庄中长时间农耕的收入来说多了好几倍。不少彝

族人上有父母下有孩子,为了养育人口众多的家庭,离开农田到外地工作变成了唯一的选择:

> 在小学读了三年就出来了,家里穷嘛!家里面有爸爸妈妈、一个大哥、一个嫂嫂,还有一个兄弟。他们全部在家不出来。大哥22岁,在放牛;兄弟15岁,在羊圈小学读四年级。养三个儿不容易,家里穷,钱不多,要养活五六个人,一天要吃几大碗饭,吃得又多。我爸爸还是支持我出来。我是2006年11月份出来的。
>
> 伍呷,18岁,男性,搬家工人

很多彝族打工者,特别是受教育程度较低的父母,他们解释说自己在外地工作,为的是能挣足够的钱来支付孩子的教育费。有的受访者直接说出希望能供养孩子上大学的心愿:

> 我想应该多存一些钱,为孩子的上学作准备。我想让我的孩子都能够受到好的教育,让他们都能够上大学,这是我最大的心愿。看到了有文化的人和没有文化的人之间的这种差距之后,想让自己的孩子不要过我们这种生活啊。
>
> 马建明,34岁,男性,建筑工人

然而,对年轻打工者来说,赚钱似乎不是最主要的目的。实际上,到城市工作听起来像是一趟冒险之旅,他们借此远离村里面日复一日的农务。更何况,在村中找不到发展,到城里,他们可以见识新环境,认识人,体验外面的新生活:

2006年11月,我一个人跑到了成都,因为在家里没有事情干,总想跑出来看看外面的城市。

赵小东,21岁,男性,保安

某些人的话中透露不出有任何金钱上的迫切需要,他们到外地打工是因为想多看看外地的城市,在新环境中碰碰新工作的运气。留在家乡做农务或做家事说实在很累人。即使城市的工作环境很艰苦,在同样的疲累下,能到另一个领域探索让他们觉得很值得。朋友和其他同族年轻彝族人的打工经历形成强烈的出发动机:别人走,我也想走。外地打工种种令人兴奋的故事,以及外地回来后的消费能力使得留在家乡的年轻人梦想着离开:

因为我们那边好多年轻人都跑出来打工,所以我也跟出来打工。他们说外面很好玩,叫我到外面打工。春节的时候很多人回去,我就跟着他们出来了。

阿木,21岁,男性,找工作

有的彝族父母鼓励孩子出去挣钱带回家,有的父母担心自己的孩子到城市这样未知的地方很危险。出去工作有时必须违反父母的命令:

读初二的时候我不爱学习。爸爸妈妈怕我出事,不拿钱给我出来,因为我很调皮。后来我用家里的名义向亲人借100元钱,就跑出来了。

阿木,21岁,男性,找工作

独自出去到非农业区工作被年轻人视为某种独立。他们存的钱只有一部分作为家用,很多年轻人在城市自己赚钱自己用,例如买服装、烟酒,买礼物送给朋友,和朋友一起休闲:

> 我们年轻人,工资发了基本上都用光了,抽烟、喝点酒就完了,春节到了还是带点钱回家。
>
> 阿木,21岁,男性,找工作

## (三) 找工作的流程

通过朋友、亲戚与同村人,大多数打工者得以在成都找到工作。他们会说哪里有工作机会,哪里有空缺,还把他人介绍给雇主。这样的现象常见于建筑业与餐饮业,大量的劳力变动使得新来的人能够得到聘用。在一个公司中见到一大群彝族打工者并不鲜见。通常工作的安排都是彝族人到成都以后才谈妥,而不是离开前在村子里就安排好的。通过正式的求职渠道的较为少见,而花钱到劳务市场或通过中介公司找工作被认为是不必要的。在我们的调查中,通过正式渠道找工作的只有一个人。他的受教育程度较高,接受过计算机技术训练课程,他在一家汽车制造厂找到了工作:

> 我主要就是看那些毕业就业信息,看到有单位招考计算机打单员,我就去应聘,就这样。是我自己去双流他们公司找的。我们学校里面也有一些单位,有些不好,有些我自己不愿意去,所以还是出来找。有些做重活,我就不适应。
>
> 马林志,20岁,男性,物流公司打单员

如果在成都不认识任何人，就必须到不同的店家问，挨家挨户找，依靠的是奇遇与运气：

> 有一天出去玩，路过四川音乐学院的门口，我看见有一个保安站在门口，就随便问他："你们这里需要保安吗？"他说这要问一下他的老板，也许要，正缺少一个。说完跑去问他的老板，结果他的老板真的同意让我去他的酒店里上班。
>
> 赵小东，21岁，男性，保安

如果沟通能力好并懂得与他人往来的话，做了第一个工作之后往往还能找到更好的工作：

> 在建筑工地的时候经常去工地旁边的一家餐馆吃饭，餐馆老板介绍了一间搬家公司，把老板的电话给了我。我打电话给搬家公司的老板，当时他正好需要人手，我就带了五个人过来。干了两个月之后，又从乡里带了一些人过来。从2003年，我就一直在这个搬家公司打工。
>
> 马正光，36岁，男性，搬家公司工人

至于如何选择自己的行业，大多数的打工者凭的只是运气，离开家乡之前并不对各种工作先行搜集资料，再作比较。同村的人回家以后给他们说城市发生的事，他们从中得到些许信息，但他们无法真正依靠其他人的经验来准备自己的行程。有趣的是，做过各种工作的人反而能多一些选择的机会，因为比起其他人，标准薪水变得较不重要，倒是环境、工作气氛与休息时间变成主要的考虑：

> 随便找，一般打工好玩就可以了，工资多少都无所谓。好玩就可以。职工多了好玩，只有一到两个不好玩，比如几十个在一起就好玩。说说笑笑的。
>
> 阿木，21岁，男性，找工作

此外，不与老板签署劳动合同并不被视为是一项风险。大多数的打工者都认为没有书面的合同是很正常的一件事。有的人还认为这样他们可以想走就走：

> 如果你签了合同之后，如果你找到好工作，就走不了。反正我没有和他们签合同、劳动协约，我就可以马上走人。我提前一个星期给老板说，老板就会再去找人，然后就这样。
>
> 马杰使者，25岁，男性，找工作

## (四) 居住城市的时间

确实，来到城市一段时间以后，毫无真正理由地放弃一个工作或是离开是很普遍的现象。不稳定并不是来自恐惧或是无法忍受，而是共通的现象。不稳定的特质使得打工者不作计划，宁可选择试试看。有的人把迁移这件事当成是人的一种体验，而不是为了赚钱，于是游牧生活变成一种追寻：

> 思想到了一定的境界，现在一直在家写歌，把人弄得像机械一样实在没意思。我觉得人就是这样，要么为了钱，要么为了自己想得到的东西。在成都挣钱也富不了。我这一次去西藏就是和朋友搞原创音乐，觉得这样有意义。在这里这个钱也富

不了,只是在消磨时间。去多看一些地方,思想也会开阔一些。

罗格,32岁,男性,歌手

某些传统的彝族节日,如新年与火把节,是彝族人想回家的时间。不能回家过节的人往往考虑放弃工作回家,在家乡待几天、几个礼拜,甚至更长的时间,然后再出去工作。然而,雇主扣留的押金(通常为第一个月的薪水)常使得彝族打工者无法说回家就回家:

> 11月份出来,过年都没办法回去。我和一个朋友一起出来,在跳灯河那边的干洗店上班。我们想回去过年,老板不肯,300到400元全压在那里,我不能做白工,不拿不行,那是我的血汗钱。
>
> 李龙,25岁,男性,火锅店的服务员

有的人放弃工作的原因是因为他们想在别的地方找到更好的环境,但是他们常常不知道怎么去找更好的机会,他们也从来不太想如何成就自己,如何改善自己的命运。

常常因为家庭的呼唤,使得彝族打工者忽然在城市消失。因为家人的关系,使得他们出不了门,而且使得他们一再返家,回到家以后他们又被迫需要出去:

> 我家里面只有一个妈妈了,经常身体不好,我就只有请假回去照顾她。上次我回去的时候,那个老板娘喊我回去做,我做了六天,我妈妈就生病了,叫我回家,我就回家了,然后就

没有再回去了。

> 日伙，21岁，女性，在四川大学的食堂洗碗

## （五）城市中与社会的联系

城市中同是凉山来的亲人与朋友，除了在找工作时提供可贵的协助之外，也在彝族人遇到困难的时候，以及当他们在都市社会资源网中求助无门的时候扮演重要的角色：

> 就借同事的用一下吧，或我哥给我吧，他每天能领40块钱以上，他在这里比较久，朋友也多。如果我一个人的话会很困难。

> 罗健兵，25岁，男性，制药厂工人

更重要的是即使沉重的工作使得他们无法一起消磨时间，但是若知道有彝族朋友随时在旁，往往使他们得到安全感与精神上的支持。

在大成都地区彝族分布的各团体之间的来往并不是十分紧密，而且彼此的联系很松散，但即使他们到达成都之前并不是好朋友，同一少数民族内总是存在着团结的力量。年轻的彝族人刚到成都那几天找到工作前可能就先寄住在朋友家，而这个朋友他可能只见过几次面而已。

分享共同的都市体验可以解除彝族人之间的社会藩篱。彝族工地工人、彝族教师与彝族生意人共聚一堂、消磨休闲时间并不少见：

只有星期天才休息、进城。有时候也会到学校里，找认识的学生玩，还经常到西南民族大学去。那里有认识的人，也离工作的地方很近。

胡阿嘎，25岁，女性，绣花工人

不过，迁移现象尚不到改变彝族内部传统社会结构的地步：

在我们那边因为是黑彝所以压力大。比如说做错事时，别人就会说你这黑彝不像黑彝；比如打架时你要站在前面，如果你不那样，别人都会笑你。现在在成都还有压力。比如我唱歌，我的表哥就比较不喜欢。有的唱歌的人像小丑，别人叫他怎么样他就怎么，但其实真正唱歌的人是一种思想，他的一些观点是在帮助、引导人，比如一些科学家之类的。他虽然生活上过得不是很好，但他的思想会帮助很多人。

罗格，32岁，男性，歌手

同时，许多受访者在彝族圈之外维系与他人的关系，例如与其他汉族、藏族、羌族打工者当朋友，甚至与当地人维持友善关系。这里见不到被剥削的打工者形象，也见不到打工者和当地人交恶，大多数的受访者对成都当地居民都秉持相当正面的看法：

我的朋友大多数都是汉族，彝族只有家乡人。汉族有同学，只要认识，互相介绍朋友就很好玩。现在不喜欢和亲人一起玩，喜欢和不认识的人一起玩。

李龙，25岁，男性，火锅店的服务员

## （六）住宿与健康问题

健康并不是彝族打工者关心的问题。彝族打工者聊天的时候，很少主动提到这个问题。当他们被问到如果生病怎么办，他们通常对这个问题淡然置之，只是说他们从来没有真正地生病。如果生病，得了感冒，有钱才看病。有的会说他们使用其他疗法，例如休息、喝酒等等。

同时他们承认身体健康是在城市工作的首要条件。健康是打工者最大的资本，他们认为到医院看医生太贵了，而且身体的健康状态是工作的最佳保障：

> 我身体很好，一直都很好。一个人在外最重要的是身体，身体不好的话什么都做不了。身体就是你的本钱，你只要身体健康就可以了。
>
> 马杰使者，25，男性，找工作

如果健康真的遇到大问题，回家是唯一的路：

> 如果生小病就在药店买点药吃，严重的病不敢去城市的大医院，太贵了，药价也高。在城市的医院看病，住院一天都要花几千元；我回乡看病，即使输液一个月都要不了几千元。现在交通方便，回家也很快。
>
> 马正光，36岁，男性，搬家公司工人

但他们从来不去想生病的事：

> 在成都得病？没有想过。人总是要死的，在家里也是死，在外面也是死，这是缘分，这是天意。天要你怎死就怎死，我从来没想过。
>
> 拉一，30 岁，男性，工地公司工人

受访者当中只有一位因公受伤得到过老板的补偿：

> 我没有受到过伤害。只受伤过一次，抬钢筋的时候脚受伤，那个老板付我一百多块的药费。受伤的那几天工资他还是给我，不做也给工钱。
>
> 李龙，25 岁，男性，火锅店服务员

我们必须再次提出，我们描绘的情况并不是打工者遭受的各种不公平对待中最悲惨的一面。然而，我们访问的人选在这里并无法呈现打工者所面对的最糟的对待。

大多数受访者没有医疗保险的保护，也并不想被纳入医疗保险体系。有一位受访者是保安，公司为他办理医疗保险，但是他并不满意，因为他的薪水一个月需要被扣除 30%（大约 40 元人民币），而且他认为自己不会长期住在成都，所以觉得自己将来享受不到：

> 我身体比较健康，从来没有生过什么大病，一般的小感冒就是运动一下就好了。公司这边帮我们买医疗保险，那种综合的，我觉得对我来说没有什么必要，我又不是长期居住在这里，对那些长期居住在成都的人来说才有用吧。
>
> 沙高明，28 岁，男性，保安

宿舍通常由雇主提供，但并不全是免费的。住宿环境的卫生与安全差异相当大。有两位保安在成都相当豪华的住所工作，他们的宿舍尚可，他们住得很高兴，和其他五六个同事同一间当室友，但房间看起来相当干净。有一位打工者在一家制药厂工作，他和弟弟在郊区租了一间公寓，地点就在公司附近，对于朴素而令人满意的住处感到欣喜。相反的，在夜总会餐厅工作的打工者，住在老板提供的宿舍，得和八个同事挤一间，宿舍老朽陈旧，而且房子四周没有卫生间。有一位打工者现于成都郊区工地打工，他回忆起一次瓦斯外泄事件。那时他在宿舍内，差一点儿送命。那次的工作地点在四川省南部攀枝花：

> 2006年8月在攀枝花发生了一件可怕的事情。在一个下午，具体的时间忘记了，我和我太太在宿舍里，突然觉得头很晕，而且想呕吐，随时都可能昏倒在地上。那时，我在想我们是不是得了怪病，很是担心。老板知道了，马上带我们到医院看，结果是煤气中毒，差点儿有生命的危险。在医院住了3天，回到宿舍也做了小仪式。
>
> 马建明，34岁，男性，建筑工人

## （七）存钱与给钱

把钱带回家对大多数的打工者来说是义务。有些人提到他们不敢不带钱回家。有的人即使收入微薄，但仍能存下大笔钱，明显改善家庭生活水平：

> 现在我们在这里打工，可以解决家中所有人的生活，而且

我们一年至少可以存一万元人民币。家里的生活条件有了很大的改善。以前他们每天都只能吃土豆、荞麦、玉米饭。现在可不同了，他们可以每天都吃米饭或者其他不同种类的食物。

马建明，34岁，男性，建筑工人

但所有的存款不全都是用来改善家庭的物质生活条件，多余的钱对年轻的彝族人来说可以留着自己用。

少数人提到存钱作为未来的计划，如果是这样的话，存钱的意愿不在于消费，而是用于筹备婚礼或是养老。有些人说他们不能不买东西给朋友就回去，而礼物是很大的消费：

除了零用钱只剩三百多，回去还要用钱，拿给家人自己也要存点儿钱结婚。交朋友要花钱，给朋友买东西、吃东西也要钱。

李龙，25岁，男性，火锅店服务员

结果，有几位打工者强调存钱很困难。即使他们在城市的收入比起家乡要多得多，但住在城市花费的金钱比乡村多。不管做什么都需要钱，即使上卫生间也得花钱。再说，年轻劳工把很多钱花在买酒、买烟之类的城市生活上：

出来以后家里人也不在，认识的人也没得，做什么都要靠自己出钱，一年下来就要7000到8000块钱。

马林志，20岁，男性，物流公司打单员

## （八）城市与家乡的个人规划

几乎所有的受访者都说未来的生活在老家，即使是对城市生活再满意不过的人也这么说。有的人想在成都开创未来,但他们都知道这简直是不可能的事。无论他们在城市工作多久住多久,但都知道一旦体力衰退以后,他们不可能继续住在城市里。

有一些年轻人解释说他们必须回家结婚,而且一旦他们成家,他们得留在村子里。很多人语气肯定地说,在城市只是暂时的。在城市工作格外刺激,又让他们有收入,但是他们比较喜欢凉山的人和环境。如果他们挣到足够的钱,他们计划回家乡:

> 在城里打工不是长期的,等到儿子书读出来后就回乡。回乡创业很难,我没有创业的命。我没有大富大贵的命,只想供儿子上大学。回乡之后想搞点儿畜牧业,在山里养些羊。
> 
> 马正光,36岁,男性,搬家公司工人

主流的观点非常自相矛盾。如果说未来长期在村庄过日子是唯一的可能,大多数的人并不想回去。他们怀念家乡的人,但不是以前在家乡的生活方式。他们已经习惯城市的生活,认为返家以后适应不了过去的生活:

> 出来习惯了就不想回去了,在外面习惯了回去都不习惯了。
> 
> 李龙,25岁,男性,火锅店服务员

他们没有什么回家的热情的主要原因是家乡缺乏发展计划。回家做农务或家事并不是什么可持续的经济来源,而且无法描绘出什么吸引人的远景。

然而,他们自己无法想出别的办法:

> 没得好多的梦想,我也不想在这里一直发展下去,也许明年、后年我就回去了,回去以后继续什么样的工作回去再说,但不想干苦力。
>
> 阿布巫各,28岁,男性,保安

有的人想出折中解决方式,就是回到凉山,但找一个离家乡不远的城市,这样就能做小生意:

> 在家都不希望在农村里过,都想在城里过。如果找到个好工作呢,挣到钱了,会到外面做小生意。
>
> 阿木,21岁,男性,找工作

确实,对很多人来说,做小生意是取代种庄稼的唯一方案。但他们都知道做小生意会遇到很多障碍,因为他们的教育程度低,生意不好做,而且还要和城里人竞争:

> 最想干的事情就是回去娶老婆,娶了老婆就买几块地来种。因为不认识字,没法做生意。
>
> 伍呷,18岁,男性,搬家工人

大多数打工者表达出做小生意的意愿,但这是大概的想法,并没有确切落实的细节,说法是开一家店、卖猪肉吧。少数几个人因凉山交通改善,以及未来旅游业发展产生新想法:

> 我四五年后的期望是买一辆商务车,跑成都到西昌这条路线,把西昌想来成都玩耍的人拉到成都来,把成都想到西昌去

旅游观光的人介绍到西昌去。我们对西昌比较熟悉,可以给他们介绍我们西昌的好东西。如果买一辆商务车我现在最多只能拿出四五万,如果买车就只能请父母赞助一点儿了。

沙高明,28岁,男性,保安

## (九)迁移打工:成就之旅或失败之旅?

当彝族打工者回顾自己在城市的生活时,他们不只提到收入而已,不管他们的收入是否足以符合他们自己或是家人的需求。大多数的人谈到个人发展。有一个听起来很生动的说法,用四川方言来说是"耍",说明他们充满发现一个新环境与尝试新活动的兴趣,即使在工厂的日子都可以描述为"好玩"。从这个角度来看,迁移打工虽然辛苦,但却是一个开创性的新体验。

对年轻彝族人来说,迁移到城市打工让他们从亲人与传统社会结构中解脱出来,打工是认识人的好机会:

> 我的朋友大多数都是汉族,彝族只有家乡人,只要大家认识互相介绍朋友就很好玩。现在不喜欢和亲人一起玩,喜欢和不认识的人一起玩。在老家只喜欢到舅舅家,妹妹家都不去,一去了他们就说这里不对、那里不对。

李龙,25岁,男性,火锅店的服务员

少数打工者认为他们目前的工作帮助他们发展技能、充实知识。他们同样肯定地说即使不考虑这些,他们还是能找到工作。有些人说起前一个工作经验学到的技术,他们很快就忘了,以后根本无法应用:

在外面没有学到东西,比如只学铺砖、钢筋工,搞这样就忘了那样。

李龙,25 岁,男性,火锅店服务员

有几位受访者希望自己能够接受更好的教育,而且想从现在做的工作开始存钱来支付受教育的费用。但是因为年龄的关系,也因为需要存钱,在城市工作的他们不太可能完成这样的梦想:

到了这里以后,我自己没什么技术。虽然读完一个高中,可是在外面也没有什么技术生存,所以想找机会挣一点儿钱回去,想读一个技术学校。可是这里的待遇也不是很好,每个月只有 700 到 800(元)之间,这点儿钱只够自己用,存不到什么钱,听他们介绍一下,有这个机会就让他介绍一下了。

罗健兵,25 岁,男性,制药厂工人

新技术可经由工作经验习得。打工者总是从最低阶的工作做起,当他们从一个工作到另一个新工作时,他们需要耐心与决心逐渐改善自己的处境:

我做过保安,比如说我以前在北京的时候就是在一个单元里面,登记外来人员,看谁拿了什么出去,所以工作比较单调,学不到东西。我呢想学点东西,然后把自己发挥长处。随便吧,就是先在这里找个安身的地方慢慢发展,然后能够学到东西的就慢慢发挥。比如说厨师之类的工作,那也是技术可以发挥的。就这样,一般小管理者也可以。

马杰使者,25 岁,男性,找工作

经由教育以及迁移打工进而在社会上往上爬并不是会发生在每个彝族年轻人身上，但也有机会取得成就：

> 我们山区里面读书出来的人很少，一般来说小学毕业就不读书了，不读书了就回来做活路，找个老婆就行了。我们那边人到这边来打工的都是搞这些重活啦，都是苦力。主要是文化不够，文化不够没有人要你，就只有搞这些苦力。我读书出来的在我们那边也不算第一个吧，但是确实比较少，在我们村上可能是第一个。
>
> 马林志，20岁，男性，物流公司打单员

在我们听到彝族打工者故事的全貌中，受访者并没有告诉我们什么负面经验。也许这些坚持住在城市的人遇到的情况还不是最糟的，遇到过大麻烦的人应该回家乡了。大部分打工者的工作环境以及城市生活异常艰苦，但是这些人在乡村早已体验过无比辛苦的生活，城市的生活环境并不算是最难忍受的。

失败的感觉并非来自物质的层面，而是精神层面的问题，例如不习惯环境、对未来没有希望、工作缺乏兴趣、离家太远等等。由此看来，那些不抱怨但却说他们习惯都市生活的人内心藏有无限悲凉。

成就与失败的感觉超越客观的物质层面。两个表兄弟在同一间搬家公司上班，住在同一间宿舍，两个人对生活的看法完全相反。有一个人说他的生活经过少数几年即有改善，有一个人抱怨生活太辛苦，收入太少，正准备快快回家乡。

之所以会有成功与失败的感觉，教育的应用占了重要的一环。比起书读得多，懂得用标准汉语或是四川方言沟通、阅读、计数反

而比较有用。工作经验和实际的技术知识成了重要的资历：

> 我赚一千多元，每天30至40元钱，我们只能搞小工。师傅每天赚50元……现在有经验了，但比他们还是很远的，马马虎虎。
>
> 李龙，25岁，男性，火锅店服务员

但不管怎么说，从学校教育中间接学到的东西，如自信、适应新环境的能力、有胆子和不认识人沟通，这些特质都和挑战城市生活息息相关。

相反的，对没有念完小学的人来说，缺乏学历是个人发展上一项主要的障碍，同时让他们更加努力工作，期盼给孩子接受教育的机会。然而，除了教育的因素以外，若要让迁移的经验转变为成功的经验，同样取决于人的性格，例如决心、自信、胆量、结交当地人朋友并维系良好的关系：

> 我是一个胆子非常大的人，想干什么就干什么，这个酒吧我想开所以我就开了。我是按自己的想法开，也没有按照别人的说法去做。最近找了个弹口弦的在老家，但她说太远了所以没来成。我这里面的图案都是自己设计，然后喊川大的一个娃儿来设计的，多有彝族特色。
>
> 坞甲，25，女性，彝族酒吧老板

结果，成功的感觉可以是很矛盾的。一个人可能满意自己的收入以及城市生活的娱乐，但同时却宣称迁移生活使得他浪费时间，抱怨自己不被家乡的人理解。

最后一个观察点是，在好几个访谈中，大家不约而同地说他们也许能运用自己的成功经验，帮助亲人以及村人改变未来的命运：

> 我想学习法律方面的东西，从政就必须学那些东西，可是没有机会了。如果我有钱有经济来源，我就可以学法律方面的东西，回去的话就很有用了。我可以帮助我们那边的人，在外面的企业里面拉一些赞助，帮助我们贫穷的人。
>
> 马杰使者，25岁，男性，找工作

## 三、白乌彝族打工者

白乌镇位于盐源县，全镇共计11个行政村，但实际上涵盖五十余个自然村落。全镇人口大约17000人。白乌镇第一村是白乌镇最大的村落，居民过去约有1800人，现在增加至2100人。因为白乌镇第一村在这几年虽然不断有年轻人到外面的城市工作，但也有人移入，不少人从凉山的偏远地区或是邻近的木里县移居此地，聚集在白乌镇小市场的外围。

这项事实显示了今日中国迁移现象的复杂性：短程迁移、中程迁移、长程迁移在特定区域中能够交互发生影响。居民离开自己的乡镇，然而却吸引其他更偏远地区的人前来。因为白乌镇离他们自己的家不算太远，语言上与文化上仍有家乡的归属感觉，在此做买卖也令人有安全感。

本文的采访对象皆为白乌镇第一村的村民，许多受访者在外打工后回到家乡，回家只是暂居，正准备不久之后再度离开。

居民离开自己的乡镇白乌，然而却吸引其他更偏远地区的人前来，因为在白乌赚取工资离他们自己的家不算太远，语言上与文化上仍有家乡的归属觉，做买卖有安全感。以下是短程迁移的心证：

> 我不会读，也不会写，我没有出去找工作。我是毛牛圈的人，我们那里养绵羊，生活过得去。我觉得最好停留的地方是家乡，在自己的地方工作。我有希望。这里的学校帮助大家很多。
>
> 马木志，43岁，男性

这位受访者住在离白乌镇最远的村庄，海拔高度约3600到4400米。他从毛牛圈到白乌镇，反映了最显见的现象：十年内毛牛圈的村民从700人降到300人，甚至更少。只要有机会，马木志就到白乌做粗活，赚点钱。他可以在白乌镇找到毛牛圈没有的机会与服务，包括给孩子受教育的机会。

以下也是一个短程迁移的经验，受访者来自凉山较偏远的地方，现住在白乌第一村：

> 我住在白乌村第三号。2006年我到云南两个月，我在电力厂做粗活。今年我去盐源四个月，现在我在白乌种庄稼。我没有任何技术。我自己种玉米和马铃薯。我年纪太大，什么都学不来。我不想再出去找工作，但这样的话对全家来说问题变得很复杂。
>
> 万儿嘎，32岁，男性

对于住在白乌镇或是白乌镇第一村的人，较远的第一个迁移地通常是云南邻近的县市（对男人而言），或是去凉山彝族自治州的州府西昌（对女人而言）：

> 我出去过一次，从2006年到2007年，待了一年半，到西昌。我在茶屋工作。工作是主要用汉语，需要三个月时间我才习惯这个工作。经验挺好，每个月寄500到600元人民币回家。我准备火把节后到上海去。
>
> 马小兰，24岁，女性

最早期离开村庄的人在这里说明迁移的范围如何从短程迁移逐渐扩大到长程迁移：

> 我打工至少七八次吧！第一次是1988年。我在白乌读小学，读到毕业。第一次打工我到木里。后来，我到云南各地，每次大概都几个月的时间。每次回家，我大概都待一年再出发。去年我去新疆做建筑。我想我会出去，不过要等好机会和好地方。每次回家，我大概都带回来3000（元）人民币。钱用完以后就再出去打工，没有办法存钱。
>
> 马立强，28岁，男性

从这个例子我们也可看出迁移范围扩大的原因：

> 我第一次出去打工，我们一共八个人一起去，里面有一个人是卖苹果的，我们坐他的车去。他正好要到云南卖苹果，我们就到了云南。接着从西昌到德昌，从德昌到永胜，然后到兰坪（兰坪白族普米族自治县）。
>
> 马小华，26岁，男性

早期迁移的经历充满冒险与胆量:

我去过两三个地方:天津、贵阳、昆明以及兰坪(兰坪白族普米族自治县)。天津我做过四个月,做建筑,一天工作十个小时。每天的工资大约是 40 到 50 元人民币。在贵阳,我也是做建筑,只做了 20 天,后来因为下大雨就不做了。我在兰坪做了六个月,做矿工,每天的工资大约 20 到 25 元人民币。

马小华,26 岁,男性

打工者也能跟着一群人马上启程做长程迁移。一般而言,村民等待打工者从外地回来带他们一起出去:

每一次我们是 10 到 20 个人一起离开。出去的人都相互认识,里面的人如果有人发现新的工作机会,就会告诉其他人说他的老板在等我们。

马达达,36 岁,女性

短程迁移与长程迁移交互接替:

2004 年 6 月,我从羊圈到深圳,四个月后我回羊圈。2005 年 3 月,我又离开羊圈,那次去新疆,那里我待了五个月。2004 年 6 月之前,我在冕宁(在四川省)做过一阵子。2006 年,我到白乌做建筑。在冕宁,我帮忙挖地基;在深圳,我在玩具工厂做;在新疆,我帮忙修路、修桥。

倪石瓦,37 岁,男性

倪石瓦在西昌北边的冕宁县开始他的工作经验，然后到新疆与深圳，他对自己的打工经验感到很满意：

> 深圳我每天工作13个小时，但这是好工作，因为完全没有要求。我拿600元回家。他们告诉我们一个月拿1200元人民币，但实际上每个月只给我们800元人民币，有时候还更少，这要看做什么而定。
>
> 倪石瓦，37岁，男性

## 四、整体评估

迁移打工不应被当成是一个技术培训的机会，而应该被视为是向外界开放的一个渠道。它也不应被视为个人过渡到未来中期或是长期目标的一种策略，而应被看成解决眼前问题的手段。父母投资子女的教育费不算在内。

迁移打工排名第一位的风险是被骗，如此辛苦赚取的薪水分文取不到。排名第二位的风险是工作意外。没有办法存钱也是一个常见的风险：大部分的打工者来到城市之前，并不知道城市的住宿费与回家的交通费将花去他们绝大部分的微薄收入。

当这些打工者回家以后，迁移生活的经验对于协助家乡规划的贡献似乎相当有限。城市或说工地的环境和家乡的生活环境差异过大，于是在外面学到的技术与见识回家乡后很难用得到。然而，大家认为在工地学到的技术在未来几年应该可以应用于家乡。因此可以预期的是，目前城市中的建筑物未来将扩展到乡村，甚至是凉山彝族自治州。"新社会主义村庄"将被大量引入这个地区，未来将改变彝族的传统生活形态与人文环境。如果回家以后想做小生意，学到的其他技能如开车、对外面世界的了解、自信心、表达能力以及与都市人的联系等等将有所帮助。

我们能够预期的是，虽然他们的沟通能力仍嫌不足，迁移生活仍然提高了他们的汉语表达能力。虽然他们每天在互动中进步，但仍遇到不少阻碍，他们普遍缺乏汉语表达、阅读以及书写的能力。

在访谈中，有两个议题较少受彝族打工者关注：歧视与医疗保险。显然我们选定的受访者能够体现该民族的韧性：他们早已习惯艰苦的生活环境。

在访谈整理中，我们提出以下疑问：在筹划个人返乡的计划时，是否能有一个构想，提供教学与协助，使得迁移经验转变为教育能源？打工者回家乡以后，若期待他们筹备个人计划作为当地发展的基础是否可行？若考虑迁移人口与人口外移的不同地点，而在城市落实培训计划是否可行？若考虑打工者长时间高强度的工作，是否真能协调出培训的空间？

迁移打工对中国影响层面是如此之大，这样史无前例的现象将演变成什么结果至今还很难预料。确定的是，中国将继续都市化，不管在新城或是旧城，从各地迁移到城市的打工者将在特定的地方继续扎根。在城市奋斗几年后回家的打工者，他们累积的资本有助于推动家乡某些地区的发展计划，这让我们想起20世纪70年代与80年代南欧（葡萄牙）的模式。这个模式不一定对每个地方都适用，而且中国乡村不平等的现象明显地与日俱增。少数民族人口将一步步融入整体社会脉络。然而，整体社会存在的文化差异将渐渐演变为社会地位不平等与经济不平等。目前，除了少数观光地区以外，众多少数民族尚无法把自身多样的文化特色转化为"文化资本"。从中国的现状看来，如果政府和民间团体能够提供指标计划来培育打工移民，将有重大的正面影响力。前提是类似的计划必须被推展，并被公开参与。

## 五、总结

整体阅读以上被访者的心声，我们发现迁移实际上是"飘移路径"不断变化的总和。这些路径形同一整套战术（诚如米歇尔·德·塞尔托［Michel de Certeau］所言①），移民打工者从这样的战术推及出路，并重新定义自身——这样的战术是为了躲避家乡的压力与控制，进而到国家现代化策略中所规划的都会地区"偷偷猎食"。外出迁移不仅仅是面临命运的挑战，同时它也涉及临时工的战术运用，迁移者只得进入不属于他们的领土，投身于当临时工的"偷猎"路径。尽管如此，他们使用的仍属战术，而非策略——只求蒙混过挑战与局势的关卡，行动者的整体逻辑缺乏长期策略。

这样的描述可能对汉朝以来的中国农民工皆适用。② 然而，这对身为少数民族的农民工却具有额外的特殊意义：彝族打工者踏上迁移路径时，鲜少因为自己的少数民族背景而吃苦。他们视迁移为一个具挑战性的方式，使得他们将自身的少数民族身份融入多层次的整体之中。他们越是将自己的认同整合进入整个大环

---

① Michel de Certeau, *The Practice of Everyday Life*, trans. Steven Rendall, Berkeley: University of California Press, 1984.

② Recent studies point towards the development of social and political strategies by migrants involved in labor conflicts. See Wenfang Tang and Qing Yang, "The Chinese Urban Caste System in Transition", *The China Quarterly*, Vol. 196 (December 2008), pp. 759-775. However, the duration of stay within a given city of these "migrant activists" requires further elucidation, and their mobilization might indicate a shift towards an "urbanite" status.

境,当他们回到家乡的时候,他们就越能扩大行动的自由度。这样的目标如果在有生之年无法实现的话,他们的心愿将会传递给下一代。

强调农民工的战术层面能够帮助我们理解何以农民工无法拓展个人或是群体的发展策略。"飘移路径"是每日生活的轨迹,农民工规划出的飘移路线的基本逻辑在于求生存与适应。得过且过,无法竟功,是这些少数民族的农民工所传递出来的声音,这样的讯息不应只是表达一种屈从,而是迁移之旅中几何律动的基调。

# 新潮流下的新家庭

时至今日,时代的潮流不断往前推移,家庭的价值与基础似乎岌岌可危。然而,我们只能回归传统家庭的梦想吗?我们究竟要如何发挥对话与创造的精神,通过实际的行动建立属于自己的"新家庭"?全世界正在发生的家庭问题,或许能给予中国社会些许借镜。

家庭正面临危机吗?答案端视不同国家与文化而定。但无论如何,我们都该避免危言耸听。无论时代如何变迁,"家庭"仍是个人得以实现自我,孩子快乐成长,夫妻互爱,不同世代学习容忍与团结、共同回顾历史并展望未来的场域。换句话说,虽然面临危机,"家庭"仍是一项恩赐。在家庭中,人们得以体验身为父母、子女、兄弟姊妹的意义,并借此发掘更深刻的人性价值。试想,假使有一天,科技与社会的发展,竟使人忘记"母亲"、"兄弟"等词汇的含义，这将是个什么样的文明？

"家庭"的观念与结构，目前在各地都遭遇危机——不是暂时、单一的危机，而是牵涉到长远因素的许多危机。简述如下：

## 跟不上社会转型的脚步

第一重危机和社会转型（social transformation）有关。在过去，"家庭"概念在本质上都植根于农业社会。在农业社会中，大家族群居共享一片土地，不同世代的家族成员必须协力工作，以确保收入稳定。因此，一个缺乏家族支持的人，可说毫无价值。随着现代化社会的来临，农业社会的家庭模式已渐衰微，但由于文化转型原本就较社会变迁更为缓慢，因此，若想在变动的社会环境中，创造新的家庭文化模式，势必将遭遇许多困难。

## 家庭失去神圣的面纱

第二重危机是在文化与心理层面。在过去，家庭往往被理想化（idealized），家庭就是人的一切。失去家庭提供的经济与情感支持，人便无以为生。甚至可以说，家庭被视为神圣的实体（sacred reality）。过去世界各地的宗教，都强化父亲的权威，并借着"惩罚逆子"体现家庭的神圣性。反讽的是，许多宗教的创始人，如耶稣与佛陀，为坚持自己的主张，都必须对抗家庭的压力，逃离家庭的网络。[①] 另外社会的变迁与心理学的诸多发现，已从许

---

① 参见《圣经·马尔谷福音》，第3章，第20—21、31—35节。

多方面摧毁了家庭的神圣性。作家与心理学家指出，家庭一如人类缔结的其他组织：它可以使个人情感需求得到满足，但也可能是压抑个人、充满敌对与仇恨的地方，并造成终生难以磨灭的创伤。果真如此，我们是否该从根本上对传统家庭模式提出质疑与挑战？

## 婚姻与生育的环节松动

第三重危机也许是最深层的，它和生命传承有关。婚姻家庭是调节、延续生命与财产的基本社会组织。但是时至今日，婚姻（家庭的基础）与生育似乎已不再必然相关。离婚的普遍使得生育与教养子女之间的联系变得更加脆弱，未婚伴侣也可能生育子女，先进的科技能够让不孕夫妇、同性伴侣拥有子女，许多已婚夫妇并不考虑生孩子。换句话说，由于传统婚姻制度与生命延续方式皆面临诸多新的问题，因而必然对"家庭"的定义提出挑战。

## 失能家庭反映社会弊病

第四重危机也许是媒体最关注的，即家庭反映了社会整体的焦虑与失能，例如配偶之间沟通不良、残害儿童与妇女的暴力行为、家人因生活作息而失去共处的时间……这些都深深影响着我们的家庭生活。另外过度看重工作成就、男女不平等、高压的教育模式、经济不平等，更导致焦虑、酗酒以及暴力行为等。家庭虽未必是这些问题的症结，但是由于它们大多发生于家庭之中，直接反映了当前社会与经济模式的弊病。

## 传承与创新的实体

这些危机会使家庭走向消亡吗？正如我在文章开头指出，我们不可轻易听信这些耸人听闻的言论。家庭依然强固，人类也还没发现另一套可通行普世、生儿育女、使成员更团结、并且满足情感需求等功能的模式。家庭之所以存在，也许和人类的天性有关。

因此，真正的问题应该是：不应把"家庭"简化为单一文化模式。随着时代的演进，家庭模式在不同社会中也有差异。在不同的社会或文化中，某些模式显然比其他的更能满足需求，利于个人实现自我。父亲可以决定子女生死的古罗马家庭模式显然不利于自我实现。相反地，一个极端自由、家长全无权威、父母不被认同、无法提供子女稳定成长环境的家庭模式，也可能同样具有破坏性。一味缅怀传统家庭绝对不是、也不应是解决问题的对策。我们不能而且不该只是复制父母、祖父母辈的家庭模式，但放任无为也不能解决问题；我们不能让社会趋势主宰自己的行为，共组的家庭是我们自己的责任。

换句话说，家庭不是我们必须被动接受的一个实体，它更是我们开发、创造，并在分享与反省中不断进行修正的一个实体。我们的任务就是创造自己的家庭，从过去的束缚以及社会的宰制中释放自己。其实，"释放自己"并不表示全然摒弃传统。传统仍有许多可借鉴之处，况且我们也仍是传承的一环。当前的社会趋势也并非全都错误。我们只需和社会保持"批判性的距离"，欣赏它的盎然新意，但同时也要认清以下事实：某些社会趋势即使高谈"解放"，也可能成为压迫的根源。

## 建立家庭是自发的过程

我们的家庭,基本上是我们一手创造的。家庭的建立是一个自发的过程,在这样的过程中,父母得以共同讨论教育的原则,保持教育的弹性以随时调整,不忘与子女经常对话,感受到大家族的归属感,但亦保持合理的距离。家庭的建立也意味着告诉子女他们不应仅仅依附于家庭,他们应该扩大而非缩小生活圈。借由和家庭以外的人来往,参加各种团体活动,以及共同谈论工作、社会、信仰或国际时事,父母能告诉子女:家庭是一道开启的门,这扇门能引领他们走向外面的世界,而非把家庭成员关闭在家门里面。

创造属于自己的家庭模式是缓慢渐进的过程,必须从小处着手。举个许多父母常感棘手的例子:应该体罚子女吗?各种看法莫衷一是。许多人仍然提倡传统模式,认为体罚可以在儿童心中深植某些绝对禁止的事物。另外一些人则强调体罚将对儿童造成心灵创伤:即使大人尽力自我克制,责打仍是大人发泄愤怒与挫折的方式,极可能伤害儿童的生理与心理健康。

由于时间、社会压力、文化变迁等等因素,导致许多父母放弃教导儿女明辨是非,无论如何都不劝诫责罚子女。因此,我们常可见到两种态度的奇怪混合:许多父母生气、疲累、感到挫折时,就责打孩子,可是却从不运用教育方式来惩戒,或培养孩子的道德感和责任心。

换句话说,如果父母决定不体罚孩子,但在孩子行为偏差时必须加以惩戒,那么就必须更加敏锐地判断:什么样的惩罚有助孩子心智的成熟,同时又不致影响身心健康。例如,惩罚孩子几天不看电视是个好主意，但是禁止他从事某种喜爱的运动则非常不妥。值得注意的是，惩罚方式没有优劣的区别，个中判断需要父母的创造力与洞察力。这种种的决定，最终将形成他们心中的理想家庭模式、与孩子的互动模式，以及家庭成员间的维系。这不是件容易的事，但若父母能做好这项工作，便能建立一个独一无二、真正属于他们的家庭。至于其他棘手的家庭事务（例如对孩子课业的重视程度），也和处罚孩子的问题一样，是父母必须深思、并以理性与创意而非以情绪来面对的课题。

## 跨世代的心灵遗产

以上是从微观的角度探讨每个家庭面临的问题，现在我们必须从宏观的角度来看前文提出的我们所面临的若干挑战。个人归纳出四项在未来数年中整体社会（尤其是政治人物、社会学家、心理学家）应该正视的重大挑战：

过去 30 年来，所有发达国家盛行的是核心家庭模式。尽管人们心里明白自己属于一个大家族，但大部分的生活还是以夫妇及其 1—3 个子女为中心。这种生活方式部分解除了大家庭中可能发生的压抑，但也造成疏离，日常关切的范围极为狭小。不但遗忘过去，而且容易忽略更大范围的团结。

近来又出现了一个新议题，在欧洲特别地被提出来讨论，即所谓"跨世代心理学"（或称为"心理世代学"）。这门学科的基本概念是个人的潜意识承载父母、祖父母、更久远祖先的心灵遗产。人的内心可能住了许多"阴魂"，亦即祖先遭受过的创伤。最为人所知的例子是亚美尼亚（Armenian）裔的年轻女性中，其就医投诉颈部严重疼痛的比例，远高于其他族裔。在 20 世纪初，土耳其曾经以斩首的方式,大量屠杀境内的亚美尼亚人,亚美尼亚裔移民很可能在自己身上重演祖先的创伤。这个想法以前已有人提出：30年前,著名的法国精神分析学家弗朗索瓦丝·多尔托(Françoise Dolto)曾说过,"造成一名精神病患需要三代",强调人们的根远超出核心家庭的小圈圈。人必须明白,自己继承的遗产其实比所知的更多、更古老。人们的生活纵不必然取决于祖先的经验,但如果对个人的根有更全面的了解,对生活一定有所帮助。

## "同性婚姻"等同于异性婚姻吗？

从几年前开始,一个强大的游说团体在美国(在欧洲的活动不如美国踊跃)推动立法,保障"同性婚姻"的权利。他们的诉求包括以下几点：一,以往同性恋者的权利受到剥夺,推动"同性婚姻权"表示对同性恋者权益的尊重；二,如前文所说,以往婚姻与家庭和生命的延续息息相关,但由于文化演进以及日新月异的生物科技的发展,一男一女结合已不再是延续生命的必要前提；三,心理学研究显示,同性伴侣养育的孩子,其情绪发展和异性伴侣养育的孩子没有差异,同性伴侣不会在其养育的孩子心灵里留下特定的创伤。

关于这些议题,我呼吁大众必须更加审慎分析。关于同性恋者的权益,我们必须承认,过去社会与教会的态度多半不够明智敏锐,甚至可以说是虚伪的,对于同性恋者所受的痛苦挣扎缺乏真正的理解与同情。然而尊重个人的奋斗及对生命的选择,就意味着必须把同性恋者的结合视同于异性婚姻吗？毕竟自古以来,婚姻的定义是一男一女为生育的目的而结合。对于这个议题,社会应当审慎地加以思考，因为在世界各地，家庭模式都是文化的骨干。随同其他诸多因素，例如高离婚率、其他形式的结合渐受社会与法律的认可等，已使得婚姻渐形脆弱。

值得一提的是，从过去的文献中，我们发现探讨同性恋者所养子女的情绪发展这方面的研究立场其实是较为偏颇的。他们的研究采样集中在极少数的案例，其中没有一项着重在较可能发生心理问题的青少年期。令人不解的是，这些研究采纳父母的陈述（这些父母本身是男同性恋或女同性恋者中的强硬派），超过孩子的证词。而且它们主要拿同性恋者养育的孩子和异性恋单亲家庭养育的孩子做比较，却不和异性恋夫妇养育的孩子做比较。[①] 换句话说，立场严重偏颇的文化议题，模糊了同性恋婚姻与收养问题的焦点。截至目前，假设家庭和生命延续有关，父母借由婚姻结合保障儿童心理正常发展，仍然是较可行的。然而，即使我们接受这个假设，现实生活中还是必须保留弹性。

## 公共政策中的"家庭地位"

长久以来家庭被视为理所当然，法律不太注重保障家庭的完善。20世纪50年代，欧洲、美洲和亚洲都立法鼓励家庭的成长（numerical growth of family）。此后，人口过剩的隐忧使得立法趋于严格。问题在于人口控制或多或少与对家庭功能采取保留态度或甚至不信任有关。教养子女需要的时间与金钱，使得为人父母成为

---

[①] 参见 Charlotte J. Patterson, "Children of Lesbian and Gay Parents", *Child Development*, Vol. 63, No. 5 (Oct. 1992), pp. 1025-1042; Stephane Nadaud, *Homoparentalité, une nouvelle chance pour la famille?* Paris: Fayard, 2002; Xavier Lacroix, "Homoparentalité, les dérives d'une argumentation", *Études*, Vol. 399, No. 3 (septembre 2003), pp. 201–211.

艰巨的工作。女权的伸张，尤其是女性在产假与离婚时对妇女权益的保障，使情况稍有改善。但整体而言，进步仍然十分缓慢。既然家庭模式已遭遇多重危机，立法者是否该考虑推动制定"家庭法案"，让父母扮演好教育者的角色，标明婚姻契约的本质，确保妇女与儿童的身心健康。为了所有的公民，社会整体必须发挥创意，增进家庭的福利。

这并不是说公共政策必须制定单一的家庭模式，在多元社会中，数种不同的家庭模式将会陆续出现，我们期望所有家庭模式都能受到尊重。立法者的任务是确保这些家庭模式能够维持儿童及其他所有个人的身心健全，不因负面的心理或物质条件造成伤害。

## 乐观建构新型家庭

近几十年来，科技的进步着实令人惊异。这对长久以来被视为人性与文化支柱的社会制度而言，无疑是一种威胁与挑战，家庭就是其中一例。因此可以说，文化创新的时机已经来临，而且，文化创新的幅度必须跟上科技的进步。在过去，家庭是个既定的实体，时至今日，家庭则是个建构体，它的面貌、意义与价值，取决于我们如何因应环境变迁而进行创新。这是个崭新的领域，充满未知与挑战。科技与文化的演进提升了我们的自主权，因此我们必须更加为自己的命运负责。不管怎么说，家庭仍将是我们生活的骨干，它的未来发展虽仍根植于过去的土壤，但它的枝叶与果实将展现前所未有的样貌：只要我们勇于接受挑战，这将是件令人乐见而非忧心的事。

# 中国的"形象"与绘画的"无形":
# 中国艺术作品中的自我形象和圣经关联

> 整个20世纪中,有关中国认同的相关辩论滋养并塑造中国文学与哲学的风格与论题。从某些观点来看,有关中国艺术本质的相关争论也近似文学与哲学领域的争论。仔细考察中国艺术派别与技法的争辩将有助于我们充分理解社会与人文领域中关于"认同"与"形象"的议题。

2001年,在千禧年初始,北京中国美术馆举办了两场大型展览,一场是20世纪中国油画,另一场是同时期的中国水墨画。① 同时出版的出色画册中的作品几乎让人看不出任何与《圣经》相关的主题或是论述。我们似乎看不出中国艺术的发展过程与塑造西方艺术与传统的本源有任何关联。然而,我们知道《圣经》故事与主题确实被同一时期的中国作家吸纳进入作品当中。此外,20世纪20年代与30年代是中国艺术史的转折点,许多艺术家在成长阶段远赴欧洲,随后更新艺术技法与主题表现。由此我们得以质疑举办方对作品的筛选并不够全面,而且中国艺术家不只是习得美学潮流与新的艺术技巧,同时也在某个程度上受到《圣经》的相关影响。《圣经》在欧洲艺术的发展中占有举足轻重的地位,而欧洲艺术是中国出现新形态艺术的摇篮。因此,本文将通过间接的方式探索

---

① 《二十世纪中国油画》,北京:北京出版社,北京美术摄影出版社,2001年。刘大为等主编:《百年中国画集》,北京:人民美术出版社,2001年。

"艺术、文学与中国的形象",且将重心放在《圣经》是否在上个世纪影响中国艺术——探索异于中国传统文化的《圣经》资源是否在20世纪中国的创作过程中占有一席之地确实是一个很好的路径,由此我们可以理解中国认同如何被确立与被诠释。

我在此将首先探索"国画"定义的相关论题并论及国画面临的挑战。之后,我将简述上个世纪中"中国基督徒艺术"的表现,并解释为何本文谈的艺术作品比此还来得宽广。第三部分我将举出艺术家及其作品为例,帮助我们在中国艺术、中国形象与《圣经》叙述三个领域中的相关辩论作出省思。

## 一、今日国画

在中国社会与文化的舞台上,国画可说是占有殊胜与普遍的地位。[①] 由此观之,国画往往成为国家光荣与卓越的象征,但也因为如此容易流于绘制无尽重复的图案。但这不应该淹没几十年来国画的杰出成就。实际上,未来世代不得不承认传统艺术中被称之为国画的绘画史上,20世纪是最具创造力的时期之一。画家如黄宾虹(1865—1955)、齐白石(1863—1957)、李可染(1907—1989)、石鲁(1919—1982)、林风眠(1900—1991)等等在国内外皆列属20世纪最杰出的艺术家。

但是到底什么是"国画"呢?首先,我们必须知道,国画不只是狭义上而言中国画的简称,也能被理解为"一国之画"。国画和中国画两者指的都是使用中国传统颜料,在中国传统纸张或丝绢等画面上作画后的成品。这两个词语所指的多是中国绘画的中介物与

---

[①] Benoît Vermander, "The Future of Chinese Painting", *China News Analysis*, no. 1601(January 1,1998), pp. 1-10.

素材，大于绘画的风格。①

某些评论家为"一国之画"寻求更宽广的定义。毕竟，水墨、宣纸及泼墨等技巧都是几个世纪以来才成形的。中国绘画形态同样包括民俗画、壁画、丝画、石雕等等，不胜枚举。传统水墨画汲取禅宗作为核心境界，这般简洁、典雅、逸世的画风在现在多变的世界似乎有其延续的困难，发祥于农业社会的艺术传统很快被席卷而成为过去。现代社会渴望国画的全新面貌，这的确有其道理。②

其他艺术史学家如林木则认为，中国传统绘画比大众公认的来得多元与异质化，不同的画派、素材、技法与宗教信仰，使得绘画产生丰富样貌。只有在与西方艺术相较之下，文人画派才接受"国画"这样的标签，愿意齐列经典之林。但是文人画在技法与素材上的限度早已被人提及，例如著名的中国艺术家潘天寿（1897—1971）和张大千（1899—1983）。今日的"国画"在于汲取中国艺术传统中的多元性，关注宗教艺术及少数民族的艺术传统。林木等一批学者肯定当代中国画中的模糊性与偶然性——比起对任何标准与主流传统的坚持，模糊性与偶然性显得更为可取。

上述总结的观点不只是评论的呼声，国画在近四十年来"忍辱负重"，面对的局面可以说是充满了挑战。1949年以降的国画史可谓道路曲折。1963年起，艺术家如石鲁、李可染、林风眠、潘天寿等，受到严厉批判，被贬为"野、怪、乱、黑"，在本质上违反"革命"精神，全部成为受迫害的对象。"文化大革命"后，国画传统重见天日的路途漫长又艰难。虽然回归传统有助于整个国家恢复

---

① Julia F. Andrews, *Painters and Politics in the People's Republic of China*, 1949-1979, Berkeley: University of California Press, 1994, p.50.
② 林木：《冲突与回应——面对西方文化冲击的20世纪中国画坛》，魏明德、沈清松、邵大箴主编：《天心与人心——中西艺术体验与诠释》，北京：商务印书馆，2002年，第192—210页。

元气，但在近三十几年来，其他绘画表现形式被认为能够更好地表达冒险的精神，并更进一步抗议艺术的传达方式。根本问题在于"一国之画"给予的是一个预定的含义，或者说相反地能够给予整个国家在历史上某一个特定的时刻表达多元性、矛盾性以及多样的追求。

有关国画的争论于是变成中国认同的本质之论。传统主义者坚持的立场强调国画讲究的是境界，也就是观者看到画中的逸境，或者说灵魂的品格。在本质上，国画显露出流动的真气，借由人与宇宙相通，因此这是中国古代哲学最纯粹的迸射。[①] 许多传统主义者同样宣称，中国文化的宇宙观无法在西方传统艺术中觅得。因此，艺术史、水墨、毛笔形成的新保守主义变成民族认同的象征。虽然这样的说法广为人知，但却不是毫无保留地被人完全接受。为数不少的艺术家与艺评家采取中间路线，他们认为水墨与毛笔是最佳的中介物，通过这样的中介物，才能于传统有所传承，但另一方面他们开创其他技法的实验画，因为这是与世界当代艺术接轨的方式。同样的，抽象与半抽象水墨画也在其列。

简述如上的认同争论，因为国画国际化而显得更为激烈化。国际化在此指的是两股同时发生的现象：一，国画的内容不再仅限于中国山水。越来越多的中国画家有机会出国，因此今日画家笔下挥洒的不再是华山、黄山、峨眉山的山景，画家反而取景美国西北部山脉、加拿大西部、法国布列塔尼以及澳大利亚新南威尔士。二，国画中即使列属最传统画风的画家也受到 20 世纪西方绘画的影响。例如，黄宾虹熟稔中国绘画传统甚于任何人，但他同样大量向马蒂

---

① 关于此一立场，参见 Pi Daojian, "The History of Black and White: 50 Years of Evolution in Ink and Wash," John Clark(ed.), *Chinese Art at the End of the Millennium*, Hong Kong: New Art Media, 2000, p. 92.

斯与梵·高的作品学习。这样的趋势为画作灌注新维度，就像许多艺术家一样，他忠于自身的文人技法，而将所学用于开拓主题的新境界。又如，林风眠保留林氏风格一贯的书法线条，但在画布中广阔融会西方色彩。

国画呈现的山水异于中国山水也是一件耐人寻味之事。这样的行动将国画"认同"与"疆域"分而视之，对于中国艺术的"中国风格"提出了一个实际的疑问。此外，这样的国画使得深耕传统的人取得一种新的普遍性。国画的泛境外貌始于浪迹天涯，其中最出名的是张大千的迁徙路程；其他继而跟随的人也身负使命，例如1957年李可染赴前民主德国的画作是中国艺术家探索新地域的明证。今天，国家不再是推举画家出国作画的唯一机构，国外大学或是商业机构同样能够邀请中国画家描绘美国、澳大利亚、欧洲等地的山水，期盼画家给予西方景物些许中国风。艺术家吴冠中（1919—2010）与法国的情谊深厚，他在法国举办数次展览，即是这个发展趋势中的佳例。另一个例子是四川画家李金远（1945—  ），他在成都美术刊物上发表中西交流的体验。他描述自己从1995年到1996年2月在法国西南部南比利牛斯地区行旅路程的所见所闻，他见到一辆旧马车被收在庭园的一角，该庭园长满了花。这番相遇，再加上其他见闻与交流，使他明白西方人对大自然能够感受到同样的爱，同样也能够感受深藏在中国人心中的宇宙。[①]

国画全球化的趋势不应该使我们无视于国画各画派分裂的现象——这样的分裂有时伴随着关系网中不断地敌对与联合。各地画派不和是中国艺术史上相当普遍的现象。回到1961年，在周恩来

---

① 《成都美术》，1996年7月15日。参见 *Day Watcher (Veilleur de Jour), peintures de Li Jinyuan, texte et poèmes de Benoît Vermander*, Toulouse, c. 36, 1996, p. 112.

的影响之下，地方画派持续竞赛，但江苏画派在接下来二十几年确保其优势地位。① 江苏画派确实树立了地方画派的典型，其历史渊源达几世纪之久，风格鲜明，滋养地方画家的灵感，有时却成为一种钳制。长安画派呈现的却是另一番风貌：画派人士都有强烈的团结心，在1949年后的新中国文化史上扮演了重要的角色。长安画派的创立者赵望云（1906—1977），是新国画的创始者，善于描绘当代生活的场景。后来赵望云成为反右派被整肃的对象，石鲁变成该年轻而活跃画派的领导人物，艺术创作与革命热忱并存但不相互矛盾。

地方的差异同样给予创作内容极大的影响。上述的艺术史学者林木即是来自中国西南地区，他的看法的确反映一个事实：大多数来自中国西南部的画家，他们寻找的灵感较少受到禅宗影响（多数艺术家特别眷恋的是道家传统、藏传佛教、西南少数民族"原始"的艺术形式）。中国文化资源因为国画不同画派而得到不同的关注与诠释，这样的动力在今日比起30年前更显得活力十足。

国画不仅必须面对经济市场的现实面与机会，也必须在全球文化环境中为自己定位。这样的环境所推动的价值，可能使得绘画更加隔绝于今日中国社会，或者能够帮助中国社会更新艺术语言，使之现代化，注入新的动力与吸引力。自从20世纪90年代以后，文学批评如文章、论述等分析审美趋势，物质主义是首先被拿来检视的，这和20世纪80年代强调文化与社会的"人文"观点成为对比。高喊"感觉"其实和主流的物质主义紧密相连。"我感觉，所以我存在"可说是其时中国的箴言，这样的潮流深深影响一般大众

---

① Julia F. Andrews, *Painters and Politics in the People's Republic of China*, 1949 - 1979, p. 206.

的审美标准。在所谓"后浪漫主义"世界观中,"感觉"被人操弄并大量制造。最后,民族性因为与美国的紧张关系而高涨,中国崛起为世界强国。① 如果我们详细检视 21 世纪最初 10 年的作品,并没有从根本上挑战上述的趋势。我们只要稍微注意,就会发现非中国形态的艺术甚至变得更为重要,由于市场全球化,中国艺术家必须借此举办展览并销售自己的作品。然而,在上海莫干山路一带聚集的画廊使得我们知道,国画、油画、录像带作品和其他的艺术媒体能够和谐并存。

以上的文字似乎尚未进入本文的主题,也就是中国艺术在上个世纪的过程中是否受到《圣经》论述的影响。不过,上文旨在描述相遇的风貌。《圣经》与中国艺术的相遇受到美学、文化与政治环境的影响,其中的复杂程度在此仅着墨描述。

## 二、中国基督徒艺术

在此值得一提的是,中国绘画出现足以明显界定基督徒艺术的艺术家团体。② 20 世纪 30 年代,在领总主教衔暨第一位宗座驻华代表刚恒毅的护助下,中国艺术家画出耶稣诞生、十字架受难,以及圣母玛利亚的画像。总主教刚恒毅与陈缘督(1902—1967,受洗入教后取名路加)两人最初的相遇促成了在北京辅仁大学艺术系一

---

① John Clark(ed.),*Chinese Art at the End of the Millennium*,Hong Kong:New Art Media,2000;吕澎:《中国当代艺术史:1990—1999》,长沙:湖南美术出版社,2000 年。

② 当然,在 20 世纪之前,也的确可见中国基督徒画家,其中最著名的是吴历。参见 Macao Ricci Institute(ed.),*Culture,Art,Religion,Wu Li(1632-1718) and His Inner Journey*,Macao:Macao Ricci Institute,2006.

群天主教艺术家的团体。① 基督教艺术家何其受到香港道风山基督教丛林与南京爱德基金会的资助，致力于相同的使命。② 他们的艺术成果可观，但是他们的艺术多为功能性质，首重为基督教会服务，大部分脱离塑造中国当代艺术的时代潮流。当然，基督徒艺术家谨慎地运用个人的自由，并通过本地化的形式表达他们的信仰。③ 但在这个时期若说有真正基督徒艺术的诞生——能够在整体文化景观中扮演主导的角色——尚言之过早。

## 三、历史与灵修的相遇

我在此提出近五十年来的数件作品，它们显示《圣经》的主题何以能够在中国艺术之中得到回响。在这里所举的例子具有个人主观的成分，而且我并不想给出一个制式的结论。笔者仅仅冀望能够为未来的省思与研究提供一个论述的角度。

### 石鲁与鲁迅

前文已经提过画家石鲁，他是上个世纪中国最有名的画家之一。他死于1982年，享年61岁，在"文化大革命"中受到严重的精神打击与折磨，处于半疯狂状态。他所忍受的苦说明了他作为一位真诚的革命艺术家充满悲讽意味。他以石鲁为笔名，是因为他仰慕两位对他的艺术与人生影响最深的艺文人士——画家石涛

---

① Sergio Ticozzi, "Celso Costantini's Contribution to the Localization and Inculturation of the Church in China", *Tripod*, Vol. 28, No. 148（Spring 2008）, www.hsstudyc.org.hk/en/tripod_en/en_tripod_148_03.html.

② www.asianchristianart.org.

③ William McGurn, "Pilgrims' Progress", *Far Eastern Economic Review*, Feb. 26, 1998, pp. 34-38.

(1642—1707)和以唤起知识分子为职志的作家鲁迅（1881—1936），后者的人生与思想仿佛在他身上重演再现。就像鲁迅一样，他早期的画作充满背负重担的中国人，他是将中国绘画表达出情感新界域与社会万象的画家。就像鲁迅一样，他的叛逆精神与卓越心灵却造成与最初结交人士的对立；为了自己的独立人格，他付出了极大的代价。

有人认为石鲁的画作中找不到任何与宗教相关的痕迹，但我却认为他的整体画作某方面来说是鲁迅著作中"类基督面向"的某种批注，这种"类基督面向"有其含糊多义之处。事实上，20世纪初以来中国知识分子对于耶稣基督的理解产生转变，与此同时中国知识分子正与自身的文化与宗教传统搏斗。深具影响力的杂志《新青年》的创办者陈独秀[1]（1879—1942）即是这种发展趋势的其中一例。[2] 他提及耶稣的目的在于强调汲取创建中国新文明的特质：牺牲、宽恕的精神、公道与普遍的爱。他总结道，耶稣首先是贫者的朋友。[3] 另一段文章见证20世纪前50年耶稣基督的形象正产生改变，在《复仇（其二）》的文章中，鲁迅描写耶稣基督的受难："因为他自以为神之子，以色列的王，所以去钉十字架……四面都是敌意，可悲悯，可咒诅的……他没有喝那用没药调和的酒，要分明地玩味以色列人怎样对付他们的神之子，而且较永久地悲悯他们的前途，然而仇恨他们的现在……上帝离弃了他，他终于还是一个'人之子'；但以色列人连'人之子'都钉杀了。钉杀了'人之子'的人们的身上，比钉杀了'神之子'的还要血污、血腥。"[4]

---

[1] 陈独秀是中国共产党的创建者之一，于1929年被开除党籍。
[2] "Christianity and the Chinese People"，《新青年》，February 1920, p. 19.
[3] "Christianity and the Chinese People"，《新青年》，February 1920, p. 22.
[4] 参见英译本，Gladys Yang (ed. and trans.), *Silent China: Selected Writings of Lu Xun*, Oxford: Oxford U. P., 1973, pp. 120-121.

这篇闻名的文章引起的诠释纷纭且相互矛盾。其中最大的难题在于鲁迅运用简洁的词汇与句法，映照出学识的丰富厚重，受到庄子的影响甚巨。难道鲁迅真的如鲁宾逊（Robinson）的看法，是在"描述耶稣的死亡如同表达一场最终的徒劳之举"？①或者说鲁迅认为"耶稣是个残酷成性的古怪神，他自足于在十字架上受苦，因为他知道自身的煎熬将使得以色列人在未来受到更大的煎熬"，正如阿尔贝（Alber）的诠释法？②我个人的解读与上述言论有所不同。

我承认这篇文字的确含糊多义，根据鲁迅的文字，耶稣基督反映的形象可说是"可悲悯的"、"可诅咒的"。然而，这篇文字的关键或许在于从"神之子"到"人之子"的过渡。这篇散文体的写作手法令人震撼之处在于描绘耶稣基督作为神之子的抽象形象。聚焦在他的死亡，人们发觉基督作为人之子的身份。鲁迅的这段文字在于强调中国作家从上世纪的发展过程中发现了耶稣基督的人性，与此同时他们正在面对自身历史中的血泪与饥饿，从而指责宗教与社会的伪善面。③ 我认为两者并行的发展在中国绘画史上也能同样感觉得到。

画家通过他们的生存经验与受苦，从痛苦中发现人性，于是他

---

① L. S. Robinson, *Double-Edged Sword: Christianity and 20th Century Chinese Fiction*, Hong Kong: Tao Fong Shan Ecumenical Centre, 1986, p. 78.

② C. J. Alber, "Wild Grass, Symmetry and Parallelism in Lu Hsün's Prose Poems", in W. H. Nienhauser, Jr. (ed.), *Critical Essays on Chinese Literature*, Hong Kong: Chinese University of Hong Kong, 1976, p. 10.

③ 参见 Robinson, *Double-Edged Sword: Christianity and 20th Century Chinese Fiction*; I. Eber, Sze-kar. Wan and K. Walf(eds.), *Bible in Modern China: the Literary and Intellectual Impact*, Monumenta Serica Monograph Series XLIII, Sankt Augustin: Institut Monumenta Serica, 1999; B. S. McDougall and K. Louie, *The Literature of China in the Twentieth Century*, New York: Columbia U. P., 1999.

们变成了"类基督"的人物。石鲁正是其中一明显的例子。后来他在晚期的画作中，通过充满沉重苦拙的黑墨转换救世的维度。

## 林风眠与基督的受难

林风眠这位看似温雅的画家帮助我们继续在探索路上往前推进。这位卓绝艺术家的成长阶段在法国度过，他深入了解颜色的精髓，回国后充分运用在中国传统国画，其中最著名的是他细腻描绘的仕女、流水、花卉。他也在柏林待过一年，德国表现主义影响他早期不少画作，而对于后期作品则更具影响力，它证明基督教主题的表达——正当20世纪欧洲艺术解构并传递的同时——早已进入他的美学意识和艺术技巧中。[①]"文化大革命"期间，他受到极大的批判，为求自保，他不得已亲手毁了2000件画作。很显然地，疗愈过程耗费时日，直到晚年，他的画布才忽然出现黑暗与痛苦的新境地，就像是创伤与抵拒的一道光芒，最后他终于正视创伤与抵拒，并融入个人的绘画观。他的许多画作出现十字架受难的耶稣，确切的数目我们无从得知，这成为他后期画作中反复出现的图样。2000年，台北中山纪念馆展出一系列十字架受难的耶稣，该展览向大众开放。

林风眠的画作——十字架受难的耶稣，沉重的黑墨引人想到"文化大革命"中被打压归类为"黑画"的中国传统画家。同时，明亮色彩的运用忠于林风眠个人风格的表现，而书法线条掌握了整幅画作的节奏。整体而言，将林风眠的十字架受难画作作为中国当代绘画的标志乃名至实归，整合了来自西方传统的意义与实质，他

---

① Huang Yingjie, "Lin Fengmian in Berlin, Influences of German Expressionism on his Early Painting Style", www.uweb.ucsb.edu.

个人不断研究与推广。同样的氛围可见于其他画作,例如《痛苦》。① 耶稣基督的形象仿佛出现在绝望的人类悲剧的背景,反映神学意义,让人想起同一时代"文化基督徒"现象所兴起的提问。

## 李金远与天国的比喻

在四川画家李金远的画风之中,我们领略到的是另一番风貌。2000 年李金远追随利玛窦足迹,从意大利马切拉塔到北京,而且认为利玛窦的旅程是福音的延伸——福音在中国的土壤上跃然生动。在此暂不摘录该行程写的文字,这里举的例子是他拜访澳门利玛窦中学后的段落:

> 2001 年 3 月 1 日
>
> 我们乘着一辆运货的卡车,从东莞出发经过 7 个多小时的行程,下午到了韶关南华寺。这座被誉为"东粤第一宝刹"的古寺,始建于梁天监元年(公元 502 年),初名"宝林寺"。至唐仪凤年间(676—678),六祖慧能于此开法扩建,学徒云集,法道大振,后被尊为禅宗之"祖庭"。寺内有六祖殿,殿内供祭着六祖慧能的肉身像。寺内并有北宋木雕五百罗汉及历代帝王赐予的圣旨、金绣千佛架裟、水晶钵盂、《大藏经》等珍贵文物。好一座清净人心的圣域,千古文化的宝库。
>
> 也许是一种巧合机缘吧!利玛窦以南华寺为邻,修建了一座天主的圣堂。就像寺中那棵两千年古树一样,根与根紧紧相连,树与树左右相依,植深于南华的大地。于是,来自西方天

---

① 在第二次世界大战期间与"文化大革命"时期,为数众多的画作被毁坏,其他画作的完成日期标示不清,但标题为《痛苦》的画作似乎在林风眠的早期与晚期画作中出现过数次。

国的福音,融合在千年古刹的晓钟梵咏之中,犹如宫商角徵羽拨动着宇宙之中生命永恒的琴弦,阴阳的交注、心灵的对话、文化的互动,留下了利玛窦、李贽、徐光启等先驱们凝重的足迹,带来了近代科学的曙光,中西方文化的交流从此揭开了新的一页。这是历史的必然。

六祖慧能弘扬佛法,大倡禅宗,十磨九难,终成正果。也许是命运的安排,利公传福音于韶关,也是九死一生,历经磨难。由于韶关的气候炎热,他的兄弟巴兰德献出了自己宝贵的生命,他自己也曾在赣江十八滩遭遇风浪,翻船落水,差一点魂返天国……一墙之隔两相亲,曹溪的清泉润育了佛祖禅宗的发达,曹溪的晨风传播着天国的福音。我踏着石梯,一步步地缓缓攀登着……遥望着远处云中的大庾岭——那就是当年的利玛窦、锺鸣仁、黄明沙北上之途,是纯朴的南雄人用手推车在艰险的山道上一步步攀登,把他们送过大庾岭,送上中西文化交流的伟大历程……路漫漫,人常在,长天仰望,从韶关到北京,从东方到西方,从佛祖所讲的"极乐世界"到天主描述的"天堂圣境",究竟有多远?我跟随着利公的足迹,一步一步地向前走,用我的诚挚与灵魂……①

在这段文字中,除了天国"树"的隐喻之外,引述《圣经》的方式并不外显,但这些文字绝对是由阅读《圣经》文本与中国古典经文的人所写下的。随着这些文字画出的画同样也证明这个论点。《圣经》资源与其他的叙述交织,逐渐创建新的文艺类型,这样的文艺类型想必将随之催生跨文化与跨宗教新的中国艺术形态,不管

---

① Li Jinyuan, "Pilgrim's Progress, Commemorating Matteo Ricci's 400th Anniversary of Arrival in Beijing", *The Ricci Bulletin 2002*, pp. 158-160.

在技巧上或是境界上都是如此。

这样的走向确立了李金远的艺术画风。他在传统国画画面上画西画（在中国传统画纸上使用金色丙烯颜料），开创出新格局。两个相偕出现的主题"天"与"根"赋予他 2003 年以降的画作无限的生命力，使得他的画作交会于"创世纪"与"启示录"之间，而画家的精神之旅同样成为历史回顾的旅程。2006 年，他到德国，画下巨幅的油画，通过中国的美学观与意境，诠释《圣经·玛窦福音》第五章"真福八端"中的四则。宇宙中的耶稣直立在画面中央，令人想起德日进的末世论观点（李金远本身阅读而且经常默想德日进［Teilhard］的数部作品[①]），来自中国西南部的景物与山水的图样填满了画面的四角。画面的背景是一弯湖水、一道山脉、人们坐在斜坡上，给予整个构图些许道家的和谐味道。耶稣站在一枚巨大的中式印章上，上面刻有"上善若水"的字样，在此这句话描述的是耶稣。实际上，水的隐喻，如画中的湖水，早已被火的隐喻"吸收"而且超越：主画面是黄、橙、红、白的色泽，耶稣宛如巨型的火焰。[②] 这幅画作的多义特质接近现代的《圣经》诠释，而不仅是字义的转述而已。

## 四、结语

上述例证确实证明作品如何"吸收"《圣经》文本。画作缺乏与《旧约》的关联也是值得关注之处。上述的作品确实将《圣经》的象征与影像变得普世化。同时，创作者同时从同年代的文学与哲

---

[①] 李金远：《水与火》，上海：太阳红画廊，2010 年。
[②] Misereor, *Seilig Seid Ihr : Arbeitsheft zum Hungertuch*, Aachen, 2007. 笔者曾论及这幅画作的神学诠释内涵，参见"Der See, der Berg un der Baum", Ibid., pp. 32-34.

学作品汲取灵感。未来中国艺术与文学的活力将对《圣经》资源作出新的诠释,通过艺术的创意开创出跨宗教的新艺术形态。

最后,正如本文数度提及的论述,国画最佳的表达方式即在颠覆并更新"中国形象":这是因为国画美学接近道家哲学,它挑战"形象"的概念。大象无形,若中国艺术能够诉说中国的无形形象,那么国画将能够超越文学与哲学,并向前推进。

# 三 现代人的静坐

现今人类的集体意识里,自我忧虑普遍成灾。如果我们沉思静坐,认识内在的世界,就能开拓新的视野,寻获个人的自由和责任心。充分认识自我,就是与我们所属的团体、社会、人类再一次邂逅……细述灵修的妙处,使我们的心灵清澈更胜于以往,同时帮助我们领略外在世界,它所带来的真实与自由,使人充分感受神。

## 活泼的静观

> 心带领人们走向神圣,并告诉我们神圣并非处于静止状态,而是显现于生命的流动性之中。生命的流动确实使我们经历苦难和死亡,但是也不停留其中;它永不止息。

我每年去山区退省①,有八天宝贵的时间默想、散步、充电。不少人有类似的习惯,有的人会去打坐,有的人会引用圣依纳爵的《神操》与神接触,有的人会学习儒家静坐或道、佛教闭关的某种方式。也有不少人,因为家庭或工作压力,找不到那么好的机会,但是我很希望他们有一天也可以退省,与神合而为一。在快节奏的生活当中,我们都感觉到"归根"的基本需要,我们都希望有时间与空间做到"知性、知心、知天"。

### 追求真实与自由

谈到退省的体验,许多人会重视这样的问题:"哪位法师,哪位神师最棒?""应用哪种方法才能达到领悟?""哪种退省方式最'有效'?"这就是现代静坐表现出来的功利主义。如果我们不断地考虑"好处",就无法进入内在自由和不求回报的基本心灵体验。

---

① 退省也称避静,在退省期间心中默想如何与神合一,除了与神师对话之外,并不与旁人说话。

进入静坐之路，需要担心的不是"方法"，而是要面对"原则与基础"。谁担心方法和效率，谁就无法达到平常心。

静坐的体验所带来的收获是具有批判性的，不管是面对自己、面对社会或是自己所属的宗教。退省的体验帮助我们解构对"神圣"所抱持的原有假象。这些假象如此众多，而且对每个人来说各自不同。通过想象和记忆，我们了解到自己过去在生活中所倚赖的神仅是一个概念，而且这概念竟是建立在恐惧或者以人与人之间的强烈情感来描述的人神关系上的。

我们解构过去对于自己所怀有的错误形象，首先便是成圣的形象。我们首先必须接受自己的限度，但在同时也体会到宽恕与新生。我们成圣的唯一道路，就是将我们的自由和不求回报的心加以发扬出来。站在人类的立场，与其说神圣与美德有关，不如说它与内心的真实和自由有关。

## 体会生命的流动

我认识一个有着深刻心灵体验的人，有一次他这么说："当我还是个孩子的时候，我梦想着将来要成为圣人。如今，我唯一的愿望是成为一个自由的人。"内在的自由建立在平常心的基础上，而平常心指引我们接受劳役、苦难、死亡，正如它也指引我们接受生命和喜乐——这往往是修道人容易忽略的。平常心带领人们走向神圣，并告诉我们神圣并非处于静止状态，而是显现于生命的流动性之中。生命的流动确实使我们经历苦难和死亡，但是也不停留其中：它永不止息。

静坐就是活在自由与无偿性之中的体验。人类用来表达神圣的词汇和形象有时能帮助我们进入这样的体验，但也有时反而成为一种阻碍。静坐指引我们走向更深刻的了解，了解什么是奥秘和吊诡：神圣并不驻留在无法触及的高天之上，却居于我们中间，并借着最卑微的人们以及出于自由的爱与服务的日常行动而彰显自身。

我们的时代需要更丰富、更多的静坐体验，但是我们也需要作心理准备：静坐并不等于让心休息，静坐会挑战我们对自己、社会及神圣的经验和概念。我们的时代需要静坐体验，因为静坐是社会、宗教和个人的改革力量。

# 灵性的力量

> 精神上被唤醒的人，对于威胁地球的危机和人类种族的延续，他的意识是很清楚的。她或他对于造成集体的苦难、痛苦、矛盾和暴力是很敏锐的。"灵性"不是避风港，灵性指的是一套资源，这套资源使得个人和社会走向完善与成熟。

"灵性的力量"听起来动人，用起来时兴。如果您上网站查，您会发现一大堆技术要领和相关讨论。灵性的力量包括和天使谈天、练瑜伽、打太极拳、洗热水澡、修习处理愤怒的感觉、发现你心中的小孩，还有很多很多。

## 在对话中走向慈悲

说实在，把"灵性"和"力量"放在一起有点儿耍诡计，大家不是说真正的灵性都是和柔弱、开放、弱点有关，也就是在最微弱的地方显现光亮吗?而且谈到"力量",不就表示精神生活的悟性被引入歧途吗?

不过,我喜欢对"灵性的力量"讲话,而且我喜欢解释。我喜欢对"灵性的力量"讲话,因为我觉得"灵魂"不是精英的专属,它归属于神职人、社会人、文化人以及各种不同种族的人。真正的灵魂是民主的:每个人都有权利去成就、激活、实践冒险的精神生活,"灌注力量"是试着达到更深刻的层次。某方面来说,"灵性的力量"意味着人性要走向慈悲仍然有很多工作要做,并且知道那居住在我们心头的神性。

## 学习累积分辨的能量

其次,"力量"说明了精神生活提供给我们的不只是一个好处而已,它让我们学着去累积分辨的能量。精神上被唤醒的人,对于威胁地球的危机和人类种族的延续,他们的意识是很清楚的。她或他对于造成集体的苦难、痛苦、矛盾和暴力是很敏感的。"灵性"不是避风港,灵性指的是一套资源,这套资源使得个人和社会走向完善与成熟。"灵性中的民主"自然使得国际社会变得更加公正。

我喜欢把三个维度链接在一起:"灵性的力量"、"文化多样性"、"可持续发展"。灵性提高人的敏锐度、分辨能力,使得双方相互尊敬。多样性指的是我们从 21 世纪初开始,动员全球的多样化资源,有利于解决迫切的问题与长远的挑战。可持续发展是人类担心因灾难而灭绝所提出的法宝。

这三个维度相互补强,但只有成为一个有机体才能达致目标。我们不能忘记,如果我们不朝灵性的方向思考,我们推展的行动将成为泡沫,我们前进的沿途将迷失意义。分享灵性带给我们力量,这样的力量将使得你和我肩搭肩，无形中走向合一。

# 天国的比喻

> 种子、芥子、小羊、酵母、小孩……耶稣借由渺小的人或事物，运用比喻讲述天国的种种。比喻是自成一格的奥妙语言，一方面在听者的眼前呈现丰富的影像，另一方面鼓舞人寻找故事背后的意义。欣赏比喻故事帮助我们领略世界的奥秘。

耶稣谈论天国的比喻描绘着世界的奥秘。让我们一起寻味《玛窦福音》第13章的叙述，想象以下的情景：群众聚集到他面前，人群的数目过多，他只好登上小舟。人们围坐岸边，而他在水面上随水波轻轻摇摆。

## 关于耶稣传言四起

他退居小舟上，与人群保持些许距离，一切都安静了下来。水波的韵律透露天主的某种智慧，没人能挽留，没人能占有。山丘的倒影映在湖面上，闪烁着造物主的万种光芒。这般壮丽的景象让我们想起一切至善来自于上天，正如阳光来自于太阳一般。这就是仁者乐山，智者乐水吧！

人群聚集在海边，等待耶稣开口。这时国家正遭受痛苦与蹂躏，但又充满无限生机。耶稣谈的内容应是天国来临的迫切性。"时期已满，天主的国临近了。"（谷1：15）很快的，关于耶稣的传言四起。他的行事、言语、天国的宣告及治疗病患的事迹构成了民间流传的叙事,相随而来的是各种版本的传说、想象、梦想与希望。因耶稣而来的传言构成"福音"的主要内容。这也是为何在这些叙事中出处各有不同,这些故事构成福音的内文。

耶稣的名声宛如华佗,但人们似乎不愿将他行事或说话的权利作出划分。"他本是一位先知……行事说话都权力。"(路 24:19)人群质疑,惊讶地说:"他这一切是从哪里来的呢?所赐给他的是什么样的智慧?怎么借他的手行出这样的奇能?"(谷 6:2)凡是与他相遇的人,这样的话语是否在对方的心上、身上产生作用,在彼此间建立新关系?耶稣亲口说过,奇迹只是"征兆",这些征兆总会揭露居于世间与人们心中的某种奥秘,并将人们引向天主——征兆揭露天主本身的某种奥秘。耶稣的话特别为边缘的人而谈,它给边缘人意愿与力量,打破阻碍自由的枷锁。它解放每个人心中的传统包袱、焦虑与内在隐藏的暴力,它邀请我们以一个新而自在的沟通方式与别人相处。

## 聆听比喻的新方式

这就是耶稣,他坐在小舟上,在岸边每个人都在等待他开口。这个人是个谜,没人能将他归类。耶稣的自由让他超越规范。忠于自由对耶稣而言是一项考验:"人们说我是谁?"(谷 8:27)面对耶稣的自由,每个人必须回答耶稣的问题:"你们说我是谁?"(谷 8:29)。耶稣的音讯与耶稣本身转而成为真实。

耶稣是谜。对于与他同时代的人而言,他早已是谜。他的预言让人感到新奇又迷惑,在询问"他是谁"以前,不禁问:"他宣告什么?"

一开始，事情似乎清晰不过：耶稣宣告天国的来临。比喻是传达宣示的讯息，但这并不是全新的讯息，圣若望以及其他人早已发出相似的呼唤，转化人心，聚集有志之士。

好几世纪前，在不幸的年代，先知早已宣告天国将在遥远的年代来临。他们曾说，天国的来临是子民转向天主的结果，天主在他们之间建立正义与和平。这是以色列对世俗者和平的胜利，后者将承认以国的法律、圣殿与王位。在耶稣现身的年代，政治紧张的局势使得天国的来临显得急切。天国凝聚所有的希望，但也汇集所有的恐惧，因为天国的来临想必令人惊恐，所有的罪人将被推向地狱。

然而，耶稣让我们隐约看到天国不同的光亮。耶稣运用比喻向听众宣示天国的来临，这样的宣示使得人们惊慌失措。我们必须用新的方式聆听比喻，体会比喻在我们内心升起的氛围。但是，我们必须把这些比喻置于耶稣预言的全貌来看。

## 新酒应装在新皮囊

一开始，当耶稣向人们宣告末日来临是很急切的，人们并没有感受到威胁感或是惊恐。他说："时期已满。"不过，这句话仍视每个人接近或远离的心灵态度而定。"你离天主的国不远了。"（谷12：34）天国早已在历史上与人心中无形成长。耶稣最喜爱用简单、和平的影像来描述天国：田地、灯笼、酵母。相同的言语让我们体会到日常生活的真实深度无限。描绘世界的奥秘，正是在揭露最平凡、最平常事物中的奥秘。

当然，天国的来临，也是天主审判的来临，而天主所审判的，是判断别人的人。"你们不要判断人，免得你们受判断。"（玛7：1）

因此，耶稣劝诫自满与自卑的人，而非制造恐惧，更不是以色列政治的胜利。

同时，天国是一个具体的真实，而且早已存在。即使天国尚未出现，也正处于一个揭露的过程（谷9：1）。天国的讯息无法分类，无法定义，如耶稣本人一般。每个人忽然失去凭借点。

"但有许多在先的，要成为在后的；在后的，要成为在先的。"（谷10：31）天国的宣告需要新态度与新教育。"新酒应装在新皮囊里。"（谷2：22）所谓天国，在于重新发现天主，正如小孩子的眼光一般。这样的想法足以摧毁对天主抱持僵化印象的旧社会。耶稣的话语替世界重新下定义。比喻在日常生活中具有举足轻重的影响。

## 定象叙事转换眼光

耶稣的话带来新的眼光，而不是以理论或是教训的形式出现。耶稣喜爱讲故事。海边的听众正听一个说书人讲述天主的行事，充满影像与叙事。每一个小故事都困惑着听众，却反而在他们的内心留着耶稣给予的新眼光。若不是从大家熟知的事物开始，我们就无法接受新的眼光。这就是为什么转换新眼光要从熟悉的事物开始，天主的智慧于是转为人类的智慧。（谷2：21）大家都赞同智慧，但在接受智慧的时候，也必须冒险接受天主给予的惊奇。

因此，耶稣讲述了很多故事。《对观福音》提供了耶稣43个不同的比喻。《若望福音》还提供了其他有关的故事与定象。在《对观福音》中，"比喻"一词重复出现48次之多。有一个问题浮现在我的脑海："我们应该如何确切地界定比喻呢？"

每一种文化都熟悉用定象说话的艺术，希伯来语言更是以此著名。用定象说话的方式被犹太大师比喻为灯芯，使得人们在黑暗中找回宝藏。定象的艺术自然非常接近寓言或是谜一般的文体，或者就是谜语。

比喻激励我们去寻找意义，它也告诉我们赌战的结果未卜。比喻使人惊奇，总是带着某种神秘成分。比喻并不只有定象，而在叙事中探讨的定象，叙事常由耶稣隆重地导入。"我们以什么比拟天主的国呢？或用什么比喻来形容它呢？"（谷4：30）

单纯的定象与比喻有何不同？叙事表达了最初到最终的转变。故事或许很简短，与单纯的影像没有什么不同，但是必定出现前后的变化以及一段人的行事。（谷2：21—22）某些耶稣的叙事从真人实事出发，寻求对话者的认同。（路14：28）但也有的反而从不寻常、令人惊奇的事物开始谈论。

不过，耶稣描述的方式总是简单、明白、清楚。在这样的描述特性中，每一个细节都寓意深远，听众的心被打动。听众被带到故事里面，进入叙述，参与叙述，不但为自己定位，而且进一步写出自己的故事。

## 诠释比喻四条路径

当代受重视的比喻研究主要分为四个派别，每一个派别都构成进入比喻的独特方式。

比喻可被视为进入耶稣的最佳途径，在比喻中一切都谈论耶稣本身及其命运。比喻告诉我们耶稣本身的意识：它肯定天主一定会完成最后的任务。耶稣的任务不在给予最后的审判，而且它也告诉我们耶稣某些"父性"的经验。直至最后，耶稣本身成为天主的比喻。耶稣的故事完完整整告诉我们什么是天国，以及天国如何降临。

另一派人士比较重视历史诠释的方法，提出耶稣本身对教会的贡献。比喻也可以作为认识基督宗教起源的入门。

比喻还可用比较严谨的神学观点检视，将其看成一种语言的形式。比喻产生作用，比喻产生权力，因此也成为天国的语言。

比喻也可当成特定的文学体裁或是诗学来研究。若以文学的方式研究，我们不会断章取义，也不会过早描绘比喻在自己心中再现的影像。

我们必须知道比喻具有卓越的多样性。比喻的形式、内容变化万千，每一则比喻都提供丰富的素材，而且总能接受多样化的诠释。

## 对话诗境延伸想象

我们曾经提及，虽然"福音"比喻的文本显而易见地为我们重组耶稣预言原有的珍贵风貌，但是我们今日所见的经文是早期天主教团体进行经文研究之后的成果。希腊文的译本中已有某些词义的转变，早见润饰之痕，特别是群众的不同也会使得意义更改；耶稣比喻是对人群或是他的对手而谈，曾引发很大的争论。对比之下，早期基督教经常在天主教团体中运用这些比喻。而且，耶稣的训示常带有末世学的性质，教会的诠释常转为具有道德教训的意味。然而，我们不应过度强调此等转移的重要性，当代注释者的工作应为在"福音"传道的同时，轻易找到耶稣比喻教诲的要旨。

比喻一开始即具多义性。耶稣曾多次在不同群众面前使用相同的比喻，然而每次强调的重点却各有不同。借着比喻，耶稣给予听到他的人一个可以自我运用的素材，这项教化的工作始于早期教会，今日我们仍继续沿用。比喻的真理属于诗的境界，而非科学的范畴。

比喻通常包含着对话。比喻叙述的内容常显示耶稣如何运用影像，回答得更好或问得更精确。在比喻的叙述中，我们常见到两个人在对话，如雇工的比喻（玛 20：1—16）、撒种的比喻（玛 13：1—9）、荡子的比喻（路 15：11—32）等。故事的对话与读者同在一起，使得读者能自在地重新运用或加以延伸。

比喻还有一个特色：夸大的地位。什么样的芥子能长成一棵鸟儿可以栖息的大树？哪一位牧羊人会为寻找 1 只羊而放弃其他 99 只羊呢？藏在三斗面中的酵母如何能够揉成 150 人吃的面包？这里必须再次说明，比喻的真理属于诗的境界。它夸大了效果，跳脱出我们的习惯。这是为了要我们面对天国暗藏的力量，当它来临时，睁开我们的眼睛。

## 急迫惊奇耐心等待

比喻是天国的语言。事实上，它邀请听众进入耶稣已在之地，邀请他们进入天主的仁慈与欢乐，从此刻进入天国。由此看来，所有的比喻都是天国的比喻，但我同时强调比喻文集出色的多样性。

注释者经常将天国比喻的内容分为两种类型：成长的比喻与危机的比喻。前者的出现多与耶稣在加利肋亚时期相符，后者则是他前往耶路撒冷途中所训示的内容。前者的比喻多基于普遍性的智慧，后者则将耶稣描绘成吊诡的象征，十字架为天国的大门——在这样的象征之前，若我们想要进入天国，每个人则被要求选择其立场。天国就在等待成熟的耐心与决定的迫切性中悄然降临。

由此看来，天国的比喻强调时间中两种不同的关系：天国的来临是在耐心等待中慢慢孕育成熟。"使之生长的，却是天主。"（格前 3：6）但是天国也在惊奇、事件、迫切的决定中突如其来（谷

13：33—37）。如此有助于我们了解，比喻全体是一个宇宙，单一个比喻无法告诉我们何谓天国，唯有比喻象征的全体才能为我们回溯，天主来临时在我们中间所带来的象征性与真实感的丰富性。

没有什么章节比我们一开始提出的《玛窦福音》第13章更能帮我们了解这样的道理，这一章节构成一个世界：一开始，耶稣坐在小舟上；最后他使用撒网的比喻，好像他再度意识到此刻所处的实际情况，或是他描述本身刚刚所做的。希腊文的经文中，渔夫在网中捕回"各式各样的东西"，直到"网满了"为止，也就是说直到"一切都完成了"。从最初到最终的过程中，我们会见到人类形形色色的活动：农夫、准备餐食的妇人、商人、休息的人们，植物仍在生长，仇人妨碍田地收成，但徒劳无功……

若要解读比喻，我们必须研究比喻与比喻彼此间的关系。这样我们就会了解，世界的各种风貌及人类所有的体验都在这层内涵的网中相互联结。通过这样的联结，生命的全体对我们谈论天主。这或许是比喻最大的训示：除了在生活中，我们无法在别处找到天主。天主的来临及其存在的体验都深植在日常生活接受与决定的过程中，正如天国的大树深植在大地上一般。

## 山水人像造化心源

比喻为我们提供一个新的世界，而这个新的世界就是我们的世界。眼光因而开启、闪耀、清明、转变。当我们走出黑暗，更见到光亮。被看见的应该会传达给他人，所传达给他人的有朝一日会走向光亮。

睁开眼睛品味，感受启迪的眼光。比喻引领我们走向一个时刻，从没被看见的事将成为眼光的中心。比喻正如绘画一般，摧毁

万物的表象；世界永远新生，眼光永远新颖。"含德之厚，比于赤子。"（《道德经》，第55章）

水墨绘画告诉我们什么样的宇宙？是一个与福音比喻迥异的宇宙吗？或是它可以为我们揭露比喻宇宙的丰富性？

大家常认为水墨绘画的主旨不在表达痛苦，而是表现和平、雅致、和谐，较西方艺术表达感情的多样性与主题的多元化，水墨绘画受到较多限制。这样的观察并非没有根据，它传达了东西方文化观最基本的差异。

如此观察将带来省思后的省思。上述的观点与所谓的"宫廷绘画"有关，与民间绘画较无关连。同时，表达情感或感情的手法并非借用脸部的表情，而是通过其他方式，如衣服的线条，更利于展现线条的艺术性，这是中国水墨绘画最主要的本质。

大自然与人，以及人的七情六欲密不可分，人一直从大自然中撷取素材。画山就是画人，这早已是中国传统水墨画的至理名言。画山水也是画家本身的自我呈现，画家让我们见到他所经历的精神层面的活动。

画家呈现的是人居住的山水，以及人所陶冶的风景。当画家在画中呈现人们的生活，画出过桥的人、牧童、水牛和小村庄的屋顶等，画家等于在自己的"肖像画"中放置一个极小但位居中心的要素——脸部的眼与眉。画家提出一个角度，由此邀你进入沉思。对耶稣而言，描绘植物的世界，如成长的种子、无花果展开花苞，同样刻画人类心中的交战。

一笔画延伸、多变，尽情在空间中的各种对比中交织。渺小在巨大的陪衬下显得更为渺小，但为了渺小，通过渺小，一切才有意义，一切才有活力。水墨绘画的墨笔，在空间中挥洒出一道泼墨的声音，让人想起《创世纪》的某些事物，以及神培育万物的眼光。

# 放胆思考

> 思考是孤寂，思考是与他者合一。放胆思考，敢于冒险，敢于新生。真正的信仰不怕挑战与更新，真正的信仰等待思想前来挖掘、深凿、净化，赋予新的生命。

## 不需要依赖电线的思考

思考，真正思考的人，好像我认识得并不多。在思路上勇往直前、不在乎风险放胆去想的人我认识得也很少。相反地，我遇过一些有学问的人，懂得将自己所学写成前后连贯的评论。我也遇过一些人，我不得不赞赏他们的博学。对于熟稔技术面知识的人，我也十分钦佩。

虽然有些人宣称自己不属任何学派，不受任何人影响，然而他们知道自己身归何处；从何开始，从何结束，他们本能地知道自己思想天地的界限。他们激扬自己的才能，在思想的牧场上嬉游，不需要依赖电线。思想天地有的大、有的小，虽然他们不会说出自己天地的宽窄，但他们认为"思考"这样的活动需要不断被确认、重复、停驻。

这样说好像表示我自己是个懂得放胆思考的人。其实我只是懂得依赖某些珍贵而看来不连贯的经验。然而，我觉得有必要检视这些片段的经验，重新回顾出新意义，思考今日什么是思考。我还要进一步探索"思考"的欲求，它如何在片刻内乍现又远远而来，给我们清晰的思路？我觉得似乎必须把这些问题弄清楚，我们才能学会思考或是说重新学会思考，往后我们才能思考得更深、更全面。

思考这样的行动，首先必须将过去自认为学到的东西凝固，了解"思考"这样的行动如何在自我内部结晶，就像物质从液态形成晶体的结晶过程，"思考"如何以最简洁、最剧烈、最具争议或者说最软弱的方式在自我内部开花结果。我再拿这些结晶进一步审视、推敲、凿刻，或者弃绝，或者重新建构新思想。

## 思考就是寻找入口与出口

"思考"到底是什么？思考就是开始。这一天，思考撞击我信念的起源，同时撞击他人信念的源头，我决定开凿自己与他人的内在矿坑，直到见光为止。思考，就是寻找入口与出口（两者是一回事）。平日，找不到任何进出口；隔天，在隧道里开挖，重新开始找。出入口会挪移，想法总是在开始的时候更换新貌。

思考，也就是在我的思考里不能舍弃我自己的存在，思考动员我的身心，我的性情与才能，如记忆、才智、自由、欲望……我面对自己，重新找到自我。我必须面对塑造我的一切素材以及过去的点滴，并与之战斗，有时激烈，有时和睦。

我必须走到真理的前锋，不当停滞的死水，而作灵动的存在。真理将与我个人的生命体验奏出和弦，让我自己的生命光亮，并给予过去的生命一个意义。

思考，就是不欺骗。对于思考行为的两难，拒绝采取漠视的态度。思考，就是重新踏出开始的步伐。

## 活跃思想的心跳

思考，将三者整合为一：生命、真理、生命与真理相通的道路。

思考,就是敢于新生。

新生是什么?新生,就是诞生。思想诞生,生命诞生,我生命的真理诞生,他人生命的真理诞生。在一片黑暗中,在通透的光中,呼喊、微笑、说话……

思考,就是敢于孤单,不断寻索箴言。瞬间,我与他人有了联系,火从石里喷燃,他人的生命与我自己的生命通向同一个起点,同一个起源。思考,就是离分;思考,就是聚合。

思考,就像火一样,燃烧、兴旺。思考的体验,集结了哲学家、科学家、神秘家、艺术家——简言之,男人与女人。这些人不断寻索如何活跃思想的心跳。真正的思想超越学科、知识,朝向本源流动。

思考,就是敢于放弃、抛弃、重新开始,在思想不断更新的律动中寓居、离居、深居。思考,就是冒险。对于自身思想的起源、视野,思索的对象,敢于赋予生命,使之燃而不灭。

## 专注是思考的良友

思考,简单来说,就是"专注"两个字。做到极致,就是纯然的专注,明确地定义与前进。思考,就是保有警觉心,避开陈腔滥调,避免逻辑失误。对于使用的字词,注意其意义与影响,注意对方的反应。专注是思考的良友,纯然的专注来自静默,字词、影像、光逐一跃出。专注等同于欲求,勇气是思考的基础。

思考是一种律动,传达书中的词句、绘画作品中的线条、音乐的旋律、静坐冥想者的呼吸。如果找到了这样的律动,思考就变成一个自然而然的行为,就像呼吸。思考的律动传递出思索对象核心的涌动,思想随之跃然。思考与被思考物来自同样的源头。

## 有信仰就不必思考？

有信仰的人往往不敢跨步去思考，好像思考是一种禁忌，以为信仰本身禁止思考，或者信仰本身代替了思考。某些有信仰的人，可能会认为信仰得多一点，就可以思考得少一点。

真实的信仰只会提升思考。若没有思考、没有批评、没有确立，信仰本身便无法成立，只会成为情感、知识上相互取暖的崇拜中心。真正的信仰不怕挑战与更新，原来上主和我想的不一样……真正的信仰等待思想前来挖掘、深凿、净化，赋予新的生命。真正的思考不是僵硬的，它会带来生命，它会助燃火苗。

思考的铺陈属于智力的活动。但这样的智力活动需要意愿、欲求、想象力同行，才能往前推展，甚至在思考之前，就必须要有这样的特质，为思考行为铺路。整合这些特质时，切莫忘了批评的视角。如此，思想将会越深越宽广。如果只有固定不变，思想会失去延续的起点。这是理性、意愿、爱的共通默契：思想在直觉中开始，在直觉中达到圆熟，一旦思考起身而动，瞬间打动真实人心。

## 事物核心的真实存在

前面说过，思考极致的表现是纯然的专注。这就是爱，没有杂质的爱。一片汪洋里，爱与思考的律动逐浪。纯然的专注变成事物核心的真实存在。直觉，预知事物存在的闪光。

吊诡的是，通过专注的力量，信仰、思考、爱三者不断律动，新浪追前浪，律动的核心是信、望、爱的欲求。这三者的涌动越是汹涌、变动、迈向浪头，就越朝向平静、歇息、合一。

## 切莫畏惧喜悦的诞生

思考是一条道路。当我们铺陈思绪时，发现思考无所不在。思考让你休憩，思考让你活跃。思考是否定，思考是肯定。思考回归本源，思考走向圆满。思考在远方，思考在当下。思考是舍，思考是取。思考是孤寂，思考是与他者合一。

思考不苍白，也不哀伤。思考的底色是欲求，载满了喜悦。思考与忧伤交战。越是封闭，悲伤就越有养分；越是不思考，悲伤越是茁壮。悲伤在心内反刍，悲伤是不思考的一项产物。

放胆思考，勇于新生。吸纳空气、光亮，切莫停步，切莫畏惧喜悦的诞生。

## 如孩子般找回思考的火苗

为什么思考？我们如何开始思考？也许，更正确些，我们应该问："为什么我们不思考？""我们怎么不思考了？"发问、惊讶、寻思，这对孩子来说都是很自然的事。

思考是很自然的事，但我们必须不断学习思考。这和绘画很像，大家小时候都有拿笔涂鸦的创意，长大后才发现需要学习用笔用色的原则。我们因为急着接受教育，急着长大，人生初期的火花转瞬间沉陷入地，被埋在瓮里，然而这样的火花并没有熄灭。有一天，火苗将旺盛、燃烧、照耀。

## 答案是为了更宽广的答案

我梦想的教育中，对于孩子的提问，教育者给的答案都能够帮助孩子思索，不会把孩子关在笼子里；不但能满足孩子的好奇心，而且能启发孩子更多的好奇本性。也许这样的教育一开始不会为人所接受，也许一开始孩子对这样的答案一点儿安全感也没有，因为他们得到的答案让他们意识到自己必须去探索的竟是无边无际的。也许人生某个阶段我们必须停下来，只去学习而不思考。

## 停止思考是一种智慧

但是，可别把这个想法当成人生的全部。思考和学习相辅相成，不过我必须指出两者的心智活动有一个竞争关系。思考无法分秒不息，思考是一种智慧，懂得停止思考更是一种智慧：统整学到的片面知识、信念，享受与人同在的情感交流，过日子、沉睡、做梦——梦想与思考有一定的关联。思考是一种行为，思考是一种行动，世上没有一个活动是可以连续而不中断的。睡眠时虽然呼吸，但也有起有落。

## 渡过是为了探索万物

学习，学习思考。

思考有岁数。

思考，渡过。思考是为了渡过，渡过是为了思考。

思考有岁，想法有品。

一开始，实践先于思考，渐渐地智慧与方法累积交织，适于探索万物。

思考，有时是为了放空。

# 假象都市

> 为何画家许诺的城市瞬间生成,又忽焉消散?为什么光让人想起世界的诞生?闪耀的光到底象征着宇宙最初的光,还是消失毁灭的瞬间?笔者与我们一同领略韩国当代画家郑真蓉的画作《假象都市》。

飞机落地,夜幕降临。机场跑道闪耀着光,线形的组合就像是纯数学方程式。线与线之间闪动着神秘的裂块:怎么这里有几团色块,那里有几处断笔,还有无数让人目不转睛的小光点?这不是一条河流、一处军事基地、一座大公园吗?越往前看,我们就越觉得画家许诺给我们一座城市;一旦我们来到画的面前,我们寻找的城市忽焉消散。

## 召唤诞生与毁灭的瞬间

也许并不是这样,也许我们必须遗忘城市。在一片漆黑中,究竟是宇宙消失的宿命还是诞生的解脱使得光芒乍现?为什么光散落又指向一个点?为什么比起大片的黑暗,点状的光反而使我目盲?为什么光让人想起世界的诞生?画家说"有光",光就依照画家的创造法则出现了。画家心有祈求,笔就意到?不,画家必须坚韧地奋战,使得光不会攻占整个画布的空间。他必须把光聚集在应有的秩序里,就像牧羊人在高地上找回迷失的羊一样。没错,魔幻城市也许是整个宇宙,宇宙中某些星辰对抗时空中的熵,某些星辰是造物主的伙伴与对手，它们像造物主一样召唤诞生。

闪耀的光到底象征着宇宙最初的光，还是消失毁灭的瞬间？没有人知道。画布的略高处横亘着一条地平线，在空间的尽头，出现许多黑洞，像人体流血的五孔，一个新宇宙的法则隐然成形。黑洞出现在前一道墙与后一道墙之间，时间仿佛在这里被击碎了。

## 影像的多重面貌

如果您到现场仔细看画的话，您会发现画布有着方形银色细框，观看中心点的时候尤其感受到四方框的存在。四方框内是无形而且无法攻克的监狱吗，还是造成视觉上的靶心，让人拉起弓，对准敌国的城？也许是数学家写的公式，想在越来越混沌的世界放进一点秩序。更有可能是一令纸，手抄员在纸张的经纬上刻字，写下自己的思维。数学时时刻刻与混沌对战，这样的光能不能不需要数学的秩序而初透、恒耀？我没有答案。

我被灯塔的光逮住，进入魔幻城市的黑洞里。

# 变成你自己

宗教信仰坚持栽培人性，并且告诉我们作为人的种种，以及人性深处所散发的希望。我必须迎接并遵从社会真相、自然法则，才能与他人互动与相遇。展臂迎接差异，我才能自由地朝向自我发展。

我写这一篇文章，灵感来自一位法国哲人的思索，他叫做马赛尔·雷高（Marcel Légaut，1900—1990）。① 他本来在大学教数学，后来放弃了自己的研究工作，到法国西南部牧羊，专注反省灵修的意义。他不但反省当代社会与科学的关联，而且积极探索追寻他者的灵修体验。

## 追寻自我的绊脚石

有一个奇妙的追寻过程，步步出乎意料，这个过程叫做"变成你自己"。投身这样的旅程可说是当一个人最本质的体验。那是一趟孤独的旅程，但这样的旅程超越了个人的维度，某个程度上来说，个人的抉择牵动着全人类的命运。即使隐而不宣，每个人正推展着人类的本性。

最近几十年来，实践"变成你自己"的行动有了新的内涵、新的意义以及新的无偿观（不求回报的观念）。为什么呢？长久以来，甚至自从有人类开始，对于追寻自我，似乎都有制式的流程、固定的答案，免于为自己的人生下决定，不禁制约了我们生命的舒展。

## 宗教定义个人

这些制式的答案基本上都有宗教的影子。宗教信仰有时让人豁免于询问生命的意义。宗教塑造神的概念——有的称为上主，有的称为神仙，有的称为神灵，有的称为菩萨——而个人就被所属的宗教教义所界定。上天启迪我们的眼界，也让我们惧怕，我们随着上天的存在而存在。即使在今日，每当人们遭逢危机时，最先想到的

---

① 参见马赛尔·雷高协会，地址如下：l'Association culturelle Marcel Légaut, la Magnanerie, 26270, Mirmande, France.

就是询问上天的旨意，因为他知道一切，因为他无所不能。

然而，认识自然法则的社会以各种方式质疑千年文明所塑造的神。神的存在不若以往，这个转变深刻而广袤，使得我们更新神的形象：神之所以存在，是经过个人的探索而被确认，而非集体既有的约束。这是人类走向成熟的过程，如此更加接近生命的意义。为了来到神的身边，首先我必须成为我自己。

## 神在哪里？

人越认识时间无边而空间无际的宇宙，就越体认到自身的渺小与短暂。一个人好像无法抓住真实，宇宙的浩瀚使得我们失去了参考坐标。我们在无限中显得卑微，我们失去了对人性的坚持，我们被剥夺了过去与未来。这种感觉通常会制造荒谬感，使得我们否定一切，尤其在面对死亡或失去亲人时最常出现这样的感觉。

理解神的存在与理解宇宙的存在，两者的切入点并不相同。造物者并不是宇宙的"因"（不管是第一因或是第二因）。换句话说，宇宙对我们来说已经超越了我们的想象与理智，而神却比宇宙还要难去想象。我们不能从物质、宇宙去定义神，我们也不能从神的概念去定义人。我们不能给予生命一个"通用"的定义。

再者，宗教信仰坚持栽培人性，并且告诉我们作为人的种种，以及人性深处所散发的希望。我们不能不延续信仰的内容，即使在历史上因为宗教发生许多暴力与狂妄的蠢事，我们也应该聚焦在宗教如何探讨人本身的问题，同时传达信、爱、望的特质。换句话说，解释什么是真，宗教信仰并不过时，而且各宗教信仰以其各自的语汇谈论什么是人，并指出人在自我追寻过程中盲目与执拗的一面。

## 人在哪里？

　　人不能把自己当成观察物来认识。当一个人观察自己的时候，总是存有一份奥秘。当人观察自己的时候，以科学的角度来说"观察者"与"观察物"之间并没有距离。由此推之，我们可以说科学的发展无法道尽人的全貌。人类喜好思考的习性早已告诉我们人藏有奥秘，不能以客观的事实道尽。因此，若要回答人类存在的根本问题，例如人的本质以及宇宙中的定位等等，我们必须从下列三个问题着手，我们必须问自己："我是谁？""存在的理由是什么？""生命的意义在哪里？"

## 重新提炼对过去的记忆

　　"变成你自己"以及"生命意义"两者的追寻，构成灵修探索的两道绳梯。决定投入的追寻者需要付出全心全力，释放自己所有的才能，重新关注自己的过去与未来。在追寻自我的路上，重新提炼对过去的记忆，静观人生往路上遭逢的点滴，具有格外重要的意义，因为那是我们灵修生活的精神食粮。有时，过去某些时刻的记忆会特别鲜明。我试着捕捉这段鲜明的记忆之前的自我，明了自我的性情有何特质，何以织就这一段记忆。我们也看清自己如何品尝记忆之果，或是如何接受事实发生的后果。某些记忆，虽然沉重而残酷，经年累月地慢慢转换成自己重要的生命体验，体验到那个被召唤的我，要变成我自己。

　　人性圆熟的道路蜿蜒而崎岖，始终没有终点。我们以宽厚深刻的方式看待过去，人的意识就会将过去至今的体验统整为一体，并找到以前未曾发现的独特意义。在某些时刻，当我们提炼过去的记忆时，我们会看到过去生活的事件、情景、相遇彼此之间的关联。我们的视野让我们看到整体，随着"变成你自己"的飞箭往前射出。这是进入内心深处的新路径，重新探访内心深处，我们会有重大的发现，虽然我们身被宇宙与时间包裹，但我们的故事以及即将转变的自己超越了时间与宇宙的限制。

也许微不足道，也许难以置信，通过灵修体验，正在转变着的自己给予了时间、宇宙一个意义。我们内心沉思与记忆的活动，呼唤出灵修的真实性，超越了科学所能定义的物质与生命定律。灵修的真实性依人的修行而有所不同，然而都在内心诞生、成长，从而指向他者。

个人生命意义的追寻使得我们与他者进入真正的合一。我们对灵修的真实性有更高更敏锐的关注，从而诞生一个眼光。这个眼光让我们回归到全人类，对于他人的生存与体验更加关注。共享故事、共享体验，相遇和交流有了深刻的回荡。

## 在时间的洪流中迎接与顺应

为了要变成我自己，首先我必须接受什么不是我。迎接、顺应那些不是我的，我才能找到自我的方向。分辨什么不是我，接纳什么不是我，我才能超越生物的限制与社会的命定，我才不会变成"正规产品"。展臂迎接差异，我才能自由地朝向自我发展。接受、忍让是人的天性，迎接、顺应是灵修层次的精神活动。我必须迎接并顺应社会真相、自然法则，才能与他人互动与相遇。当我深思熟虑，当我提炼过去的记忆时，我会与他人有深刻的交流，而这并不是因为机缘的偶遇，而是因为我内心早已培育了心灵沃土。

我们必须懂得在时间的洪流中，顺应万事、迎接万物，但始终忠于自己。虽然社会大环境始终领先着我们，笼罩着我们，但我们还是可以培育批判的精神，并且意识到法律或是规章的存在等等。同时，在社会的范畴里，我们寻找个人与社会联结的方式、投身社会的方式，并以活跃的方式联系个人与社会的关系。

顺应社会各个阶层，我们会与灵修探寻的前辈相聚，为架构美好社会的努力凝聚在一起。如此一来，人类的精神力量不但延续过去，也拓展未来。懂得顺应社会各阶层让我们变得有创造力，懂得了解、尊重各阶层的差异，并学习在每个阶层内存在：当我们懂得什么是诠释，我们就会找到各阶层美好的一面。

## 培育我们与他人相遇的沃土

当我们与社会维系忠实而有创意的关系时，这就有助于我们作决定，并找到自己与社会的依存方式。我们所作的决定，正是培育我们与他人相遇的沃土。我们与他人结识的过程有如开启一段旅程，我们必须不断往前探寻，虽然探索的过程可能充满痛苦。当我重新阅读我的人生，当我重新整理记忆，不协调音随着协调音鸣奏，最坏的与最好的并肩而行，苦痛与混乱沸腾，刻画了最崇高的印记。也许我们认清了得不到爱的痛苦之源，体会到了为人父、为人母的辛酸，但我们也体会到精神交流的喜悦，与他人真诚沟通的喜悦，因为每个人的来时路都是那么与众不同。在我们的人生路上，虽然学识、经验各有不同，但我们也会认识灵修父母，结识灵修子女。

当我们走向生命的尽头时，我们必须让我们的死亡变成一项崇高的行为，照亮后人的追寻路，那就是迎接神，重新阅览自我的人生，未来我将在死亡时刻与神合一。他在一个无法触及的世界，一个只能述说而无法解释的世界。当我死亡时，与神合一，我播下灵修的种子，在世人的心中萌芽，超脱事物外象与因果论。静思与回忆，不论是悲是喜，都将人类灵修的思索传承下去，同时描绘人类生活相互依赖的特质。而每个人，或多或少，被他所容纳，被他所包裹。这份硕果是被看不见的那一位所接纳与创造的，硕果繁生其他硕果，人类走向成熟的灵修路。

我们必须有信心。即使我们需要品尝牺牲的苦痛滋味，我们内心会逐渐找到完成感：当我们重新阅览过往时，我们不知不觉地觅得智慧，同时感到充盈、超脱，这是我们最初想都没有想到的。忠实地看待自我，我们会发现过去无法挽回的错误竟然有其价值，逐渐与自我完整地合而为一。事过境迁，我们越能觉察到自己的错误，不过一旦我们承认自己的错误，我们反而感到解脱与平静，因为生命神秘而深不可测。

## 舍弃、流动、新生

换句话说，弃绝所有、正视痛苦正是在为自己准备新生。当所有属于我们的或是不曾属于我们的都被夺走了，我们才知道什么是真正的存在。我们常常以物质与时间来定义个人，然而人的存在无关乎物质、无关乎时间。

当一个人真正地回想、反思自己的过去，他会发现自己现在的人生路和以前想的不一样，人生计划并不是一个死框架，他后来才会发现一切高于原来的期盼。虽然停滞和错误形成了阻碍，但他内心不断自我培训和自我更新。如此，一步一步，计划随着流动，走向一体的人生，独立于天地之间。一个行动是一个印记，他催生的行动与他不无相关,但也不只是他的印记而已。人类催生一个超乎想象的事,用最多元的方式说,那就是神。神和人,两个奥秘;神在人内,人在神内;神行动的时候被给予了人,人在被给予的时候接纳了神。

人接纳神,人变成了自己;人变成自己的时候,人接纳神,神在我心中思索。他在我心中合一,我与他合一。人变成被召唤的自己,神通向了全人类。换句话说,孤独与独特以丰盛的方式遇合,这一张面容,没有人能质疑。

# 身体的痛

过度工作、物质滥用、过分悲观、不时自怜,这些都显示我们如何成了自身活力衰退的帮凶。以省思的心去体验身体的痛,对每个人都是一种灵性经验。

脊椎、脖子、背部、眼睛……有时候,身体痛得厉害;离衰竭不远了。我们的睡眠模式受干扰,变得易怒。我们茫然若失,隐约的恐惧弥漫在我们的意识中——究竟发生什么事?

## 崭新认知身体语言

不知道别人的过程如何,但我个人是慢慢辨认出身体的痛的。我会好几天有种不安、不满、混乱困惑的感觉,受苦好些天之后,我才突然认出具体的问题:双眼干涩,肩膀疼痛,因为我担负了过重的行囊，重感冒已占领了我的鼻子和喉咙。其实，有种轻松感伴随这发现而来。现在我晓得该怎么做了，而且突然再次发现了自己的身体，视它如朋友，如同一个值得怜悯和关心的人，他放低了声音轻轻告诉我，我太久没注意到他的存在了。真的，身体会说话，而他说的往往很简单也很真实："你就是不能忘记我。"

我确定每个人会以不同的方式经验到他（她）自己与身体的关系。但我想，以省思的心去体验身体的痛，对每个人都是一种灵性经验。当我认出自己受苦的因由时，记忆回到脑海，我想起自己曾如何持续地过度劳作（或过度放纵）；我记起一些小创伤逐渐累积，终至磨蚀掉我的抵抗力。于是我以一种崭新的方式认知我身体脆弱却闪耀光辉的奇迹，以及我如何错待了它。我感谢天主，当我似乎犯尽了错，没有妥善对待自己所领受的赐予，却仍然活着。

## 自我作对与善用生命

我想，有一股自我毁灭的势力潜伏于我们所有人之内。为了某种理由（也或许没有任何理由），我们跟自己的存在作对。过度工作、物质滥用、过分悲观、不时自怜，这些都显示我们如何成了自身活力衰退的帮凶。当我们花时间去辨认自己轻微的不适、身体的痛，费工夫去缓解它们加诸己身的压力，便是在肯定作用于我们内心的另一股力量——向那被赐予我们的生命说"是"的力量，愿意善用这生命来赞颂并服事那位赐予者的一股力量。

我们很幸运，身体的痛就像散布在全身各处的微小声音，小小的声音提醒我们注意那股正在吞噬我们的潜伏毁灭势力，小小的声音怯怯地建议我们暂停一会儿，省思那居于我们身体内的生命力，以及我们可以选择让它结果实的方式。因为我酸痛的背和干涩的眼，我是有福的……

# 内在自由的开荒刀

> 追寻内在自由是人性的一部分。内在自由，并不只是能够自由地选择而已，它是在你意识中体会到自己存在的能力。

内在自由的成长是一个有机的发展过程。追寻内在自由是人性的一部分。人若懂得自己的软弱，才能有信心能够超越自己的限度，进而给予生命深度、兴味以及意义。人若懂得舍弃自己原本拥有的东西，代表他看待人生的方式真实而满盈。我认为这样的人已经准备好出发前往一条美妙的路，那条路叫做内心自由的道路。

## 性灵追求开辟道路

所谓内在自由，并不只是能够自由地选择而已。它是在你意识中体会到自己存在的能力，通过爱情、亲情的陶冶，关注社会并投入行动，以及性灵的追求，你会变得有洞见，知所冒险，知所承担，人性逐渐在内心成长。

自由并不是照亮路标的火把，使你得以循着既定的道路前进。自由，或者说真正的精神分辨能力，我认为比较像是一把开荒刀——让你清除杂草，开辟自己的道路。刀子也可用来切割石块，雕出自己所需的工具或是刻出梦寐以求的雕像。

### 探索与试炼的邀约

刀子同样也用来切断脐带。凡是努力追求内在自由的人,都将迎接一个崭新的世界:在这个世界里,平日的一事一物都具有永恒的分量。你的"任务"并不在于一次完全地交付,而是要像结果实一样,体验探索与成熟的过程。世上的失败、腐朽和死亡,都是探究与试炼内在自由的邀约。

内在自由无法赢取,也无法储存。在你人生的赛局中最重要的就是要佩带自己的开荒刀。要赢得人生赛局,规矩只有一条:当你佩有一把内在自由的开荒刀时,要相信你自己所发挥的力量。那么,刀就是你的了。

# 人与神的友谊

> 人只有了解友谊的真谛,以平等的方式与他人交往,并超越世代、家族、社会地位与族群的局限,才有可能与神结下友谊。同样的,人与神结交的友谊可以帮助我们克服与朋友交往的障碍。友谊包含尊重,而且滋养自我与"他者"之间情感的幼苗。

人与神之间可能存在友谊吗?从前的人甚至不曾问过这样的问题,不管对哪一个文明来说,神的存在总是令人敬畏,而且包裹着一道神秘面纱。若要描述神与人之间的关系,我们大概会使用这样的句子:人类敬畏地臣服于神的威力。人类献给神祇的牺礼就是最好的证明。主人怎么可能变成朋友？人类与超自然的力量保持距离，总比与之建立紧密的关系来得安全。宗教界能够通神灵的人士虽受到尊重、令人畏惧，但也让人同情。被认定为活佛转世或是被选定当萨满的人总无法感到轻松愉快。

## 对话是友谊的基础

我们若要思索神与人之间有没有可能建立友谊关系，第一步就是要反省人与人之间的友情。友情往往并不是自发的。与他人的交往最早受到家庭背景的影响，有的人则是因为打猎或是因为有志一同对付强劲的敌人而成为朋友。交朋友来自一个自由的选择，超越族群、语言、经济条件。

2500年前的哲学家奠定了人类思想的重要基石，而友谊这个课题正是这些哲学家探索的重心。苏格拉底与孔子不约而同地思索人与人之间的关系。两人都认为人必须与他人维系友谊，为的是能够一起思考，因为对话是友谊的基础，也是思想的食粮。然而，子曰："敬鬼神而远之。"孔子更强调人与人之间的上下关系，就像人与神之间的关系一样。在同样的年代，以色列的思想家开始低调地去推想人与造物主之间是否有可能维系朋友的关系。《圣经》在描述梅瑟（摩西）的心灵体验时，曾经不止一次暗示神把梅瑟视为他的友人一般看待，然而这仍是个难得一见的体验。

然而，耶肋米亚（耶利米）这样记载上主的话："我要将我的法律放在他们的肺腑里，写在他们的心头上；我要作他们的天主，他们要作我的人民。那时，谁也不再教训自己的近人或弟兄说：'你们该认识上主'，因为不论大小，人人都必认识我——上主的断语——因为我要宽恕他们的过犯，不再记忆他们的罪恶。"（耶31：

33—34）

从这一段描述，我们可以看出神和人之间的友谊与人和人之间的友谊密不可分。人只有了解友谊的真谛，以平等的方式与他人交往，并超越世代、家族、社会地位与族群的局限，才有可能与神结下友谊。同样的，人与神结交的友谊，可以帮助我们克服与朋友交往的障碍。友谊包含尊重，而且滋养自我与"他者"之间情感的幼苗。

友情是一个渐进的学习过程。耶稣在死前与弟子一起吃晚餐，对他们说："你们如果实行我所命令你们的，你们就是我的朋友。我不再称你们为仆人，因为仆人不知道他主人所做的事。我称你们为朋友，因为凡由我父听来的一切，我都显示给你们了。"（若 15：14—15）耶稣说的话指出了神与信徒的新关系，然而这样的关系需要历史长期的推移，才能在人的生命过程中生根萌芽。

## 友情必须经过长期的酝酿

人类之间的情谊难道不是历经了长期演变的结果？友情的锻炼必须经过一个长期酝酿的过程，真正的朋友不是一天两天可以造就的。过去的智者哲人一再告诫我们，友情是一个珍贵的礼物，我们必须加以珍惜，而且懂得谨慎享用。

我们与家人的亲情也会慢慢转为朋友般的情谊：家中的兄弟姊妹长大后各自分飞，彼此之间的感情虽然不会因此中断，但却会慢慢转变对待的方式，成为像朋友的兄弟姐妹。对于老夫老妻来说，当性的吸引力在两人之间不再狂热，同时又完成了家庭的责任，我们就会发现夫妻的关系会逐渐升华，变成亲密的朋友或是相依偎的伴侣。即使在亲子之间，当孩子长大、建立了自己的家庭，不再像童年时期或是青少年时期那么依赖父母亲时，亲子也会因为有着过去共同的回忆而发展出朋友般的情感。当然，亲情转变的程度因文化不同而有程度上的差异，然而情感的本质却是放诸四海皆准的。友情象征人与人之间的关系达致成熟、完满，同时结出新的果实。

## 建立灵修者平等的友谊

在"与神相遇"的路上，因灵修结下的深厚情谊往往令人津津乐道。前辈与晚辈之间关系的建立通常是渐进发展的。在祈祷的灵修路上，晚辈先是倾听前辈的体验。前辈会在晚辈祈祷的过程中陪伴他，分享自己的心得，予以指点；晚辈遇到瓶颈时，前辈会抚平他的不安，并给予鼓励。

辅导与被辅导两个人的角色会逐渐产生互换。前辈会说出自己的恐惧、不安与犹豫；晚辈则会回馈个人的体验，告诉前辈自己如何克服障碍、看待失败，并提出自己在灵修路上的新发现。如此一来，两个人学习认识对方，关系逐渐变得平等。他们共同寻找的"他者"将他们结合在一起，神性就是两人友谊的基础。"与神相遇"的追寻建立了灵修者平等的友谊。灵修的情谊就是宗教团体的基础。

然而成为灵修的友伴并不是容易的事情，灵修情谊的拓展往往会受到文化背景与社会地位的影响，同时也会因为权位的高低与个人的限度所局限。不管哪一个宗教都应该看重并活化灵修情谊，因为这是宗教的根本，也是证明宗教存在意义的重要指标。

## 尊重差异的宗教交流

信仰者之间的情谊不正是能够滋养各个宗教团体之间情谊的吗？不同的宗教都在追求真理，就如耶肋米亚所说，我们都在教导我们的邻人。友情应该是今日宗教对话与宗教合作的基础。朋友之间应当尊重彼此的差异，我们不应该逼迫对方变成自己的样子。我们应该相互鼓励、彼此尊重，但是当我们发现对方走了岔路，我们应该巧妙地提醒对方或是帮助对方走回正途。这个说法具有积极的意义，我觉得可以应用于宗教对话的维度：宗教对话应该重视追寻真理的过程、彼此尊重、重视敏锐的心思与严格的自我要求。

以友情的角度进行宗教对话会让每个宗教做出自我省察，反躬自省地去回顾自身的宗教源流。信仰者分属不同的宗教团体，如何维系彼此之间的关系？宗教本身给予外界的是什么样的形象？初期的基督信徒受到罗马人迫害，但罗马人看到基督信徒团聚在一起生活，忍不住说："看啊，他们多么相爱！"

宗教交流的友情让我们体会到世界一体的欲求，却也感受到差异的排斥力，合与分的差距虽然带来痛苦，但也带来丰饶。

## 真正的神开启生命的律法

灵修体验中体会到友情的重要，同时也是对抗"倒错的神"——许多心理学家与现代灵修学家都称神为"倒错的神"。所谓"倒错的神"，就是人们投注幻想与恐惧打造出来的神，取代了"真正的神"的形象。然而，圣若望写出下面的句子："在爱内没有恐惧，反之，圆满的爱把恐惧驱逐于外。"（若一4：18）

倒错的神象征着恐吓与威吓的绝对律法：在我们前进的路上设下禁止的陷阱，让我们跌倒、停滞不前。即使以爱的字眼包装，"倒错的神"往往从童年就阻碍我们前进，使得我们无法成为真正的人。真正的人虽脆弱却活泼，而且满怀信心与召唤人类的他者紧密结合在一起。耶稣与他人的论战，最精彩的部分并不是与非信徒或是信德不坚者的论战，而是与信徒的论战，那就是法利塞人，后者自以为可以控制上主的形象，把上主的律法解释为死亡的律法，而非生命的律法。

《马尔谷福音》里面记载着："安息日许行善呢，或作恶呢？许救命呢，或害命呢？"（谷3：4）这是耶稣所说的话。耶稣准备在安息日治疗一位病人，但是这一天却不准工作。"倒错的神"让我们无法生活，无法以朋友的方式与他一起生活。"倒错的神"的形象是令人生畏的审判官，使得我们也开始去评断他人。若要与"真正的神"结下友谊，我们就必须能够自由地畅言，表达并承认自己的弱点，也能肯定生命的力量继续在我们内心跃然律动。自由畅言的话语敞开我们封闭的心，冰释神被人误解的形象，也解构人类彼此之间的位次。如此开启的空间使得人与人、人与神成为朋友，这是进入生命的唯一路径。

## 神的本相就是关系

神召唤我们，希望人与人之间成为朋友，希望人与神成为朋友，这难道不是来自于他的真实本质吗？西方形而上学常常以"存在"或是"完满"来定义神，而许多东方形而上学论者则以"空"来谈论神的本质。实际上，这两个维度并存，正如阴中有阳、阳中有阴。当代哲学与神学使用关系的界域来联结"空"与"满"两个维度。神搭起关系的桥梁，他在全然接受的律动中全然给予。在基督宗教的教义中，我们可以从"圣三论"（三位一体）找到相关的概念。

圣父将一切给予圣子，圣子将一切回复圣父，圣神将圣父与圣子合而为一，让爱流转，爱让三者合一。公元2世纪时的神学家圣爱任纽（Saint Irénée）喜欢引用这样比喻："圣子与圣神就如同圣父的两只手。"我们也可以这样说，圣父、圣子与圣神的关系就是一个我、一个你与一个他合而为一。

人与人之间的友情在某方面已经道出了圣三的奥秘：我们虽与友人形同一体，但在沟通中各自保有差异，并向他人开放。友情将我们凝聚在一起，但也敞开我们的视域。圣三的律动就是神希望与人维系的关系。灵修的体验让我们学习全然接受、全然给予。我们很难做到全然接受，因为我们受到自己与他人出身的牵绊；我们也很难全然给予，因为我们总是希望挽留什么，作为自己存在的倚靠。当我们能够学习欣喜地接受、不眷恋地给予，我们就能走入生命的律动，了解神的本相就是关系。

人与神的友情，就像两个朋友一起沟通，欢喜地给予、接纳，没有任何保留，同时邀请其他友人走进同样生命的舞动。与神成为朋友，就是要学习去认识神的奥秘本性——人分享神的生命，神分享人的生命。

# 圣传中的圣人

圣方济·沙勿略是充满神迹的圣人。他从罗马出发，绕过非洲南端，经过莫桑比克，远赴印度、马六甲、锡兰与日本，足迹遍布亚洲。地理旅程的路线同样是心灵内在轨迹的航行。在其中，我们也可以看到一个"永远在行动"的沙勿略——他的身体永远在行动，知识和灵性的修养亦复如是。

圣方济·沙勿略（Francis Xavier）一出现，有个词语始终相随,就是探索底限。一个起初他一无所知的世界,他在接受派遣后,即倾尽全力朝向这个世界的底限探去。

他将必须一路前行直到路的尽头,跟随着不相一致的足迹、印记和故事。跟随着缥缈的泉源,跟随着留在草地上的记号。时而驻足山丘上,聆听呼啸风声所诵唱的圣诗,时而身处奥妙莫测的牌坊中。在海上一路前行,然后重新出发登上高山;走过人烟稠密的道路,也踏上无人知晓的小径。学着看星象,学习别人的语言,也学着安静不语。学习从万物得到指南,但却不要过于依赖。学着与自己的身体相处,使它得到新的学习。学着得热症,也学着休息。学着在夜色中找到灯塔,从他知道却不了解的事物中去重新发现。

长久以来,他那些不屈不挠的旅程及冒险故事,一直不断地挑动着西方人的想象。他生前寄给欧洲灵修同伴的书信,早已唤起无数人的想象与热情;即使到了今日,还是有人不时引用他的信件,将之视为奉献与自我牺牲的典范。

沙勿略死后第二年的2月,回返欧洲的船只准备起航时,人们发现沙勿略的遗体竟然栩栩如生,毫无腐化的迹象。他的遗体先被运到马六甲,然后再转往果阿(Goa)。到了果阿,遗体也还是完好无损。沙勿略于1622年3月12日封圣,与他同时封圣的还有依纳爵·罗耀拉、大德兰等人。1748年,他被封为"东方的守护者"。

## 圣传体裁独树一帜

在一般人的心目中,沙勿略的形象远较依纳爵普通:依纳爵是出了名的严厉与冷酷——虽然这其实是不公允的看法——但是沙勿略却能把亲切与温柔的态度,融入与人共同灵修的热情当中。

我们将以他的书信作为讨论的起点,因为这些书信是他生平事迹的基础材料。接下来，我将介绍沙勿略的传记，并且探讨他的形象在不同时空中所产生的变化。

所谓的"圣传"，焦点并不在于描述"圣迹"，而是将主角的生平故事放在不断演变的文化脉络中，并在其中重新建构圣人的生命意义。[①] 圣传又与纯粹的历史叙事有明显的不同：圣传的焦点在于提供宗教灵思和精神意义，而这精神意义的产生，并不仅来自叙事的过程，也来自于圣传作者从故事里汲取的各种模拟与灵思。因此最后我试图重新定义"圣传"此一文类在今日的功用与特色。

## 结合灵修与遭遇的书写风格

沙勿略在生前留下了大量的书信，这些书信可分为两类：一是写给某些特定的对象；另一类书信的读者群较广，书写的目的在于一般性的教导。沙勿略在世之时，已经有人大量阅读、抄写这些书信，并把它们翻译成拉丁文及其他语言。其中有一封写于1544年1月15日、由印度寄出的伟大书信被翻译成法文，旋即于1545年出版；同年，德文版随即问世。1596年，托尔塞利诺（Orazio Torsellino）出版了拉丁文版的沙勿略传记，书中收录了一部分的书信。17世纪，另有两本选集被翻译成拉丁文出版。到了18世纪，库蒂利亚斯（Francisco Cutillas）出版了西班牙文版本的书信集。1872年，科尔里奇（Henry James Coleridge）出版了两册书信集，题为《圣方济·沙勿略的生平与书信》。1894年，法国也出版了类似的书信集。

---

① "圣传"的风格是随着时代而不断发展演变的：在前现代（pre-modern）时期，圣人传记基本上是一种包含各种神奇故事的叙事文学；随着"波隆迪斯特"（the Bollandists）的成立，圣传发展成批判性的重构；现在则演变成对某一个圣人生平的阐述性记录，而且很明显地突出圣传的诠释方面。关于"波隆迪斯特"的简史，可参考以下网址：http://www.kbr.be/~socboll/

"书信"可说是关于沙勿略生平的文件中,最为核心的部分。这些书信诉说着一个杰出的人物,如何在几近孤立无援的状况下走出欧洲,独自探索新世界。这些信件激发了无数读者心中的惊异、热情及起而仿效的行动。这种文学类型所依赖的是叙事的力量,其目的在于唤起读者的意愿和想象。

在书写公开信函的时候,沙勿略很擅长于把灵修的意义融入他的遭遇之中。他深刻的灵修生活及渊博的神学知识,使他很自然地表现出这种写作风格。例如以下的这一段:

> 遭逢这些灾难的那一天,还有那一整晚,神欣然赐予我这一尊贵的恩典,让我在面对的时候,能够通过经验去感觉、去了解那些在我们心里产生的恐惧,那种残忍而可怕的恐惧……在这样的时刻,最好的解脱方法就是拿出极大的勇气去对抗,不要相信自己的任何力量,只管把自己最大的信心托付给神。①

## 16 世纪充满惊异的东方

值得一提的是,许多现代版本的《书信集》,使得今日圣传的面目与过去迥然不同:沙勿略的私人信件与那些公开书信一起出版,使他的形象更增添了精神及心理的维度。例如,在他的书信中,我们可以看到他对灵修同伴的要求是多么严格,一旦他觉得有哪一个人不称职,二话不说,马上就解除那人的职务。在现代许多

---

① 沙勿略 1549 年 11 月写给果阿弟兄的信。参见 *The Letters and Instructions of Francis Xavier*, translated and introduced by Joseph Costelloe, S. J., St Louis: The Institute of Jesuit Sources, 1992, p. 295.

圣传作家的运用之下,这些私人信件非但没有减损沙勿略的伟大,反而使他的个性呈现出复杂和焦虑的层次,无疑增添了沙勿略的个人风采。

在这些书信中,令人惊异的描述不在少数。在他笔下,每个民族、每个国家都各自有其独特的景象,但全都流露出一种异国的情调,我们很容易就能在这种风格中找到许多"东方主义式"(orientalism)想象的起点。再一次,我们看到沙勿略非常强调地理景观上的差异。若我们比较一下他对印度尼西亚岛屿的描述与后来寄自日本的信件,其差异判然可见:

> 这里有些岛,居民有相食的习惯。这通常发生在部族之间发动战争,有人战死的时候。但这并不是他们吃人的唯一时机。部族中一旦有人病了或死了,他们就会举行一个盛大的宴会,然后在盛会里把死者的手脚吃掉……有些岛上甚至有如此的习俗:如果有人的父亲已经很老了,老得可以被吃掉的话,他的邻居想要举行宴会的时候,就会来找他,请求把老父借给他。这位邻人会立下誓约:等他自己的父亲老了,而对方也想举行宴会的时候,他也会把自己的父亲送给对方……这里每一座岛都有他们自己的语言。其中有一座岛,岛上的每一个村落几乎都各有自己的语言。①

> 我们平安抵达日本,而且健康状况良好……这里的居民很友善地招待我们……日本的土地极为广大,主要是由许多岛屿构成。通行于在这片土地上的,只有一种语言,而且并不难理

---

① 沙勿略 1549 年 11 月写给果阿弟兄的信。参见 *The Letters and Instructions of Francis Xavier*, translated and introduced by Joseph Costelloe, S. J., St Louis: The Institute of Jesuit Sources, 1992, p. 142-143.

解。……日本人是我这辈子所见过的种族里，对自己的武器最具信心的民族。他们是技艺精良的弓箭手，虽然岛上有马，但是他们却习于步战。对待自己人，他们也是最讲究礼节的族群，但是他们的礼节并不用在陌生人身上，因为他们很看不起陌生人。他们把所有的钱都花在购买布料、武器和奴隶，家里不储藏任何贵重的东西。①

## 热情与寂寞的沙勿略

爱尔兰女作家凯特·奥布赖恩（Kate O'Brien），如此一针见血地点出了沙勿略书信的特质：

"沙勿略的书信既不言简意赅，也不抒情奔放，亦不特别富有机智。在他的书信里，我们看到的是一个严肃、忙碌、见闻丰富、友善、热情、热心助人的长者。在那些寄往家乡给依纳爵的书信里，则是满纸寂寞，满纸渴望……他所经历的寂寞想必是非常难以忍受的。在一封写给依纳爵的信中，沙勿略说：

> 自从我们搭船离开葡萄牙，至今已经四年了。在这期间，我只收到你的一封信，仅只一封而已……我相信你每一年都会写信给我，就像我一样，对此，我一点也没有疑问……

"一个生于 20 世纪而且缺乏耐心的现代人，可能很难接受这样

---

① 沙勿略 1549 年 11 月写给果阿弟兄的信。参见 *The Letters and Instructions of Francis Xavier*, translated and introduced by Joseph Costelloe, S. J., St Louis: The Institute of Jesuit Sources, 1992, p. 326-327.

的事：一个主导自己命运，而又是自己奉为精神导师的人，4 年中只写来了一封信。那种刻骨的寂寞，不是现代人可以想象和忍受的。在资源如此短少的境况下，或许只有萧伯纳（George Bernard Shaw）笔下的玛士撒拉（Methuselah）可能存活下去。不过，沙勿略到底还是死了，享年 46 岁。在 1545 年他寄自科钦的一封信中，末尾署名道：'您最微不足道和最为寂寞的弟兄。'

"每次写信到罗马、写信给依纳爵时，他总像个孩子一样地哀求——哀求他们把近况告诉他，哀求他们写信给他。他总是在抱怨他的寂寞。说到底，他也只是一个人，有着人的脆弱和无助，会向同伴寻求倚靠也是很自然的。虽然在他无所不管的领导策略之下，有时候他必须对他的事工严肃以待，并出言训斥，但在多数时候，他表现得极为细心体贴，在细节方面极其可能地周到。……有关他的众多神迹故事，也同样回荡着那自然流露的孩子气，那是他带给人类生命的甜蜜礼物。"①

## 神迹的创造与质疑

沙勿略死后，各种最初的见证文字的集结，成为引动后世传教热情的起点——尤其是那些关于他尸身久不腐朽的神奇故事。② 很快地，沙勿略行使奇迹的各种故事开始流传于世。1569 年，里瓦德内拉（Ribadeneira）为依纳爵写了第一部传记——《依纳爵的一生》（*Life of Ignatius*）。在书中，有一段文字提及沙勿略：

---

① 参见 http://www.cin.org/xavier1.html。
② 沙勿略的遗体如今安放在果阿。他死后 14 年，大家才开始看到尸身出现一些黯沉与腐化的迹象。

> 这是一个确切的事实：上主荣耀他（沙勿略），因而赐予恩宠和天赋，让他得以行使许多而且非常具有示范意义的神迹……他医治了各式各样的疑难杂症，把魔鬼从许多人的身上赶出去，让失明的人重新看见，让死去的人重新得到生命。①

1584年12月，特谢拉（Manuel Texeira）在果阿提出下列见解：

> 听说在该书第四册的第七章里，记载着我们的主借着方济的力量，让死者复活。他的德行是如此高尚，为人是如此圣洁，以至于我们无限美善、无限大能的主愿意通过他而行使各种奇迹。但是调查的结果显示：没有人可以确定神迹真的发生了，我们拥有的只是几份普通的报告。最明显的一个谣传是：我们的主在科摩林角通过圣人使一个死人复生。但是一经调查，却找不到任何亲眼目睹过这个神迹的人。②

## 圣人的模糊面目与神话解构

1580年，特谢拉在欧洲写了一本沙勿略的生平简史，到了1594年，此书成为罗马托尔塞利诺出版《沙勿略的一生》的主要材料。随着时日的推移，这份基本上相当可信的材料，因为其他材料的加入，变得一版比一版"丰富"，同时也一本比一本"模糊"

---

① James Bordrick, S. J., *Saint Francis Xavier*, New York: Image Books, 1957, p. 328.

② 同上注，第328—329页。

起来。在接下来的 3 个世纪，圣传的撰写基本上都依循着这样的路线。

沙勿略的经典传记包含了以下三部分：最初是由第一手的叙述资料、沙勿略自己所写的书信，加上第一代灵修友伴的档案资料所组成的批判性传记。这些传记在 20 世纪期间，一直不乏学者以各种可靠的史学研究方法，重新加以修订、重建。第二部分是关于他的各种奇迹与神妙故事。虽然这种圣人崇拜在 19 世纪末年逐渐消失，人们对沙勿略的兴趣并未减退。相反地，一旦"神话的"元素遭到瓦解，大家对沙勿略本人的兴趣反而重新活络起来。第三则是许多繁复而且一再重复的文献与圣像资料，以圣保禄为原型，把沙勿略塑造成印度的使徒。① 因为，依纳爵与沙勿略两人在许多方面与伯多禄（Peter）和保禄（Paul）这一对组合极为相似：沙勿略将教会思想传向全球，犹如保禄把福音传播到希腊和罗马世界。

## 传统圣传的特色

现今有些人一直在质疑，基督信仰的东扩与西方殖民主义的历史，此二者的关联可能会影响到沙勿略的正面形象。然而，我们看到这一类的质疑反而使人重新燃起对沙勿略的兴趣，因为它有助于突显沙勿略生平经历的复杂性和丰富性。

在进一步讨论之前，我必须指出，"传统的圣传"（traditional hagiography）至今仍有其独立的生命力。所谓的"传统的圣传"是指过去四个世纪以来，那些企图把沙勿略塑造成典范形象，使其

---

① 1955 年舒马赫梅尔提到，有关于沙勿略的条目超过了 3000 条，虽然当中与他生平历史相关的条目极少。

符合天主教传统代表人物的各种尝试。这样的尝试，通常并不特别注意圣人的内心挣扎或疑惑，事实上通常都略过不提。同时作者也无须根据社会或神学的前提来重新诠释圣人的生平，虽然这些前提与圣人本身所处的情况有显著的不同。

## 永远在行动的沙勿略

第二次世界大战之后，一本由莱昂-迪富尔（Xavier Léon-Dufour）撰写、出版于1953年的著作——《圣方济·沙勿略：使徒的灵性路线》（*Saint François Xavier, itinéraire mystique de l'Apôtre*），重新塑造了沙勿略的形象。这本书以沙勿略的书信为主要依据，探讨他的心理与灵性的发展历程。虽然书中的基调主要还是在于褒扬圣人，但是作者也深入沙勿略的心灵，呈现出一个层层叠叠的复杂世界。

更重要的是，作者把重点放在沙勿略心灵旅程中所经历的改变和发展。莱昂-迪富尔特别指出，在沙勿略的生命与思想中，"经验"所扮演的角色至为重要。天生对理论没有多大兴趣的沙勿略，引领他前进的是生命中的各种经历、冒险和旅程。沙勿略虽然没有在书信中系统性地阐明自己内在的转变，但细心的读者还是可以很轻易地从他的书信中，察觉到许多逐步发展成形的课题和关怀。在其中，我们也可以看到一个"永远在行动"的沙勿略——他的身体永远在行动，知识和灵性的修养亦复如是。

## 思想辩论的战场

在莱昂-迪富尔笔下，沙勿略是个深受强烈欲望驱使的人。在巴黎求学时，对文字的雄心壮志深深影响了沙勿略的人格养成。皈依之后，同样的内在驱动力把他导向其他的目标。对他而言，最大的挑战是开放自己，学习"信任"与"信心"。这是他书信的一贯主题。沙勿略不断地在学习：不再一味地信任自己的能力（虽然他一开始是个自信心很强的人），而是全心全意地信任神。

对于沙勿略在默想中所感受到的痛苦，莱昂-迪富尔有特别多的着墨。因为沙勿略的道路和方向，总要自己去寻找、自己去开发。并且，促使沙勿略作出最后抉择的因素，通常是很复杂的。就如日本一行，葡萄牙官方与商人的贪婪与暴力，当然是决定性的因素，但是这整个决定的过程也可以有另一种解读，即他内心对神的信任越来越深，远远超过所有人类的谋略。

同时，莱昂-迪富尔也展现了沙勿略在思想与人格上的"奥古斯丁"（Augustinian）特质。意即沙勿略对信心的坚持，若因时间的流逝而增强，那是因为沙勿略对人性和人类的命运感到悲观所致。人类的生活是一出悲剧，沙勿略自己也是其中的一员；在这出戏里，救赎的秘密仅能以一种最神秘、最矛盾的方式展现，而且也只有在人终于学会"在绝境中保持希望"（to hope against all hopes）的情况下，人才有可能获得这个秘密。

莱昂-迪富尔在文学和灵性方面的探讨，远远超越了所有样板式的呈现，帮助我们更深切了解沙勿略的人格。在这本风格新颖的著作里，作者没有依循传统惯例来描述圣人的风貌，使他符合各种既定的典范。相反地，作者极力呈现的是圣人的内在挣扎，并且探讨他在面对挣扎时，如何以一种不断演化的方式寻求解答。同样的，在描写圣人如何逐步地认同那死在十字架上的耶稣，作者也把这个过程放在沙勿略意识的密室里，进而展现他自我反思的能力，并呈现沙勿略在内心深处如何挑战自己对天主的信仰。

## 舞台上的沙勿略

不久，许多诠释沙勿略的其他作品便纷纷出现。例如，2002年在巴黎上演的一出舞台剧①就以沙勿略为主角，试图表现沙勿略那活生生的、充满魅力的人格特质。可惜的是，这出戏剧的语言风格隐然带着克洛岱尔（Paul Claudel）和佩吉（Charles Péguy）的格调，充满了怀旧之情。如果我们将它和莱昂-迪富尔的作品相较，实在让人忍不住怀疑这是一种知识上的退步。毕竟，在20世纪50年代左右，以详细的心理直觉为基础而写出来的灵性探索如果算是引人瞩目的话，时至今日，这样的作品就无法让人满意了——假如作者完全忽略了沙勿略种种冒险事迹背后的社会、政治与历史背景。

沙勿略生命中的挣扎，不仅仅是内心的挣扎，其与种种历史的矛盾现象息息相关，而且这些现象对他的影响远远超过个人性格的因素。换句话说，"东方主义"（orientalism）的问题——意即由新兴的帝国主义与东方社会文化所建构，并制度化之后的西方基督教思想——不能完全借由"内省的维度"（introspective dimension），即探索沙勿略的灵性及人格之间的复杂关系，而予以消解。

## 电影中的朝圣者

十余年前，台湾的光启社制作了一部影片：《追忆沙勿略》（*In the Footsteps of Francis Xavier*），由丁松筠（George Martinson）

---

① Fabrice Hadjadj, *A quoi sert de gagner le monde*:*Une vie de François Xavier*, Saint-Victoa-de-alonestel:Les Provinviales,2002,p. 115.

编剧与执导。影片中,沙勿略被塑造成一个把生命活出最大意义的人,是追随耶稣脚步的朝圣者,极力效法耶稣,忠于自己的梦想,不论是在生前或死后。片中的主角是个年轻的亚洲人,他追随沙勿略的足迹,踏遍了欧洲和亚洲的土地,学习当一个"朝圣者"(pilgrim),而不是一个"流浪人"(wanderer)。可想而知,沙勿略的容貌在这部影片中比较年轻,也比较像亚洲人;至于他的灵性追求方式,也很类似新生代年轻人的志向和希望。导演的表现重点不在于沙勿略的心理挣扎,而是他对教会和社会的影响力。

在许多方面,视听与电子产品,乃至现在十分流行的网络动画,往往比印刷品更有效,更能重新捕捉一种气氛,表达对某一特定人物的敬畏和仰慕之情。而且,它也更能动员人的理性与感情,由此得到新的深度和意义。说实话,作为一种文学类型的圣传研究,还有许多方面该向影像的领域学习,《追忆沙勿略》便是一例。它虽是一部描写圣人生平的作品,却能把观众也纳入考虑,同时还提供教学工具,鼓励观众与传记主角"竞争",而不仅止于"效法"。

同时,这部作品亦把年轻人的热情融入历史的距离感、内在的自由与批判式的觉醒之中。在这部影片里,沙勿略并没有被描绘成一个把某些行为准则强加于别人身上的"典范",相反的,他的生命历程被看成是一个例子,用以提醒年轻人:生命中有各种抉择、各种恐惧要面对;而如何选择、如何决定,完全掌握在他们自己的手上。

## 与他者的相遇与冲击

要我在这里毛遂自荐、讨论自己对圣传所作的研究,实在相当令人尴尬,但我还是必须承认自己写过关于沙勿略的文章。我决定把我所作过的尝试放进这篇文章,作为一种记录,看看在今日这个文化主张不断变异的世界里，圣人传记究竟有何进步或退步。由于要表现出一个表里合一、而又充满"另类"色彩的沙勿略是很困难的，在此我只能概括性地总结，我在那本书①里对沙勿略所作的"素描"。

与莱昂-迪富尔的观点相似，我的书并没有强调沙勿略所遇到的种种困难。相反地，我把重点放在那些因旅行而引起的各种挑战——对他的信仰和世界观的挑战。在阅读他的书信集时，我特别注意到那些出现在页与页之间的改变和矛盾，试图辨认出那些挑战的性质。在我看来，沙勿略并不善于用一种知性的、系统性的语言来表达他所经历过的转变，不论那些转变涉及的是他的神学知识或灵性修养。相反地，他总是在与"他者"互相接触的过程中，直接地"生活"在那种转变之中。他借由叙述一个不断进行的故事，来表达他所感受到的内在转变。

在与他者相遇的过程中，沙勿略在学习去欣赏各个不同且复杂的文化场景时，其灵魂和理智受到极大的冲击，而产生了改变。另外从他的书信里，我们可以欣赏到沙勿略内在的发展历程。

## 全球化的守护者

沙勿略其思想在历史上所具有的重要意义，就时间点来说，在沙勿略开始踏上旅途的时刻，西方世界也恰是在那时逐渐发现，人类的族群存在着既深且广的种种差异。虽然当时的西方世界仍然怀抱着一统全世界的梦想，企图让所有人都信奉同一宗教，置身于同一种科学与文化系统。

沙勿略以其惊人的速度与充沛的活力，完成了他的内心之旅，

---

① Benoît Vermander, *Le Dieu partagé: sur la route de François Xavier*, Paris: Supplément Vie Chrétienne, n. 478, 2002.

并且延烧到今日,发展成为有关"全球化"的论争。沙勿略虽然梦想着以基督之名结合全球的人,但是他的足迹却引导着他,让他一步步发现,原来各式各样的差异正是上主显现其身的空间。沙勿略亲身体验过的事物,其多样性的程度,恐怕在他之前无人曾经体验过。例如形形色色的人种、语言、信仰、文化、生活环境等等。起初,他认为这种令人疯狂的多样性是一种阻碍;慢慢地,他意识到这个极度多样、复杂的世界,恰恰正是天主在其中居住、工作的所在。"差异"正是沙勿略一直在背负的十字架,他为之而生,也为之而死。这个十字架,使他背负得极为痛苦,因为它和"人类合一"的愿景紧紧地联系在一起。

## 后现代世界的圣人传记

我不知道我笔下这位心不甘情不愿的"后现代沙勿略",究竟对读者有多大的说服力。无论如何,这是我仔细阅读沙勿略的书信、领略过他那奇异而恒久的现代性之后,所获得的成果。在阅读的过程中,我也感受到他的现代性与心理特性,也与历史情境有关,而这种历史情境,在21世纪的我们依然可以感受得到。沙勿略虽然不是一个社会分析家,但是他也能真切感受到,当他所怀抱的普世理想与其他文化的独特性相互撞击时,所产生的种种问题:"普世理想"会不会成为另一种帝国主义?或者我们应该试图改变基督信仰中的"普世理想",重新加以认识?这些论战至今仍未有结果。而沙勿略之所以伟大,在于他曾经在内心、在生命中,以一种充满了实验性,而且非常直接的方式,独自地面对了这场论战。

"圣传"的定义是一门学问,研究的对象是圣人及圣人崇拜。

与此有关的写作可分为两类：一是因应种种宗教需求而产生的写作，也许可以称之为"实用的圣传"；二是系统性地研究前述类别所产生的写作，或可统称为"批判的圣传"。①

在我看来，上述的分类显然缺少了第三种，即中介的类别，也就是与今日世界特别有关联的类别，也许可以称之为"诠释的圣传"（hermeneutic hagiography）。无可否认地，这个类别在某方面可能会与"实用的圣传"和"批判的圣传"重叠，犹如一个文本可能反映出多种的风格与关怀。在所有的时代，在各种不同的宗教传统中，或许一直都有人在从事所谓的"诠释的圣传"，只是冠上的称谓不同而已。所谓的"圣传诠释学"，我指的是对圣传作品进行批判性的阅读，并且特别注意那些叙述及颂扬圣人生平的文本策略，并观察其文本策略是如何与产生叙事环境的制度、精神与知识目的相呼应。

置身于"后现代世界"的我们，处于这样的矛盾情境：一方面，各种信条、教派与神圣的叙事都已遭到"解构"，传统的"圣传大业"亦遭到彻底的挑战；另一方面，由于再也找不到现成的、可资仿效的事例和楷模，人们对具有启示意义的人物与故事的需求，却是前所未有的急切。而一个"后教派世界"（post-denominational world），也使我们很轻易就能整合与重新诠释那些衍自传统圣传的故事。我所谓的"后教派世界"，并不是指教派本身已经处于消亡阶段。在典范人物需求量极大的"后教派市场"里，天主教的圣人与佛、道两教的智者自由竞争。而除了"后教派市场"外，传统圣传或以诠释为主力的圣人研究，还是占据着一大块的空间，并且试图在特定的宗派文本脉络下，重新塑造圣人的形象。

---

① 参见 http://www.newadvent.org/cathen/07106b.htm。

## 从大海走向人海

今日，各种宗教纷纷推出许多新的圣人模范，或者重新部署新的圣人"阵容"，希望信众可以得到新的启示或激起热情。由于阐述性的材料允许人们拥有更大的自由，可以任意从圣人的生平故事中汲取实际的教训，所以在某一特定的宗教里，与圣人相关的著作也朝向多样化的方向发展，因为这能提供给信众大量的模范人物，对他们的生活有益。

圣传诠释学假定"圣人"之所以与我们有所关联，不只是因为圣人的功德彪炳，也不只是因为他们具有重要的历史地位，而是因为构成他们生平的所有材料，正是与时间空间一起持续前进、演化的群体叙事。沙勿略就是这样的一个人。如同他生前总是因应不同的时空，持续不断地改变。关于他生平的实况，或许就隐藏在这些文本中所反映的各种意象之中。无论如何，它们呈现了沙勿略丰富多彩的一生，并且直至今日，仍有如一面明镜，映照着后世的我们，从中不断思索东方与西方、宗教与文化、人与造物主的相遇。

# 神在网络中吗？

即使神存在，我们也无从捉摸。他一直在走动、隐藏、消失。今日，神是不是隐藏在网络中呢？这个问题可能显得很奇怪。但是，网络所展现的魅力有时近乎神奇、神圣，甚至具有宗教性。对这种诱惑力进行思考，可以让我们了解自己与神。

## 跨越空间的界线迁移

历史在很大程度上是人类迁移的历史。这里我举出真实迁移和虚拟迁移的例子:前者如有人在家乡发展无途,不得不远走他方,对于他们来说,那种迁移有若切肤之痛;而今日,有人则在虚拟迁移的网络中发现,那是一种令人陶醉的玩意儿,可以让他们跨越空间的限制,与任何喜欢的人联系。有的人迁移是要到别地方去碰碰运气,有的人则是因为无法忍受日常生活的平庸。

时空的限制向来让人类感到头痛,也正是为了突破这种限制,人类渐渐地塑造出共同的命运。个人的生命轨迹虽然千差万别,但却掩盖不了一种事实——即这些迁移的过程,永远是一种虚拟性的发现:神存在的虚拟性会在人们意识到时,便转变为真实了。

## 潜在中蕴含着实现的力量

把虚拟的范畴与迁移的经验相提并论,可能会让人觉得好笑。例如某个卢旺达人为了逃避种族大屠杀而流落他乡,或者某个印度尼西亚人为将来考虑,想到别的地方去挣点钱,有的人则在网络中漫游,借网络的虚拟世界逃避现实,我们能把所有这些人的体验一概而论吗?从纯粹存在的角度来说,当然不能。然而此处我们要探讨一下,虚拟的范畴是如何改变了空间的概念,从而改变了迁移的概念;同时也探讨这个范畴如何衍生问题,使我们得以从全新的层面去思考历史核心中的神圣事物。

"虚拟"一词出现于 13 世纪。意大利神学家圣托马斯·阿奎那(Saint Thomas d'Aquin)说:"在原因中已经潜在地(虚拟地)包含后果。"但是这话并不能反过来说,不能说后果当中已经虚拟地包含原因。因此,"虚拟"和"现实"是对立的。莱布尼茨(Leibniz)也说过类似的话,他说,单子①明确地或者至少"潜在地"包含了所有的谓语②,例如布鲁图(Brutus)于3月15日所犯下的谋刺案,早已包含在恺撒的单子之中。柏格森(Bergson)另也提到,记忆"潜在地"包含了所有过去的事件,因此,过去也就潜在地存在于当下的现实中。

在这一个学派里,潜在明确意味着一种潜藏的可能,其本身蕴含着实现的力量,但是又没有真正地变为现实。在到达终点前几米仍然保持领先的跑者,是个"潜在的"胜利者,只有在他越过终点线之后,才算真正地取得胜利——在跑完最后几米之前,其他的运动员仍有可能超过他。以下我们来看看,在哲学上重新发现的"虚拟"概念,为什么在我们所关心的问题中显得核心而重要。

## 关于虚拟化的四项论题

### 大自然实现的过程

也许这项论题是唯一通过大自然的映照,而能立即被理解的。世界之所以存在,端系于其所蕴含的可能事物转变为现实。生命本身也牵系于虚拟不断过渡到现实的历程。如果虚拟永远止于虚拟,

---

① 莱布尼茨在所著的《单子论》(*Monadologie*)中提出:事物必有一个中心单子,然后有很多围绕这中心单子的单子构成宇宙。单子与单子之间没有交往,也就是说人们不能够站在感官世界去认识另一个感官世界,而应该通过中心单子。每个单子本身是独立的,所以每个单子也自形成一个小宇宙,每个小宇宙也是整个宇宙的影像。每个单子虽独立存在,但存在的根源在于中心单子,中心单子也是知识的源头。由《单子论》,莱布尼兹推出了他的神学。他认为只要世上有存在,就必须有最后的存在,即中心单子的存在,也就是神的存在。这神(中心单子)也预定了每个单子的目的。

② 谓语(prédicat),句法中说明主语的性质或状态的描写语,如"鸟飞"中的"飞"。

天下万物便不能生长和继续存在。种子必须死去，但种子的死是为了结出果实。

## 媒介使得实际存在的事物虚拟化

所谓虚拟，无疑地首先表现在影像和文字上。它们可以超越时空的限制，让作者"存在其中"，但是又不真实地出现。作者虚拟地存在于这些媒介所传达的讯息中，我们在接受这项讯息的时候，便"具现"了作者的存在。影像、文字、合约、数学符号、数字化等，我们稍加思考就会明白，所有人的运作，都是在世界中引入另一种虚拟化的行为。矛盾的是，这种虚拟化是由人的迁移所产生，因为：（一）迁移形成了人的流动，促成创新的普及；（二）虚拟化又使得上述迁移变得不那么必要。因为媒介使得实际存在的事物虚拟化，并不断强化其虚拟性，"人的流动"变得较不必要，但同时却大大地增加了"虚拟迁移"的稠密度。

现今，在图像数字化中，这种虚拟化达到了极限。图像以二进制的数码来加以编写，这是一种矛盾，因为传统上图像本来是表达感性、梦想和无法控制的事物，如今这种感受性与时空联系在一起。可以说，通过数字网络而分享图像，确立了所谓"具体的普遍性"；而通过这种途径，人类真正体验到合而为一的境界。

## 虚拟来自语言的运作

前面提到，图像均以二进制数码加以编写，这个决定性的跃进足以说明，虚拟化在本质上是语言的运作。在此之后引领人们进入虚拟世界的信息本身，被人们领会为一种话语，而这种话语是以逻辑结构（structure logique）进行处理的命题所建立起来的（所以才把处理的程序称之为 logiciels，即软件）。如此一来，计算机便使得索绪尔的共时性模式①普及化了，同时它也使语言的模式成为虚拟的基础。所有计算机产物的基础都不过是一种二进制的书写法而已。

## 虚拟化与全球化

以上论述在于说明，虚拟化和全球化其实应当被理解成一种同一的现象。基本上，这种超语言（un méta-langage）的发明既引导了虚拟化的运动，也引导了全球化的运动。我们可以合理地说，人类从一开始便在进行全球化的过程。一切迁移，一切领土与领土的接触，一切促成世界成为独一无二的完美体系的事物，都是一种全球化的程序。根据对这种现象的感知，在相当多样的时间进程中，我们可以赋予一些价值。

目前的信息通过管理的整合系统而加以处理，其中卫星、网络等等，组成了可见的通路。虚拟化是全球化得以产生效果的媒介和动力。反过来，全球化又是虚拟化得以继续发挥其特殊语言逻辑的路径。

## 对虚拟宗教的四项论题

然而，这个双重现象带有一种明显的宗教层面——应该说是带有多种宗教层面，以下我们就要来勾勒它们的轮廓。因为在我们观照人类历史时，在我们应当厘清的时代征兆中，我们应该省思，这些层面是否为神圣事物显现的途径之一。

---

① 索绪尔（Ferdinand de Saussure，1857—1913），瑞士语言学家，着重语言的共时性，而有别于19世纪对语言历时性的分析。共时性观点认为，某一时间点上的一种语言是自足的功能系统。

## 与人分享信念的愿望

由此，虚拟现实成为现实的一个重要部分，并有助于改变现实。既然我们生活中很大一部分时间都花在主要由网络所建构的虚拟环境中，那么这一环境便反过来决定了我们的社会关系和内心世界。当然，虚拟现实介入人们生活各方面的程度并不一样。有一点值得注意的是，虚拟现实渗入宗教世界的能力甚为惊人，以至于出现一种新现象，值得研究人员和信徒关注，那就是"虚拟宗教"。人们已经开始使用这个名词，但它所包含的现象却是多重而复杂的。因此，让我们先来看看"虚拟宗教"指的是什么。

我们先是观察到，宗教团体在网络或其他交互式的媒体上，是提供信息最积极的团体之一。宗教的重要文章在网络上都有提供；教会在许多网站上宣传信仰，举行礼拜；有的网站则批驳他们认为是危险的宗教团体，有时候其程度竟似在展开一场"真实的网络宗教战争"；台湾有一处宗教博物馆，利用交互式媒体介绍了各种不同的灵修传统……当然，在各种活动领域都可以发现类似的现象，但是，与人分享信念的愿望是建立网站最大的推动力之一，它超过了对经济效益的追求。当宗教团体加入网络后，这种愿望尤其强烈。因此，网络成了宗教宣传中特有的渠道，其作用远比报纸、广播或电视要来得快速而有效。在我脑海里，唯一能够与网络威力相提并论的，只有印刷术的发明，后者正是新教改革的媒介之一。那么，这种虚拟现实的蹿升势力，会不会促成另一次的宗教改革呢？

## 虚拟的宗教归属感

第二个层面是：虚拟宗教团体开始发展。一些教会在网络上举行礼拜仪式；有人指导的灵修退省也以同样的方式进行；虚拟的祭祀场所也设立了，并且弄得有模有样。以中国为例，由于坟墓占地太多不合时宜，如今到了清明节无墓可扫，就可以在计算机屏幕上为逝去的亲友点亮一支蜡烛。这种类型的团体非常符合一种社会趋势：既要参加团体的聚会，但又舍不得离开计算机屏幕；人们既想表露自己，同时又想保护自己；既想建立交谊，又不想丧失自己的独立性。这无疑是体验宗教归属感的一种新方式——但这仍然停留在追寻和肯定认同的层次。

## 虚拟现实承载着某种宗教讯息

在这第三个层面上，我们跨越了重要的一步：由于传播媒体从来不冷漠，它的内容不完全空洞，所以虚拟现实的管道本身似乎承载着某种宗教讯息，或者说，这种管道似乎有利于某种特定类型的内容的传播。在这方面，网络的使用属于一种连续现象，这种现象包括"新世纪"（New Age）学说逐步受到确认，"星球大战"传奇的成功，或交互式电子游戏越来越受到欢迎。这当中尤以电子游戏特别具有启发性，它极为完整地呈现出如下几方面特点：其过程超越了游戏本身，以获取某种近乎神圣之行动的价值；在其中，游戏者参照虚拟现实，重新定义自己的身份；这种虚拟现实变成了某种更高的、超验性的现实。对于入迷的游戏者来说，好像有个虚拟的神正通过虚拟现实在主宰一切。

## 虚拟化现象塑造"虚拟的神"

那么，我们能不能说，在虚拟化的结构里，或在这种话语中，出现了一位"虚拟的神"，从而超越了有神论和无神论之间的对立，也超越了各种宗教之间的界限呢？许多迹象确实会让人这么认为。一些耸动的说法不胜枚举，例如"网络就是上帝"等等。或者，从更加形式化的层次上看，传播网络本身就是以一位神的姿态呈现。现在已经不是斯宾诺莎所谓的"神即大自然"（Deus sive natura），而是"神就是网络"：人的技巧，人生产出来的东西如今已经达到自主化的程度，对这些东西的颂扬已取代了以往的泛神论。总而言之，神不再是伟大的钟表匠，而是钟表，因为他整合了本身所涵盖的宇宙时空。

## "网络神学"（cyberthéologie）的四项论题

上述的思考尚未真正超出宗教社会学的范围。我们可以把上面的所有分析综合起来，看一看对于神学家来说是否有意义。前文提出四项关于虚拟的论题，紧接着也提出了四项关于虚拟世界中宗教影响的论题。为了与此呼应，现在再提出四项论题，以大致勾勒出我们姑且称之的"网络神学论"。请读者原谅我使用了这么一个怪词，也请读者从这种方式中，以新的眼光看待正在周围所发生的现象。

### 虚拟化阐释"精神圈"的概念

德日进把"精神圈"（noosphère）看成是生物圈有思想的外壳。此一概念的提出，使他足以被看成世界化的先知，[①] 某些人也真的如此看待他。把精神圈说成是一种"虚拟的现实"（虽然如此，精神圈仍然是十分真实的。按照德勒兹［Gilles Deleuze］反复强调的说法，"虚拟的事物以其虚拟的面目而具有全然的真实性"），无疑使这一个概念有了新的适当性：在

---

① Bernard Sesé,"Pierre Teilhard de Chardin, prophète de la mondialisation?" *Études*, Vol. 396(avril 2002), pp. 483-494.

精神圈的概念中，虚拟化、数字化、全球化共同说明了人类起源的过程。

我们应该勇于确认，虚拟化本身就是解脱的过程，它是解脱时空和物质局限的过程。当然，虚拟化是中性的，只有依它所形成的内容才能决定其好与坏。尽管如此，虚拟化却切实地表达了德日进的见解。如他所表明，地球有一层思想面，它明确地通往一致性，它是一个"人类灵魂感受到的统一世界"①。我们只需按照两项原则修正一下德日进的看法：第一，要承认，在这个思想的层面上，要想分清良莠并非易事，精神圈里也闪烁着人类思想最为阴暗的产物，以其特有的方式在罪恶中反映一种团结；第二，要修正"一致化"的观念，以承认不一致的现实，承认不同，承认一致当中总是包含着差异。换句话说，思想界域的音乐也许是此起彼伏的，而不是像过去人们常常想象的那样，是由一系列长调谐音同时共鸣。

### 游戏层面在于面对生命的精神

前文分析的目的并不是要谴责或哀叹。显然，虚拟和互动的资源提供了可贵的援助，使人们得以了解各种宗教和各种社团的活动，使信徒之间能够相互尊重和讨论。在这一观点下，虚拟宗教的游戏层面不必然是误入歧途。何况，"游戏"始终是宗教活动中的一个重要成分，各种庆典、节日、游神祭祀都提醒我们这一点。神正是在游戏中创造世界的，并在创世的过程中感到快乐，这也是具有重大意义的神学真理。② 虚拟现实所开展的想象性资源其实创造

---

① Claude Cuénot, *Nouveau lexique Teilhard de Chardin*, Paris: Seuil, 1968, pp. 137-138.
② 《圣经·箴言》，第8章，第30—31节。

了一种语言，它就像所有语言一样，能够帮助我们探讨逻辑推理所不能完全表达的。

同时，我们应该要清楚分辨什么是"想象"，什么是"虚构"。"虚构"是指以精神活动取代可以感知的现实，以幻想取代现实。相反地，"想象"是以明确的现实为基础，去探索和丰富各种潜在的可能。如果虚拟现实"变成"宗教现实，那是相当危险的。因为正派的宗教并不是幻想的投射，也不是使人忘记日常现实艰苦的鸦片。恰好相反，真正的宗教是使人面对现实的一种方式，通过这种现实的引领，使人更深入其中的奥秘。或许人们会说，宗教到底有没有价值，那要看它能不能使人产生舒适感，若用这种方式恭维宗教，可说比任何形式的批评还要危险。

因此，信教的人不会让自己的信仰局限于虚拟的支配。恰恰相反，正是因为信仰能够让他们面对周遭世界的挑战，他们才能体认到，信仰的活力乃来自生命的精神，而不是生命的谎言。因此，他们不需要因此而谴责虚拟事物的出现，而是应该质问虚拟会把人们导向何处。现今，虚拟现实的运用仍只是技术性的，然而，虚拟应该达到艺术品的地位，即在互动中所建立的一种艺术。艺术并不是对现实的逃避，而是对现实的深入和内在化的表现。如果我们在建立虚拟现实时，有意识地使它成为一种"表达"，而不是替代记忆和想象深处升起的深沉愿望，那么虚拟现实就可以成为现代的大教堂，虚拟就不会跟现实对峙，而是成为一扇大门，引领我们进入比眼前的现实更加真实的境界。

## 天国的虚拟层面

当虚拟现实的出现启发我们思考，从而再度阅读《玛窦福音》

天国的寓言①时，我们吃惊地看到，以寓言方式所描绘的天国向我们述说的，正是一种虚拟的现实，是已经存在的与尚未存在的：那不仅仅是全然安排好的"可能事物"，而是一种创造，它是种子所蕴含的多种可能性之一的实现。天国虚拟地存在于我们当中，但是这一项发现启示我们作出的决定，才使天国真正出现在我们的世界中。

同样的，通过我们的全部现实，领圣体的仪式也暗示了耶稣存在的虚拟性。它完全显现了虚拟神圣的现实，及具现一种过程，促使耶稣的存在持续地变为现实。我们可以认为，对虚拟现实的思考，有益于所有圣事的现实性，因为这种现实永远处在最隐蔽和最明显、最真实和尚未发生之间的差距中。这一切都告诉我们，虚拟也许是神存在于世间的一种特别方式，而这种虚拟的存在不是别的，正是神连续不断的迁居。神永远不会在我们以为他会在的地方，神永远在我们所追寻不到的地方，永远在神的统治变为现实的运动当中。换句话说，正因神无所不在、无时不在、如影相随，所以我们才无法阻止他的迁移，无法抓住他。

## 启示的意义和虚拟的意义

全球化和虚拟化共同的运动，使我们看到或再一次读到了《若望默示录》的情景，这些情景部分地确定了我们的神学想象的结构。我们对星球的想象有很多内容都是来自于电子游戏、电影和故事，而这些东西的美学方法大都以数字技术为基础，故事情节通常都是世界末日，这两者之间的关联恐怕不是偶然的。这是因为，我

---

① "天国好像一粒芥子，人把它撒在自己的田里。它固然是各样种子里最小的，但当它长起来，却比各种蔬菜都大，竟成了树，甚至天上的飞鸟飞来，在它的枝上栖息。"《圣经·玛窦福音》，第13章，第31—32节。

们是通过想象来组合影像的,这些影像很确切地展现了世界末日的情景(尤其是种种怪兽)。迫在眉睫的世界末日告诉我们,虚拟的事物永远是即将实现的事物。种种因素无不齐备,所有的形象都组合在了一起,时间和空间即将被超越。而且同时,对于充满信心地等待天国的人来说,神有着至高无上的自由来表现(来实现)神圣的正义。天国既有启示的意义,又有虚拟的意义。"启示"和"虚拟"的意义在这里是一致的,因为天国时时刻刻准备显现,但我们谁也说不清什么时候虚拟会变为现实。于是,有关世界末日的体裁变成了一个"地址"(好比网络中的网站),其时间和空间摆脱了我们的控制,但又都虚拟地存在着。虽然人们承认其时空最终是无法控制的(是技术的控制所无法企及的),但这一"地址"是自由的空间,具有创造性,它是组成全球化系列交响曲的文化交会时,一处创造未来的空间。

## 迁居和存在:一幅合成的影像

### 人与神在迁移中相遇

其实我们的行程并不像表面上看来那么随意。当人们在大沙漠里往返穿行、奔波于迁移的行程时,沙漠里走的人多了,也就有了路。我们开始时说,神永远是在人们逃难、迁居、背井离乡的过程中才为人所知的。也是在这些迁移的路上,我们注意到人类的历史活动。人们正是通过是这一活动,终于意识到自己是统一的,是全球性的实体。我们还看到,在流放中被人认识的神和在迁居中形成的人类之间的相遇,不断地因传教的形象而实现。

在此之后,我们继续赶路,走向不期而遇的虚拟。虚拟作为技术和哲学上可以操作的概念，以其特有的方式述说着对空间限制的超越，于是虚拟化似乎成了人类最初的行程和最初的创造中的一项任务。在新的迁居过程中，也可以说是在技术的迁居过程中，我们找出神是通过哪些途径再一次对我们说，天国在我们当中是可以认识的，是可以体验的。换句话说，我们迁居的故事变了，要认识捉摸不定的神，线索也跟着变了。

即使尔后，我们的空间和时间同样被这种"科技性的迁移"涵盖在内——而且我也注意到"科技性迁移"的某些突破——我们仍必须回头看看那些继续在历史和空间中踏出足迹的、活生生的迁移。今日所发生的迁移无疑是世界末日迫在眉睫的迹象，却又无法确定这一天究竟何时会来临。它之所以告诉我们世界末日迫在眉睫，是因为它在这个世界上打开了一道缺口。在这个世界上，人们虽然主宰着技术，却根本主宰不了自己的命运，主宰不了集体的冒险，也主宰不了人性化的作为。这种作为永远处在危机当中，时时刻刻会一败涂地。当代历史上时时发生的迁移，使我们无法确定世界末日究竟会在何时发生，因为，迁居开辟了历史，重新划定了边界，把起作用的虚拟限定在技术领域，使人们无法宣布"历史的终结"。迁居证明历史在继续，而且神也不断地在历史的过程中显示自己的存在。矛盾的是，虽然迁移是迫不得已的，但迁移也显示了神有着永恒的耐性，显示着最危急、最严重的时刻，也是机会就要来临的时刻。

## 《默示录》的大海

迁移显现了历史的结构形态：人们由于饥饿而迁移，文化和宗教的交会导致了冲突，与贫穷的农村相比，富裕的城市中心的吸引力也造成了人口的迁移，而且人口的每次迁移都会造成社会、经济和文化板块之间的摩擦、疏远、接近，一些爆炸点会释放出蕴含的火焰，以后这些火焰又会变成炽热的岩浆，在星球的火山坡上奔流而下。但是人口只能在有限的、而且是全球化了的世界内部进行迁移，也就是说，在世界上的任何一点发生的任何活动，都会相应地在其他的地方产生影响。因此，人口的迁移会比过去更加确定地改变历史的面貌，不仅会产生更多实际的效果，也会产生很多观念上的效果。于是，人口的迁移导致了我们所称的观念构造：各种文化在互相摩擦，各种宗教在产生交会，各种生活方式在发生冲突，各种经济制度在交互作用，冲突的危险变为现实，或者产生新的谈判和交流的基础。于是，虚拟的迁移和实际的迁移共同勾勒出正在形成的世界地图；在这个世界上，经济和思想的大陆仍然会与正在形成中的板块相抵触；在这个世界上，背井离乡和被迫迁居的人群，仍然是神最有可能显示圣迹的地方。

全球化的数字渠道和血肉之躯的人们迁移的痛苦之路一样，最终会给我们带来同样的教训：处在不断形成中的宇宙，其主体和边界也永远处在变动中；而且，神不可能只是成为具有某种身份的人，神只会在上述变动导致的断裂带上显现自己。神向世人披露的，是存在于现世的潜在性，同时又完完全全地保留着未来的各种可能性。历史上发生的一次又一次人口大迁移重合在一起，组成了一幅如合成影像般的画面：一片空间和时间的大海，神就在这海中经过并发挥着作用，但是谁也看不到神的足迹，[①] 这片大海展现和掩饰着后浪推前浪般的人口迁移中所出现的奇迹。当大海不再掩饰什么的时候，当海水退去，露出水下的一具具尸体的时候，迁移之

---

[①] "你的道路虽然经过海底，你的途径虽然穿越大水，却没有显露出你的足迹。"《圣经·圣咏集》，第77章，第20节。（《圣咏集》作者此处指的是神，他提起希伯来人渡过红海的情景，对于神奥秘的圣迹感到惊叹。）

舟将靠上一片沐浴着圣恩的新天地，流放的人们将在那里因与神同在而感到愕然。①

# 高歇的"宗教退出"说与中国宗教

> 宗教与政治的互动受到时代与文化的塑造与变迁，探索起来远远超越史学的范畴。本文奠基于法国哲学家马塞尔·高歇②的言论，以批判的方式重新诠释他的思想，用于透析中国历史上政治与宗教中正式形成社会纽带的构成要素。通过这样的视角，笔者推展高歇的"宗教退出"说与中国宗教格局重构的哲学思考。

本文参与的辩论是数十年来哲学家、人类学家和历史学家不断

---

① "海洋把其中的死者交出，死亡和阴府都把其中的死者交出，人人都按照自己的行为受了审判。随后，我看见了一个新天新地，因为先前的天与先前的地已不见了，海也没有了。我看见那新耶路撒冷圣城，从天上由天主那里降下，就如一位装饰好迎接自己丈夫的新娘。我听见由宝座那里有一巨大声音说：'这就是天主与人同在的帐幕，他要同他们住在一起；他们要作他的人民，他亲自要"与他们同在"，作他们的天主；他要拭去他们眼上的一切泪痕；以后再也没有死亡，再也没有悲伤，没有哀号，没有苦楚，因为先前的都已过去了。'"《圣经·若望默示录》，第20章，第13—14节；第21章，第1—4节。

② 马塞尔·高歇（Marcel Gauchet），1946年出生，法国社会科学高等学院（EHESS）研究员，法国思想性杂志 *Le Débat*（《争鸣》）主编。其主要论著有：*Le désenchantement du monde：Une histoire politique de la religion*（《世界的除魅：宗教的政治性历史》），Paris：Gallimard，1985；*La religion dans la démocratie：Parcours de la laïcité*（《民主中的宗教：政教分离的历程》），Paris：Gallimard，1998；*La condition politique*（《政治性的境况》），Paris：Gallimard，2005。需要注意的是，本文的目的不在于从总体上介绍高歇的思想。我们仅引用其最有代表性的观点，目的在于考察它们是否能够有助于理解中国宗教的特性与发展。

对话中所肩负的任务：是否有可能在不舍弃"宗教"原本内涵的前提下（意即长久以来为人所承认的文化与其概念涵盖的界限）重新予以定位，以不同的角度构思宗教与"政治"的关系，以历史哲学的视角重新省思"宗教"与"政治"两者之间的联结观？为了达成这般高度的任务必须厘清众多背后隐藏的问题，我们在此引用法国哲学家马塞尔·高歇的论述——尤其是他的代表著作《世界的除魅：宗教的政治性历史》（1985）及其他与此主题相关的著作。尽管高歇的思想给予世人诸多振奋的启发，但若用于解释并研究中国宗教历史发展，可以为之带来补充与修正。中国宗教发展不只是一个经验的课题，从历史哲学出发的研究方法可为中国宗教发展之重大研究领域带来新的理解与启示。

## 一、宗教研究的若干方法

研究一个特定社会里的宗教和宗教现象，至少有四种方法。第一种是人类学方法，研究对象是一般等同为"宗教的"组织与活动：公开的宗教团体，从外部被定义为宗教或类宗教的运动，以及与前两者组织的仪式类似、但又无法归属于某种结构明确的文化团体的仪式……这种方法便于提供一个有关宗教结构和宗教活动的"一览表"，并在研究个案的过程中详细分析某一种编入表中的现象。

第二种方法试图在社会形式和社会活动的总体范围内划出"宗教领域"和"宗教现象"，并研究其规律与发展。这既涉及描述宗教现象的内在力量，又涉及挖掘宗教现象与参照群体的社会、经济、政治逻辑之间千丝万缕的关系。研究者往往把总体描述模式与解释模式（市场逻辑、沟通模式或社会化模式、公民社会典型）运用到宗教现象上，从而利用社会理解机制去解释宗教现象。

第三种方法是，在尊重宗教本身的历史、文化和灵修构成之上重建宗教（同时不因此而忽略宗教的社会根基）：无论这些宗教的制度化程度如何，研究者将宗教表达置于文化模式之中，或者超越教派或教义的界限，以精神价值和灵修体验来划分宗教表达形式。

第四种方法即本文采用的方法：通过打破乃至取消原有的宗教界定来研究宗教。这种方法不在特定社会里分出某个宗教领域，而是把通常被称为"宗教"的活动置于社会或记忆的模式中，从而以另一种方式定位和理解"宗教"行为者的言说和行为。这种类型的研究致力于从总体上把握一个群体的历史叙事，拒绝区分哪些行为或行为主体是"宗教的"，哪些则不是。由此，取消或重新定义宗教界限可以成为某种历史哲学研究手段的基础。在我们看来，这一研究手段能够同时思考宗教复苏和宗教退出，而这两点恰恰反映了当代中国宗教的矛盾现状。

## 二、国家、社会、宗教

法国人类学家皮埃尔·克拉斯特（Pierre Clastres）曾大胆提出两种对立社会："无国家社会"和"有国家社会"，并提出一种假设，即"无国家社会"在某种意义上"竭力"阻止国家的出现：

> 原始社会是没有国家的社会，因为国家不可能存在……酋邦制的空间不是权力的所在……要认识到的是，这是一个没有权力的首领，酋长制不含有政治制度的本质即权力。酋长的根本任务是消解个人、家庭、家族等之间的可能冲突。他仅仅能够依靠社会给予他的威望重建秩序、协调关系。然而威望当然

不代表权力，而酋长完成其作为调解人的使命，其手段也仅限于语言。①

"无国家社会"不承认其自身以外的权力，这种社会认定，每个成员的地位即是其作为社会一员所具有的地位，不多也不少。这种社会自行生发出一整套规则和仪式，以定义个体间的关系和群体的凝聚力，无须借助从群体中分离出来的权力。

我们可以把分布于青藏高原上的许多藏缅语族的群落视为"无国家社会"② 加以研究。当然，以彝语族群为例，它们与克拉斯特所说的印度社会并不一致。不过有许多特点让人想到克拉斯特的分析：维持生计的经济，伴随着对劳动的轻视和对劳动时间的限制；能言善辩的才能是族群选择其居间人的首要条件——这一职位的设置出于保证群体凝聚力的目的，而居间调停人正如克拉斯特所说的印度酋长一样，并不通过这一职能获取任何"政治权力"。关键在于，权力与族群结构不可两相分离：政治权力所在地，就是氏族本身；通过长者在氏族内部以及不同氏族之间进行调解，就是权力的执行模式。

还有几点与这种相似性相悖，比如土司官制由古代中国朝廷派定，不过，诸多史料可以证明传统氏族对该种首领制的抗拒。我们可以联系克拉斯特所提到的现象：

> 在这些社会里，无疑在相当长时间以来，不容置疑地存在着某种首领制的建制进程，其中首领的政治权力并不容忽视……杜

---

① Pierre Clastres, *La société contre l'État*（《无国家社会》），Paris: Les Éditions de Minuit, 1974, pp. 174-176.

② 关于这个问题，参见魏明德：《从羊圈小村到地球村——凉山彝族的生活与传说》，成都：四川民族出版社，2008年。

比瓜拉尼人原本有可能产生国家，但这种可能之所以没有实现，并非是由于西方人的到来而骤然终止，而是社会内部的警觉使然。这是原始社会的惊觉与抗争，矛头指向首领制，即便不是明确反抗，至少从后果来看，也是对首领权的破坏。①

不过，长久以来，中国西部的彝语各族以及其他一些藏缅语族的群落面对着最为完善的一种国家形式，也就是古代中国帝制。有些族群（或联盟社群）参与了两个王国（因而也就是两种国家形式）的建立：南诏国和大理国（随蒙古人入侵而亡）。值得注意的是，至少在凉山（四川西南）边界，彝人曾抵抗汉人的军事政治压力，拒绝复制某种可能被认为更高级的政治组织形式，也就是建立国家，而相反巩固氏族及集体商议的机制，以这种机制与国家机制对立抗衡。而他们那强大的西藏邻居亦建立了一整套国家制度，这就使彝人对国家的抗拒更为突出。由此，我们可以比克拉斯特更进一步，提出无国家社会（société contre l'Etat）的存在，即（在本文所设定的语义范畴之内）一个社会完全了解国家形式的存在，却通过巩固自身逻辑与这种形式抗衡。

相比之下，在国家成型的社会里已然实现了政治——国家领域与宗教领域的区分（刚刚提到的社会里并没有出现这样的区分）。这是法国哲学家马塞尔·高歇自1985年的《世界的除魅》（Le désenchantement du monde）以来所探讨的论题。② 这里不可能

---

① Pierre Clastres, La société contre l'État, pp. 182-183.
② 高歇的"除魅"之说显然是对马克斯·韦伯（Max Weber）的袭用。在此，我们并不讨论韦伯和高歇对于"除魅"和"世俗化"（sécularisation，高歇基本不用该词）的不同使用，我们仅强调最为关键的一点：韦伯所描述的是一种社会现象，而高歇所揭示的则是一种哲学与神学的进程；后者更为关心的是，从宗教自身的内部逻辑出发，"宗教退出"（sortie de la religion）如何得以实现。

谈论有关这一论题的全部先决条件和内涵。不过,追述其主要阐述内容能帮助我们对中国的宗教构成形成新的认知:如果说,我们把宗教一词理解为人类社群把自身的存在寄托于外在于自身的根基,而与这个根基的沟通除了仪式和巫术以外别无他法(或如高歇所言,这是一种"没有根基的人类与自身的关系"①),那么政治的产生(只要它未遭"无国家社会"的抵斥)就会一步步地分离和限定宗教领域,与此同时社会与自身之间设立起一整套的居间运作方式。② 随着国家的出现,"宗教在群体空间里有了外在而物质的表达"。③ 后来,随着现代国家("自我定义的国家")的生成,"政治从宗教中脱离出来,明晰可辨,从此因自身而存在,为自身而存在"。④

政治从宗教中的脱出,即原本作为社会外在神圣根基的宗教从社会运作中的退出。从这一观点来看,"宗教退出(sortie de la religion)的革命"就是社会"自觉承担政治性的境况(condition politique)"⑤ 的革命。换个说法,"宗教退出"对应了这样一种社群的处境:它认为自身有能力决定自己的存在方式和命运,其途径是采用政治讨论规则所指定的居间运作方式,无须任何外在的神圣参照系。于是社会从原来的"宗教性的境况"转变为"政治性的境况"。

在中国,"政治性的境况"的出现并不依循西方的途径与历史

---

① Marcel Gauchet, *La condition politique*, Paris: Gallimard, 2005, p. 14.
② Maurice Godelier 用一种与高歇迥异的风格,在短短几页中简明有效地论证了社会机制的政教合一的基础,以及某些社会中这两个领域的逐渐分化。参见 *Au fondement des sociétés humaines: ce que nous apprend l'anthropologie*, Paris: Albin Michel, 2007, pp. 193-220.
③ Marcel Gauchet, *La condition politique*, p. 17.
④ 同上注, p. 19。
⑤ 同上注, p. 20。

轨迹。"政治性的境况"在中国的生发——即便这只是一种假设——从理论上必然引起宗教朝向"专门化"的转变,最终丧失其作为社会基础的功效。如果说国家在中国的早熟致使宗教功能的社会表现很早就服从中国特有的政治形式,后者在很长时期内仍保留了作为社会整体的神圣基础的功能。宗教的"专门化",以及宗教被定义为诸多社会功能中的一类(最早在19世纪末20世纪初),是一连串历史进程的结果:西汉衰亡时期形成的具有宗教结构的道、佛二教,接下来几个世纪里渐次生成的"邪教"所导致的传统族群关系的断裂,12世纪以来的儒学复兴,18世纪的礼仪之争(就有关孔子崇拜与祖先崇拜的世俗仪式或宗教仪式引发的争论),①反教权主义斗争……这些历史事件可以连在一起来理解:在悠长的历史中,中国经历了宗教领域的逐步构成,这一领域与其他社会领域形成区分。中国宗教是一个处于不断演变、定义和独立化的历史客体,不仅如此,中国宗教的结构解体也在今天促使其自身直接对质"宗教退出"这个问题,以及该问题在各个方面的表达。

换个说法:在悠长的中国历史中,国家一直在调动其宗教资源并不断对其作出新的表述,从而建立并稳固社会为自身建立的形象,以及国家对社会的控制方式。这一现象并不妨碍我们纵观历史,看到由于独立的宗教形式的出现与中国本土思想论争的发生,政教之间的密切关系逐渐削弱,而这个关系原本是社会的神圣基础。与其他背景的社会相似,中国在政教关系的削弱中也走向了"宗教退出"的时代,亦即"政治性的境况"的时代。这个进程远远还没有终结,也许永无终结之日。以上逻辑的认识可以使我们避

---

① 礼仪之争常常被理解为中国天主教史的内部危机。历史学者李天纲指出,这也是当时中国文人内部的争论。参见李天纲,《跨文化的诠释:经学与神学的相遇》,北京:新星出版社,2007年,第209页以下。

免对中国宗教发展产生这样一种误解：中国宗教由于外在力量的介入而突然发生断裂，这一时间是近60年、100年或150年。

## 三、中国宗教变迁的新解读

如此一番审视之后，我们不妨对中国宗教的漫长历史及其与政治的关系作一粗略概览。① 殷墟考古发现，商后期（约公元前1250—1050）的祭祀坑与陪葬墓②数以千计。西周墓葬考古则表明，这一时期的殉人之风已经大减。到了西汉时代，人祭现象已基本消失，然而为天地及地方鬼神设置的牲祭则方兴未艾。据统计，汉哀帝时期（公元前7—前1）的祭祀场所有七百余处，一年间的祭祀场次达37000之多。③ 正是在这一祭祀风气泛滥横行的背景下，道、佛二教作为"反祭祀"的宗教，随着西汉的衰落而萌发。按照安娜·塞德尔（Anna Seidel）的总结，"新兴宗教的法师在沟通神人之时，不是使用祭祀礼仪……而是求助于疏文，即一种受制于各种文牍规范的文函"；例如祈求消灾祛病，便需向相应神明上呈忏文与祈请文。④ 通过其他途径，佛教对新兴的反祭祀宗教形式的发展亦有贡献。但这种新的宗教形式同时遭受两方势力的抵抗：一方是充斥着形形色色的巫师术士的民间信仰，一方是以确立国家地位的

---

① 本文所作的历史纵观主要得益于两部著作：John Lagerwey, *China: A Religious State*, Hong-Kong: Hong Kong University Press, 2010; John Lagerwey (dir.), *Religion et société en Chine ancienne et médiévale*, Paris: Cerf, 2009.

② 祭祀坑中有战俘及其他牺牲品的残骸，与动物残骸相差无几；陪葬墓中有主墓的"看守"。

③ Marianne Bujard, "Cultes d'État et cultes locaux dans la religion des Han," John Lagerwey (dir.), *China: A Religious State*, p. 319.

④ Anna Seidel, "Taoïsme: religion non-officielle de la Chine," *Cahiers d'Extrême-Asie*, Vol. 8, 1995, p. 16.

合理性为目的的儒家祭祀礼仪。"分裂时代"(220—589)的宗教特征是:佛、道二教兴起,与儒教形成对抗;同时,"三教"力量联合,矛头共指萨满教。此一时期,国家势力式微,宗教与政治之间产生了某种"脱节"可能。340年,庾冰提出"沙门致敬王者",从而引发一场激烈论战,正是宗教与政治势力冲突的明证。隋唐年间,以儒家传统礼制为根本的统治政权,在经历过南北分裂的历史阶段之后,逐渐摸索出一种新的以"三教"为基础的"政教国家"(État-Église)[①]。然而,在实践层面,尽管道教与佛教在隋唐期间大有发展,在作为王朝根基的儒教的祭天场合,以及某些获得允许的地方神明祭祀场合,牲祭仪式依然受到沿用。朝廷扶持道观寺庙,不惜在这上面大量投资,以换取宗教服务。但是王朝的宗教依旧是传统儒教。换言之,自秦以后,中国朝廷的宗教先是建立在儒教和地方信仰的不稳定结合之上;经过南北朝,地方信仰被道教与佛教的二元模式取代,同时儒教的中枢作用仍稳定不变;自宋开始,地方信仰重被纳入联盟,尤其是通过对所谓"民间"道教的吸收,但凡此种种都必经过新儒学正统的过滤。

自这个历史模式生发出一个问题,即具有反牲祭特征并提出末世论教义的"原始道教"的历史演变。该问题的重要性尤其在于,唐、宋、明三个纯属"中国"的朝代期间,道教在政治合法性的确立上扮演了重要角色。王朝根基重建并巩固之后,处于政权边缘的道教教会如何竟赋予其政教凝聚的力量?爱德华·戴维斯(Edward Davis)在其研究中提出,道教与地方信仰的"创造性对抗"导致了法师巫觋这一通灵中介阶层的产生。更确切地说,"道佛法事,其中心都有受神灵感应的中间媒介,这很可能正是佛、道

---

[①] 参见 John Lagerwey, *China: A Religious State*; Benoît Vermander, "La Chine, État-Église? Autour d'un livre de John Lagerwey", *Études Chinoises*, Vol. 29, 2010, pp. 181-205.

二教与民间信仰竞争时互相效仿的原因和结果"。① 丁荷生（Kenneth Dean）则就道教的演变提出另一种假设：他在道教传统中发现，民间巫术宗教发展到一定程度，为了获得国家认可，经文成为仪式的需要，而道教恰可为之提供。② 有可能的是，道教教会的分化出现得比文献记载更早，有可能在唐末佛教密宗进入朝廷之前，它就与牲祭与法事并存。此外，几乎从它的出现开始，道教的发展就包括两面：一为外在发展，民间化、仪式化、戏剧化，重在向群体提供服务；一为内在发展，精英化，重在个人修炼。当然，道教一般宣称，内修程度越高，群体仪式上发挥的作用就越大。

故而，道教在政治合法性的巩固上能够起到作用，很可能基于下述原因：一方面，它借由法术文字授予权力，从而建立起王朝的"圈"形象征结构；另一方面，它帮助在王朝圈的内部纳入由地方信仰构成的各级地方圈，以灵活多样的方式把后者吸收到一个"大文字"体系当中。道教于是成为连接国家宗教与地方宗教的"契约关系"的纽带。它并非唯一的纽带，在佛教植根中国的过程中，我们也可以观察到与道教作用类似的现象。道、佛二教在"国家—宗教"一体的天朝建设中都起到作用，直到儒家正统再度崛起，重新定义这一政治层面与象征层面并存的结构的地方表达。

洪武年间的一份诏书也许是"国家-宗教"一体的天朝最完善的宗教表达。诏书规定，每个"里"都设一社坛，每个郡县都设一城隍庙。我们今天所见的道教仪式中的神明等级还是明太祖时代固

---

① Edward Davis, *Society and the Supernatural in Song China*, Honolulu: University of Hawai'i Press, 2001, p. 199.

② Kenneth Dean, *Taoist Ritual and Popular Cults of Southeast China*, Princeton, NJ: Princeton University Press, 1993.

定下来的，此种做法使土地划分与宗教秩序相重合。然而，明朝在1521年至1524年的"大礼议"之争与1536年夏言上疏①之后，有嘉靖诏书规定广建祖庙，明太祖规定下来的"理想"秩序，是否因此而遭到破坏？无论如何，道教的宇宙观与天朝疆土的政治描述最终合二为一：明朝末年，从道教的文书典籍与宗教仪式里，某些小说与叙事汲取了主题旋律与叙述架构，构建出中国的"圣史"，通过这类历史，中国实现了某种"想象的群体（imagined community）"②的自我描绘。

作了此番历史回顾之后，我们再回到原先的主题，考察基督宗教与中国宗教分别如何对各自与政治的关系作出定义，并不断发展。

## 四、基督宗教与中国宗教

马塞尔·高歇把"宗教退出"视为人类历史进程中的结构性运动。他的命题分为两部分：第一，人类最初作出"宗教的选择"，在此基础上，政治功能逐渐形成，使宗教的社会功能"专门化"，继而完全消退；第二，这一过程由于基督宗教的到来而被理论化并加速，基督宗教正是"'宗教退出'之宗教"。当然，与许多历史哲学的命题一样，这一命题也不乏模棱两可之处：这里所描述的运动既可以理解为必然的，也可以理解为偶然的。我们可以说，"政治

---

① 明嘉靖十五年（1536），礼部尚书夏言上《令臣民得祭始祖立家庙疏》，"乞召天下臣工立家庙"。参见科大卫（David Faure）：《祠堂与家庙——从宋末到明中叶宗族礼仪的演变》，《历史人类学学刊》第1卷第2期，2003年，第1—20页。

② "想象的群体"（imagined community）这一表达直接来自于 Benedict Anderson 于1983年出版的以此命名的著作。关于道教仪式与明末"民族文学"之间的联系，参见 Mark Meulenbeld, "Civilized Demons: Ming Thunder Gods from Ritual to Literature", Ph. D. dissertation, Princeton University, 2007.

性的境况"从最初的国家形成初期的潜在状态到最终实现这一过程中,不可能不出现基督宗教;反过来,我们也可以强调基督宗教作为一种特殊形式的宗教,其出现背景含有诸种因素,其中不乏偶然。

不过,此处我们对高歇命题的讨论并不停留在这一点上。我们想重述高歇就基督宗教何以成为实现"宗教退出"的宗教这一问题所作的论述,并在此基础上提出这样的问题:这一历史使命是否只能由基督宗教完成。正是在这个问题上,关于中国宗教的思考尤其能提供更多的思路。从上文中有关儒教的简短分析中,我们已经可以在某种程度上看到这一点。

从历史角度看,在一神教产生以前,先有国家的产生:随着国家的生成,政治形式调适神圣理念。众所周知,中国的国家构成十分早熟,而宗教功能一方面被专门化,一方面也为国家的确立提供支援。与此同时,中国民间宗教在悠长历史中保持的"分散性"特征也反映出国家结构的局限:宗教活动的分散、流动和遍布,表明社会对具有等级特征的权力运作的抵抗。在这个意义上,我们可以理解葛兰言(Marcel Granet)提出的著名论断,即在中国,宗教不能与其他社会功能分离。①

直到这里,我们还可以顺着高歇的思路,观察到中国与西方历史发展之间的某种平行。然而,随着基督宗教一神教的形成,随着它带来的上帝的绝对超验理念,以及通过道成肉身教义传达的面对人间生活的同样绝对严肃的理念,② 中西历史之间的根本性脱节就产生了。基督所带来的创新颠覆了犹太人的救世主降临说运动,开

---

① Marcel Granet, *La pensée chinoise*, Paris: Albin Michel, 1968 (1934), p. 476.
② 此处,本人笼统阐述了马塞尔·高歇的观点。参见 Marcel Gauchet, *Le désenchantement du monde ; Une histoire politique de la religion*.

启了一个意义的世界,"诠释"(interprétation)的世界,这是基督教会努力的结果,目的是为了使基督的降临扎根于世界的永恒之中。作为"诠释性宗教",[①] 基督宗教把理解的要求与古老的信仰义务重叠在一起。基督的形象作为现代性的母体,通过教会的中介,通过它的诠释行为与教义形成,准备着主体的到来——首先是个人主体,之后是政治主体——承担自身的命运。

基督宗教在教义上的独创及其开启的意义之路不容置疑。但是,它在中国17世纪以来的知识与政治论辩中所起的作用,却提供了一个矛盾的例证。以1630年著名的《圣朝破邪集》为中心的各种反基督宗教著作,以其独有的形式反映出利玛窦及其追随者在16世纪末17世纪初带给中国的挑战。当时并不能说是两种不可调和的宇宙观的对峙——真正让中国人难以接受的应该说是道成肉身的教义,而不是人格神或创世说。然而与此同时,中国的皈依者却实现了某种形式的综合,其本质是情感的、直觉的,而在实践层面解决了外在观察者认为无法解决的矛盾。我们要回到这个根本问题:经文和教义只有与相伴相随的实践结合起来才有意义。历史学者李天纲认为,基督宗教闯入中国,带来全新的元素,这些新元素被"织"进了中国文化,融入其不断发展演变的学说与实践之中。他在梁启超于1920年提出的观点基础上进一步提出,从明朝万历年间到清朝嘉庆年间的这一时期是"中国的文艺复兴",是耶稣会西学东渐的产物,后者为中国学术带来的震荡与欧洲文艺复兴初期重新发现古典文明相似。[②] 这一观念同时显示了高歇理论的合理性

---

[①] 此处,本人笼统阐述了马塞尔·高歇的观点。参见 Marcel Gauchet, *Le désenchantement du monde:Une histoire politique de la religion*, p. 106.

[②] 参见李天纲在如下论文集发表的论文:"Chinese Renaissance:The Role of Early Jesuits in China", Stephen Uhalley, Jr., Xiaoxin Wu(eds.), *China and Christianity:Burdened Past, Hopeful Future*, New York:M. E. Sharpe, 2001, pp. 117-126.

与局限性：在政治与宗教的关系上，基督宗教确实带来了革新，促进了转变，然而，这一革新一走出西方，就被"织"进了其他的预先存在的诠释体系，这一体系对它的接受本具有潜在的可能。

## 五、经典与诠释

事实上，如果说个人主体与政治主体的出现取决于一个宗教传统内部的诠释行为，那么，中国的宗教传统可以说比西方基督宗教传统更悠久，也更丰富。自古以来，中国的智慧经书和宗教典籍就在被不断诠释，令诠释行为成为文本的"再创作"。更广义而言，寓言、故事、语录等等都成为备受喜爱的中国智慧与宗教思想的载体。这类故事一直广为传诵，直到今天还在不知不觉中激起听众精神上的共鸣。故事的优势在于，它可以永远地被诠释。意外收获的一个故事可以给人灵感，又不约束思想。它可以对听者的生命旅程产生作用：这便是故事的延续。中国的智慧是一种寓言的智慧，中国宗教的诠释体系正是从中获得灵感，不似基督宗教启示在教义内容上发掘意义，而是用另一种方式准备着主体的来临。宗教促成了主体的形成，而主体随着自身的确立反过来又对宗教形式提出质疑。

因此，中国的"宗教资本"给诠释行为以重要的地位。儒学经解，佛教典籍的翻译，基督宗教的接受史，道、佛、儒之争，这些甚至促使成长于中国大地上的宗教优先成为"诠释的宗教"，大大减少了原教旨主义的危险。而诠释资源经由这样的开发，它的主要致力方向不是教义的正统（orthodoxie）的定义——如此便会永远关涉到意义的澄清——而是行为的正统（orthopraxie）的定义，适用于个人、团体、政治等范畴。

此外，公元 1 至 2 世纪佛教和道教的出现，与基督宗教在罗马帝国兴起有着许多相似之处。这两种宗教之间不仅发生竞争和论战，还与第三种教义建立起动荡而多变的关系，也就是儒教，后者就调适政治与宗教的关系亦提供了自己的道路。从某种意义而言，中国宗教形式提供的"宗教退出"的道路不是一种，而是三种；而且，和基督宗教一样，它还借助丰富的解释，开启了潜在的演变可能。我们可以假设，正是三种宗教之间的相互制约使"政治性的境况"没能冲破宗教形式赋予的神圣基础而得到最终的实现。"佛教徒和道教徒在同一个市场上展开竞争：组织丧葬仪式、驱邪仪式、群体仪式，维护天子的宗教合法性，展示人的生存境况并开出药方。一切的关键在于力争国家的庇护和信徒的捐赠。"[①] 在历史上，中国宗教之间展开竞争，都想获得皇权赋予的合法性。然而与此同时，也正是这些宗教间的论辩为中国"宗教退出"的实现作出了铺垫。

## 六、信仰的线路

上文中，笔者试图阐明"宗教退出"的概念可用于理解中国目前的宗教状况，但同时也强调了这一运用的若干局限。尤其是，在中国，"宗教退出"不可被视为完全是由某种外在的、具有基督宗教特征的现代性介入的结果，而是具有自己的道路和曲折。对此进行考察可以丰富我们对这一概念及其历史进程的理解。

然而，"宗教退出"并不意味着宗教仅以个人信仰的形式存在下去，而对社会关系的性质不产生任何影响。笔者以为，宗教的延续（乃至复苏），有助于我们以另种方式理解今天凝聚全体人类和

---

[①] 参见 John Lagerwey(dir.), *Religion et société en Chine ancienne et médiévale*, préface, p. 33.

共同人性的"政治性的境况"。在马塞尔·高歇之前，历史学家米歇尔·德·塞尔托（Michel de Certeau）已经对"可信性的革命"（révolutions du croyable）作出过分析。他清楚地看到，"可供相信的、可供信赖的、被赋予价值的、被人拥护的，却被分解、被动摇、被否定，逃往别处……在分析这种精神迁移时，可将其视为一种文化革命，它因社会查禁而加速发生，而这种查禁的后果则被查禁者有意遮盖起来"，他还看到"宗教现象自一处迁往另一处，携带着其信仰的圣物"；① 圣物虽然继续承载信仰，却一时还不拥有与之相应的信仰行为。约瑟夫·穆安（Joseph Moingt）把德·塞尔托的直觉引入到自己一篇有关"宗教的西沉"的冷峻分析中，认为这一西沉现象于基督宗教而言，恰是一个兴起于"宗教之外"的悖论契机：

> 我们可以援引卡尔·巴尔特（Barth）和保罗·田立克（Tillich）的话，也就是《圣经》为上帝而反宗教：不是反对从属于某个宗教，而是反对所有这些宗教向信徒吹嘘的救赎保障，他们这么做是为了控制信徒，却损坏了本该在上帝的唯一荣恩中获得的信仰。为此我们又多了一条理由认为，上帝并没有把荣恩和救赎的管控交给宗教。②

穆安认为，耶稣之死从根本上证明，基督教甚至在产生之前就是"'宗教退出'的宗教"，同时还是引导"准宗教"政治走向退出

---

① 转引自 Joseph Moingt, *Dieu qui vient à l'homme*, II, 2, Paris: Cerf, 2007, pp. 957-958。书中总结了 Michel de Certeau 在如下著作中的观点: *La culture au pluriel*, Paris: UGE, 1974。

② Joseph Moingt, 同上注, pp. 977-978。

的宗教："耶稣既没有反抗宗教制度，也没有反抗政治制度，但他在与上帝的关系中求诉人类之于宗教和政治的自由。"①

所有这一切都说明了宗教性质和宗教变化中的某种根本——不过却也没有说明一切：我们还可以这么理解米歇尔·德·塞尔托的相关研究，即他尝试以不同方式思考社会创造性，包括在宗教现象内部，尝试弄清宗教形式如何做到承载了比人们所以为的更多的东西。"'可信性'供应"的衰竭必然与其再生并存。或者，制度、信仰与行为之间，张力消减（这是德·塞尔托关于巫术和神秘学的研究命题）与不断重构并存。这也就是说，高歇提出的线性模式——从宗教无所不在到信仰仅存于个人空间——其实是忽略了社会的巧妙应对，尤其忽略了社会对于将自身等同于政治的沉默抵抗。宗教不仅是"政治性的境况"的熔炉，它还质疑后者的局限和志得意满的自足。

在这方面，德·塞尔托提出的"线路"概念含义尤为丰富，有助于以另种方式理解宗教的传统形式衰竭与再生创新并存的状况。这里所说的"线路"，指的是偷猎者或散步者选择的一条路径，是用于禁区或陌生地带的一种隐蔽勘探，是在多种可能内部作出的一种选择。宗教线路，即是在"'可信性'供应"范围内采用的一条路线，是重构制度、信仰和实践三者间已然失去张力的关系的一种方式。依循这个逻辑，人们常说的中国庞大的"宗教需求"，在笔者看来与其说是一种对确信的追求，毋宁说是个体作为意义领地的"偷猎者"重构其社会隶属关系的战术。套用德·塞尔托的话，中国的宗教实践起源于"弱者的战争学"。② 隶属关系、宗教信仰与宗

---

① Joseph Moingt, *Dieu qui vient à l'homme*, II, 2, Paris: Cerf, 2007, p. 983.
② Michel de Certeau, *L'invention du quotidien*, Vol. 2, Paris: Gallimard, 1990, p. 252.

教实践被拼接在一起，目的是建立起某种社会和政治的关系，为决定"宗教线路"的个体创造意义。一位研究当代蒙古葬礼仪式的学者提出与之相似的方法与结论："死者在生者社会中继续存在的方式并非是一次想象的结果，而是不断地有新发明，使用的招数可谓数不胜数，且彼此迥然不同。"① 同一位作者还说，这是这些发明以多种方式造就了社会凝聚的形态。

我们既无须欣喜于作为结构性社会现象的"宗教性的境况"的坚守，也无须忧虑于人类看上去对完全由政治决定自身的抵抗。相比之下，我们似乎更应该揭示，在面临促进当前世界人道化这一艰巨的任务时，宗教和准宗教的表达方式（无论新旧）以及世俗主义（sécularisme）方面存在着的种种欠缺。笔者完全赞同约瑟夫·穆安的严厉批判：

> 今天的自由主义，无论科技的还是商业的，均欠缺精神，欠缺哲学精神，尤其欠缺福音精神，即便它偶尔也会带上宗教的面纱：促使娱乐和消费、促使控制和占有……自由主义以其所摧毁的一切来维持自身：借由全球化运动，它到处传送西方世俗主义，侵蚀社会性，损害社会和文化认同，瓦解宗教传统。各种准宗教的杂乱丛生就是人性血肉遭受撕裂的后果：它一方面暴露出"全球性"世俗主义的非人性——后者仅造就了自私的"我"和"我们"，以挑衅其他禁闭在苦难和反抗之中的"我"和"我们"；一方面暴露出经历内部分化的宗教在建构人类的和平欢乐的"我们"时所显现出的

---

① Grégory Delaplace, *L'invention des morts：Sépultures, fantômes et photographie en Mongolie contemporaine*, Paris：Centre d'Études Mongoles et Sibériennes, École Pratique des Hautes Études, 2009, p. 349.

力不从心。①

与此同时，穿越传统社会神圣关系的废墟，中国的宗教表达有着层出不穷的新发明。对此进行观察，我们不能不惊讶于以下事实：面对这样的现象，我们既不能简单地称之为一去而不复返的过去的某些遗存，也不能仅仅看做是毁灭性的全球化过程中一个国家或地区的自我身份的强化。当然，我们在中国宗教面貌中既可以看到某些注定要消失的过去的遗存，也可以看到一种将中国本身上升为神圣事物的身份反应。然而仅仅停留在这一层面，便是忽略了这一关键：信仰重构的种种策略暗含着群体重构的意图；而后者则带有人类创造力和延续性的印记。换言之，正是通过信仰群体或个体的创造力，宗教才实现走出自身的迁移。

当代社会中，在现代性催生的"政治性的境况"的旁边假设某种"宗教性的境况"的保留，意味着把正当权利赋予信仰主体之全部所见、所听、所感；同时，也意味着意识到某种抗议的存在，尽管其表现形式零散、笨拙、偏斜：正是感觉经验本身使信仰主体产生对理性言论——神学的抑或政治的——强令个体经验服从于简化规律的抗议。今天，承认宗教现象的重新建构，这就是倾听个体与社会在"线路"行走中独特的声音与困境。这就是看到一个群体的心灵历程的再次起步：它在寻找新的表达，有时不免以在语言和思维上表现出的倒退为代价。这就是听到古老的词汇如何被再发现、再利用、再创造。在破碎而零散的叙事中，浮现出一个新的世界形象，这个世界前所未有地萦绕着各种横穿它、分解它、造就它的力量的本质问题。这些把文明和经济世界变成独一无二的整体的联结

---

① Joseph Moingt, *Dieu qui vient à l'homme*, II, 2, pp. 1031-1032.

点越是增多,人们也越是严峻地面临如下双重问题:每个单一组成因素在这个世界里占据何种位置?这些因素彼此作用,最终会走向何种共同的结局?中国宗教置身于各种文化表达方式之中,无论就其经典诠释还是就其在当代的多次重构,都是重要的诠释资源,有助于书写人类命运的新叙事。如此,人类在移民与全球化的双重冲击下"重新上路",在共有的叙事里思考和梦想自身的未来,把它视为绵延不断的人道主义征途。

# 四 新的世界地图

在16、17世纪的交界，利玛窦为中国绘制了第一张世界地图。这张地图改变了中西方对世界的看法。每个时代都有新的世界地图，它映照着各文化、宗教与国家的重量。在当今流动的形势和文化中，如何绘制一张新的世界地图，使它清晰呈现今日的强权分配、冲突和动能，使它反映一个激荡于被暴力撕裂和渴望整合的世界呢？

# 全球化与地方文化

> 全球化不能以"好"或"坏"来断定，它只是对人类提出了新的挑战。面对这样的挑战，我们必须运用我们的想象力、相互协商能力以及判断力来应对。

"全球化"一词的使用越来越广泛，最常用的范畴在经济领域。这是因为全球人口及资金的流通日益增加，资金的运转使得全球的金融市场越来越整合，区域经济相互影响而形成共同的经济圈。而国际间的商业协议更稳定了这些现象的发展。

## 全球化是一种"变动"的因素

然而，我们不应忘记"全球化"最初是一种文化意识。它指的是我们生活在一个完备的世界里，这个世界内的所有因素产生交互作用，自成体系。"全球化"指的也是从地球的一个角落传到另一个角落，思想、时尚、电影、游戏等的流通。全球化具有不同的剖面，它转动与重建的不仅止于经济领域，更影响了人类的思考模式、文化进程及行为举止。全球化是一种"变动"因素，它会让我们回顾自身的传统并反省自身的做法。换句话说，全球化不能以"好"或"坏"来断定，它只是对人类提出了新的挑战。面对这样的挑战，我们必须运用我们的想象力、相互协商能力以及判断力来应对。

全球化时代的来临，究竟为人们提出了什么样的挑战？说到全球化,并不是我们愿不愿意接受它的问题,重点在于我们是否愿意给予它一个"面孔"和"灵魂"。全球化为每个文化带来了新的资源:它提供了新的饮食方式与新的装扮模式,让我们可以购买更多不同的生活产品,让我们和远方或身边的人沟通变得一样方便,它使得我们所读、所见、看待世界的方式更丰富多样。对于一个文化底蕴深厚的文明来说,这样的多样性应被视为正面,由此可以衍生出新的文化表达方式。因此,中国舞蹈可以沿用传统的体态与身姿,使用传统的神话故事为题材,搭配当代西方的乐曲,戏服与色彩运用则可借用另一个亚洲国家的精髓,舞台布景更可选用无国界的抽象风格。如此一来,全球化成为文化创新的运转动力。全球化不会否定原本文化的参照坐标,且会使其朝向无可限量的方向发展。

## 地方文化从摧毁到创新

相反地,当全球化遇到弱势文化,它也可能变成一股摧毁的力量,无论在经济领域还是文化方面都是如此。举例来说,对于某些少数民族地区,与外界消费习性、思考模式过于快速的接触,常会导致该民族自我认同的贬抑,让原本的自卑感变得更加强烈。全球化最糟糕的影响,就是对自然资源的过度开采,例如滥伐森林;全球化还会造成人们大量滥用烟草、酒精、毒品,甚至导致传统社会结构的瓦解。

然而,即使在上述文化弱势的地区,如果能够得到良好的运用与导向,全球化也可以成为创新的因素。例如在教育方面,外界的力量可以在当地建立新的教育模式,既能因应本地发展,又能向外界开放。同时,我们可以为农村引入新的农业技术与耕作观念,做到既尊重地方特点,又让它继续朝向农业社会发展。或者,人们可以开发新的旅游模式:大批观光客(这也是全球化的一个现象)通常是环境遭到破坏的元凶,但是我们也可以创造"另类旅游"模式。例如,户外运动旅游,当地人可为旅客划出既定的场地;生态旅游,城市人可在乡间学习到相关知识,学习尊重动植物;文化旅游,人们不应该让少数民族老是表演求爱舞蹈、唱山歌,而应该让旅游者真正认识少数民族的灵魂。我们也可以借用传统既有的手工艺与图案,创造新形态的作品。新工艺也是发挥创造力的一种方式。

## 重新探索本身文化的根源

每一种文化都有自身的优势与弱点,全球化催生每种文化创造的潜能,但也可能使得一种文化枯萎,阻断自身的源流活水。全球化造成的危机与机会的概率是相等的。换句话说,全球化对每个文化提出了相同的问题:如何自我更新以免走上消失的命运?如何创造而不只是模仿?如何在新与旧之间获致和谐?

一种文化如果自我封闭,它可能会失去所有的创新能力。一种文化若迷失在外来的影响中,它就会失去自己的灵魂与根源。全球化的理想结果应是:一种文化因着越来越丰富的外来输入而受到刺激,以多元的方式加以整合,重新打造自己的面容,这样的面容来自本身特殊性的根源,同时又有普世的高度。每个文化以新的角度欣赏自身的特殊性,同时又能以新的共通语言(意指表达方式,如影像、服饰、文学等等),与其他伙伴文化接触、进入对话。

不论是东方文化或是西方文化都面临失根的危机,两者都极度需要回溯到自身的文化资源,如宗教、艺术、哲学等,以创造新的表达方式,而非毫无节制地重复制造文化消费品,更无法扮演创造者、启迪者的角色。

换句话说,我们今日面临同样的挑战:在文化层面,全球化可以达到最好或是最坏的结果。它可以加速每个文化忘却本身源流的脚步,这样一来,我们有的只是一大锅"汤"——在最平庸的基准点上制造产品,推出一种号称普世的假文化。或者,人们可以重新探索本身文化的根源,借由与外界接触后重新反省、发现自身的文化。如此,我们将不会重复过去的文化面貌,而会在与外界文化的互动中找到自身本质的潜能。我们从特殊性往下扎根,才可以达到普世的高度。当我们懂得尊重、欣赏他人的特殊性时,我们才能表达自身最美好的特殊性。

## 文化交流近似有机的转变过程

我十分反对一种说法:运用西方最好的技术,可以壮大中华文化。以文化的角度来看,实用主义是很危险的,它会让宏伟失去灵魂。我们无法解剖某个文化的片段,然后把这个片段接到其他文化的组织里。当我们进入一个文化,就像进入一段恋情,意即进入对方的逻辑及氛围,任凭自己在其中转化,但无法控制转变的过程。在这样的过程中,我们会渐渐学会更忠于自身文化的源流。换句话说,文化间的对话近似有机的化学作用,而非机械式的接合。

全球化的确会转化地方文化,但是如果地方文化知道如何抵挡平庸、接受最好的事物,并在与全球化接触时坚持这样的态度,全球化就会造就不同的局面。就这一点来看,全球化是人类历史上一个全新的现象。我们对文明发展的方向负有重责,这也是前所未见的。

没有任何预兆显示成功在望,我们也可能朝向一个更没有人性、更整齐划一的世界前进。然而,"机会"与"危机"有着同等分量。在日渐丰富的交流中，我们引入新的文化资源也许可以使文化朝向更好的方向发展。不论在东方或西方，挑战是共同的，也令人振奋不已。

# 世界治理与区域联盟

> 在当今流动的形势和文化中，"全球意识"促使人们把全人类的问题，看成是名副其实的"世界性"问题。全球化的速度使得国界趋于模糊，福祸相倚的程度呈现几何级数扩大。区域性的共同体、超国家组织和非政府组织的分量越来越重，世界治理势在必行。

1997年亚洲爆发的金融危机最终能够化解，不得不归功于当时担任国际货币基金组织（IMF）主席的康德苏（Michel Camdessus）。2005年10月底，国际货币基金组织前主席康德苏应邀赴北京参与一系列研讨及讲座，并主讲"如何落实可持续发展、健全国家与世界治理？华人世界应如何作出贡献？欧洲与华人世界的伙伴关系，是否有助于建立经济成长之协调机制，并缓解日益恶化的环境问题？透明化、诚信及简朴等经济伦理与'可持续发展'有何关联？"

在北京，康德苏与中国人民银行行长周小川会晤，并出席北京大学举办的"全球水资源管理"研讨会，以及清华大学"金融全球化及国际团结"研讨会。他同时参与由对外经济贸易大学国际经济伦理研究中心所举办的"国际经济伦理和东方智慧研讨会"，并发表专题演讲。在北京停留期间，他广泛地与当地知识分子及政商界重要人士对话。

康德苏的发言内容，对亚洲各国都有很高的参考价值。他在访谈当中所提到的几个重要问题，我想从国际情势和经济的角度提出一些个人的观察。国际货币基金组织是金融自由化和全球化的重要推手，但康德苏坚信经济发展必须行之有方，治理机制必须强化。

## 市场机制与尽责政府同等重要

近年来，"治理"之道渐受重视，自有其原因。基本上，"治理"指的是通过制度的运作，以达成真正的公平和自由。在20世纪八九十年代，人们关注的是"市场自由化"。当时，国际金融机构在分析贫穷国家的发展困境时，大都认为问题出在政府的管制，因为层层法规使经济发展受阻，导致贫穷问题加剧。因而他们认为，若要追求经济成长，就要尊重市场机制，解除法令管制。

但人们很快便发现，市场力量要真正发挥作用，必须有尽责的政府作为后盾。举凡社会治安、司法独立、政治廉洁、全民医疗与教育等，都是政府的基本职责，自由市场无法越俎代庖。因此治理的首要条件，就是政府能把该做的事情做好。也就是说，政府功能和市场机制同等重要。

"治理"的内涵如今已经更为扩大——决策的"透明度"和"诚信"日益重要。当大型企业因财务弊端以致倒闭，政府或企业对会计资料隐而不报，就表示治理出了问题。治理同时也与"民主"有关。基层民众有权参与公共事务，并获得正确完整的信息；黑箱作业的决策过程，会让国家体制无法正常运作。由此可见，经济发展不仅与"市场机制"有关，也与"决策体制"有关。

## 跨国议题需要"世界治理"

于是,人们发现"治理"不单是企业或政府体制的问题,世界治理(world governance)的概念于焉萌生。首先,国际社会通过跨国机构来处理某些国际事务,例如联合国。与政府机构相同的是,这些跨国机构必须讲诚信、重廉洁,也必须容许各国表达不同的意见,特别是通过非政府组织(NGO)来发声。更重要的是,有诸多跨国性的重要议题,都不能只靠个别国家来处理,像大规模的传染病疫情、对抗贫穷、石油及水资源的管理、废气排放等环境问题,都必须由各国联手应付。因此,必须通过"世界治理"的体制,以及一系列相应制度的设计与运作,才能确保人类共同的未来。

## "可持续发展"是共同挑战

近来,石油价格高涨、美国新奥尔良市因天灾而遭逢的空前危机等,都向我们揭示了"可持续发展"的重要性。要追求长久的发展,就必须同时顾及环境保护、经济成长以及全人类的福祉——我们必须为未来的世代着想。这是各国政府、非政府组织、企业、民间团体和每位地球公民面临的共同挑战。

至于"可持续发展"的内涵,其最广泛被运用的定义是:"经济发展不能只顾满足现时的需求,而连累未来的世代,使其无力满足自身的需求"。在过去的 20 年里,人们渐渐明白目前的发展是在透支未来,终究会走不下去。只要看看生物的多样性日益萎缩、雨林横遭破坏、鱼类受到滥捕,以及环境和气候如何受到消费形态的影响，就知道问题严重无比。如果人们的生活方式不变，地球的负担越来越大，水、土地和空气等资源和环境的压力逐步升高，终究会遭到大自然的反扑。

显而易见，面对资源共享、治理之道、决策机制等问题，我们不能"头痛医头、脚痛医脚"。当前要务是如何研发出一套决策过程，以实际行动开创长久的发展模式。这就要谈到"区域联盟"。

## 区域联盟提升世界治理成效

康德苏极力支持欧洲联盟[①]的运作，而且希望其决策和制度的设计能更趋近联邦体制。区域联盟的设立确实可以达到良好治理，成为世界经济可持续发展的良方。这应该是他对欧洲整合如此投入的原因之一。同样的道理，亚洲、拉丁美洲和非洲区域组织的强化，对追求世界和平、正义，减少环境破坏来说，亦是至关重要的一步。

区域联盟先是提供一个政策协商的平台，让决策过程透明化。例如，当欧洲联盟为工业产品设立环保标准时，每个会员国都必须表达自身的想法和立场。通过协商来拟订政策，可以让各国了解彼此的意图，以民主方式讨论政策的利弊得失。这同样有助于促进多元文化和相互包容的精神，因为每个人都得顾及他国的立场和不同的政治文化。

---

① 欧洲货币面临的危机与欧洲债务国的经济危机或许会使得许多读者对于这样的见解存有疑虑。欧盟的模式是否已经失败？诚如我在上文《我的政治省察》中的论述，我并不持这样的看法，我认为这是因为欧盟理念与它遭逢的阻力两相矛盾所引发经济与政策上的失能。再者，欧洲福利制度的必要调整与政治制度迥然相异。因此，我认为先前的发展不容置疑，欧洲若要超越现今的问题，前提是不否认过去完成的事物，而且必须在世界治理的体系中更加严谨地持续改革。

区域联盟也可让政策更具延续性。以社会安全和环境保护来说，区域联盟最后通过的，往往是最高标准。像石油消耗的问题，如果亚洲国家能以区域联盟的模式来拟订能源政策，而不是各自为政，那要取消使用者的能源补贴，就不会那么棘手了。

## 集结众人之力扭转局势

人类的种种危机迫在眉睫，而建立可持续的经济发展模式、区域联盟的建立与运作，以及通过制度规划来提升世界治理成效，此三大任务不仅至关重要，而且牵一发而动全身。世界经济能否可持续发展，不仅是经济问题，也是政治问题。其关键在于如何制定决策，世界各国和利益团体如何进行协商，以及我们人类能否不分你我，共同创造未来。

若以目前的发展模式持续行之，世界经济终究会走入死胡同。但真正的问题是，我们是要消极地看着冲突日深、环境生态不断受创、经济持续面临危机，还是要积极地寻觅新的出路，为国际社会开创新局？个人的分辨与创新固然有助于改善现况，但集结众人之力，并以实际行动扭转局势，方是长久之计。

# 水是无国界的宝物

水资源问题不只是环境保护的问题，更是地区协商、国际合作的关键。为了公平、理性地管理我们的自然资源，我们需要跨领域的思考模式，我们也需要创建国际性和地区性的协议与共同体。

在中国内地、非洲及拉丁美洲，有不少小村庄或贫民区里，电力和手机电话竟然比可饮用的水更容易取得！事实上，全世界大多数的穷人都很难得到干净的水来饮用、洗澡、洗衣服等等。在非洲和拉丁美洲的多数国家，拥有饮用水的人口比例不到50%。为什么会这样呢？地球会不会缺水？越来越多的环境学家开始担心这个问题。

## 水利管理受到漠视

目前，各国政府对于水利管理的投资，与其他经济发展的投资比较起来，算是非常少的，水利管理投资大约是公共发展投资的3%。大家都很重视电力、高速公路与网络经济方面的投资，却忽略了水利管理的重要性。事实上，许多贫困地区的卫生状况落后，都是由于缺乏水资源所造成的。所以，稳定完善的水利管理，可说是人体健康和环境永续发展的关键。

水有许多不同的作用，所以在使用时会产生一些冲突与矛盾，例如，农业灌溉用水的比例一向是最高的，非洲的农业灌溉用水比例甚至超过70%，这导致非洲人民（特别是都市居民）缺乏可饮用的水。此外，在发展中国家，高尔夫球场和游泳池所使用的水也会影响居民的用水资源。所以，政府、农业单位和研究机构都有责任做好水利管理，并节制农业灌溉的用水量。

## 地方缺水的新良方

对于长期缺水的地区，饮用水可用出售的方式卖给人民。但是，贫民怎么买得起水呢？为了保障贫民的权益，南非政府采取了非常明智、合理的解决方式：每个人每天可以免费使用 25 公升的水，一旦超过了 25 公升，就必须为多用的水付费。这样，一方面可以保障贫民的基本权益，另一方面可以避免水资源的浪费。

在规划地方性的水利管理时，应该避免兴建庞大的水坝，因为这样的工程不但破坏了自然和人文环境，而且无法实际配合当地居民的需要。事实上，整建并规划井、水管和小河等等才是解决地方性缺水问题的正确方式。

## 共饮河流共同管理

最后，我们来谈谈有关河水流域的管制所引发国际间的种种争端。在世界上，流过国界的河流至少有 250 条，在这样的河水流域内居住的人民占全世界人口的五分之二。因此，有许多国家必须与邻国共享一条河水。在这种情况下，水资源越稀少，国际间发生冲突的可能性就越大，以中东的情况最为严重：水资源是以色列、巴勒斯坦，以色列、黎巴嫩，同时也是土耳其、叙利亚和伊拉克的重要冲突来源。中东国家很少为边界的河流制定相关国际的协议来共同管理河流。事实上，水利应该是促成国际合作的渠道，而不应该是引发冲突的因素。如果有一天可以建立一个"中东水利共同体"的话，中东将会因此迈向真正的和平。

环保并不只是自然科技的问题而已。为了公平、理性地管理我们的自然资源，我们需要跨领域的思考模式：我们需要经济学家、社会学家、政治学家和企业家的合作，我们也需要创建国际性和地区性的协议与共同体。一个多元、宽广、跨领域的宏观视野不但会帮助我们大胆面对环保问题，而且会引导我们逐步缔造一个和谐与团结的地球村。

# 庭园、公园与菜园

> 比利时建筑师吕西安·克罗尔（Lucien Kroll）曾经说过："世上没有坏庭园。"人类在创造花园的时候，都将自己的梦想、对大自然的情谊与尊重、个人的美学风格以及自己最好的一部分放进去。

## 展现文化内涵与宗教心灵

随着年代与空间的不同，庭园、公园与菜园都呈现不同的多元风貌。在中国式及日本式的庭园，我们可见到一道桥、一座小湖、几棵树、奇石错落，我可以从庭园看出东方宇宙观所提炼出的景致。不管东方或西方、不论北半球或是南半球，菜农都以爱心照顾菜园，有时种植一两朵小花加以陪衬。法国凡尔赛宫内的公园井然有序，英国城堡内的园景采用不对称造景，偶遇丛木里的私密空间，让人仿若回到家一般安心。

庭园规划的秩序反映出每个文化的精神内涵，更传达了不同文化的宗教观。塞内加尔的庭园传统上大都和村庄相连，往往分成下列四个类型：国王的庭园是一个禁地，里面种植珍贵的品种；实用庭园，村民以有毒液的植物所围起的菜园；公共庭园，村庄的中央有一口井，旁边有一棵树，人们围着树谈天说地；神木，居住着护佑村庄的神灵。某些亚马孙河流域的印第安人是庭园达人，他们会在自己的庭院里面种植野生植物与家用植物，庭院里植栽分布几乎就是家附近森林的缩小版图。他们认为神灵是森林的园丁，而森林就像是容纳超自然生物的庭园。

## 地球是一个大庭园

根据《圣经》的记载，上帝不正是种植了一个灌溉乐园，然后把人类安置在庭园里吗？耶稣不也是在园子里复活的吗？抹大拉的马利亚（Marie-Madeleine）不是看到复活后的耶稣，还以为他是园丁吗？当《圣经》提及耶稣的时候，常常与两种职业的形象息息相关，一个是园丁，一个是制陶人。这两项工作都需要懂得细心照顾、长久的耐心以及智慧。

我们可以从某些迹象看出文明危机的征兆，那就是成排的大温室所种植的小黄瓜、草莓、水生番茄。这些果实不受日晒，也没有味道；企业公司在运送时用玻璃纸包装，大量消耗可用能源。我梦想一个更有人味的世界，希望每户人家都有一个小庭园。每个人用双手耕种水果与蔬菜，体会春日里植物茁壮的欣喜以及收成的快乐。大家学习引水灌溉、施用天然肥料、留住昆虫与鸟儿在园里悠游、假日时分邀请友人在树荫下休憩。只有在照顾菜园时，我们才能学会如何照料世界。我们是否也应该给自己机会，让地球变成一个大庭园，让生命变得更简单自在呢？

# 世界需要中国

> 世界需要中国,因为今日中国充满活力并富有创造精神;中国需要世界,因为积极的世界行动,将增加中国的利益与多元性。

当今世界,各种危险与危机成为所有国家必须共同面对的挑战,例如气候变暖、流行病、贫穷、恐怖主义、对新科技的控制和脆弱的金融体系等。全球化促进了世界各国之间的交流,并创造了更多的机遇,但同时也造就了诸多整体性的弱点。

## 文化多元利于可持续发展

对于上述的难题,任何一个国家都无法独自找到答案。只有探索建立新的伙伴关系并制定共同的战略、创建地区性的合作组织、在各种利益问题上互作让步,这才是我们面对未来的唯一出路。

世界上民族的多样性,使我们拥有了多元性的文化资源,只有这样的文化多元性,才能帮助我们创造出一种平等而和谐的可持续发展模式。人类不同的智慧传统启迪了我们的文化、哲学、艺术和宗教,形成了我们日常体验的来源,也能使我们的经济生活更具公共伦理:以合理的方式分配财富、表现出慷慨和创造性、让那些因经济增长不平衡的受害者有发言权。做到这一点,只需要我们分享各自的文化资源,互相取长补短,将人类各种智慧传统有机地融合起来。

## 信心和开放精神迎接世界

因此，为了创造一个共同的未来，世界需要中国。一方面因为中国拥有极为丰富多彩的文化传统，另一方面因为今天的中国充满活力并富有创造精神。当然，中国也需要世界，世界使中国的文化更具多元性。许多人类目前面临的挑战，都是一个国家无法单独解决的，面对这些共同的挑战，现在难道不就是中国更加坚决地参与其中的好时机吗？难道不是中国推展更加振奋人心的新计划的好时机吗？换句话说，中国现在的目标应该是建立普遍性的发展模式。近年来，我们常常听到"China first"这样一个口号。现在我们是否可以一起说"world first"呢？

我接触到的中国人常常给我一个印象：他们担心中国在世界上被孤立，担心中国没有很多真诚的朋友。的确，世界常常表现出自私和怀疑，但是我们应该作出正确的反应，同时表现出更多的信心和开放精神。如果中国以外的世界看到中国率先实行的一些举措，比如降低空气污染、防治流行病、帮助最贫穷国家的发展，投资新能源等，那么其他国家将会明白，中国对国际社会来说是多么不可或缺的一部分。

## 世界治理的积极行动者

中国如果想解决自身的某些问题，也必须成为世界治理的积极分子。中国置身于国际事务之中，以积极的行动，展现出对世界的团结和持续发展负责任的态度，这完全符合中国和世界的利益。说实话,过去西方并没有承担起这方面的责任,远远没有,但是,别人的错误不应该成为今天我们自私的借口。建立相互信任而耐心独具的伙伴关系,将使我们学会如何更好地共同治理我们赖以生存的脆弱世界。

# 赫拉克勒斯与七头蛇:
# 思索人类生存七大危机

近年来,不仅气候暖化逐步影响人类与地球上其他物种的生活,诸如经济衰退、自然资源枯竭等因素引起的种种境况,也悄悄席卷全球。面对这些现象与它们带来的危机,究竟我们应以何种角度面对与思索?防治这些危机的万全之策又是什么?面对人类共同的危机,人类道出呼唤相聚的希望语言而连成一体。

小时候,我很喜欢读希腊神话改写的传说与故事。大力士赫拉克勒斯(Héraclès,希腊神话中以非凡力气与勇武功绩著称)完成12项任务的情节,让男孩子特别着迷。这个主角或许不是那么聪敏,但他实在非常勇敢,充满热情。

在他必须完成的12项任务中,有一项是他与七头蛇(Hydre)的奋战——有的版本说是九头蛇。关于这场战斗,不同版本有不同描述。但最为共通之处,都说七头蛇的头被砍之后会再长出来。而赫拉克勒斯必须在蛇头被斩处放火烧,免得它再度长出;其中有一个斩不死的蛇头,赫拉克勒斯得把它埋在土里,上面再压着岩石。

有趣的是,我脑海中记得的是另一个版本:蛇头若分别一个个砍下,它们会再度长出来,于是赫拉克勒斯拿起巨大长剑,将七个蛇头一次斩下,终于战胜。

不同版本的神话故事,各有其连贯性与内在意义。我选择以最后这个版本赫拉克勒斯的作为,来解释人类如何迎战现今遭逢的挑战与危机。

## 多重危机形成危机体系

赫拉克勒斯的故事寓意,一直留在我脑海中。这让我理解到即使在现实生活,我们也必须将自己面对的种种问题视作一个整体。世界从一个危机旋涡卷入另一个危机旋涡,一个大危机尚未解决,又爆发一个大危机。最可怕的,就是国际社会焦点忽视全球大局。

我们正在衰退,我们正在历经危机时刻,我们更处于"多种危机"交织的时代:包括世界金融体系、全球暖化、自然资源、文化多样性、世界贫穷丑闻、移民迁徙、世界治理等重重危机。它们的关系错综复杂,形成国际社会在历史上的这一刻必须面对的整体条件。这些重重危机架构成一个体系,彼此相互冲撞。人类需要全面的思想与言论,才能真正迎战每一个独立危机和整体危机。

对于每一项特殊挑战,我们当然必须找出技术上能应对且适用的解决办法。但若我们毫不考虑它们往后产生的交互影响,我们认为已经解决的那些问题,日后将以更严峻的面貌出现。

## 具体行动存有限度

现今的经济衰退正是一个例子。大约 2000 年左右,在亚洲金融危机亮起红灯与互联网泡沫化后,经济学家宣称"如此的衰退将不会在国际体系再度出现"。但是对于道德问题缺乏关注(文化资源衰竭)及松散的制裁准则(全球治理失灵的警讯),推翻了这般确凿的保证。

在此同时,人类却也证明自己有能力共同反省,并以全球视野观照自己身处时代的意义。"千禧年发展目标"(Millennium Development Goals)是全球化省思的重要进程:国际机构对世界总体检,一致通过优先目标,并共同制定 2000 年后的行动计划书。作出的努力和共同面对问题的意愿,在这份声明中传达得相当严谨,并深具创造力。

换句话说,国际社会证明它愿意作出批判的才能与决心,但它同时传递出具体行动的限度——也是当今世人遭遇的限度。尽管我们努力解决世界缺水丑闻(例如几百万人因得不到水喝而受苦)、努力降低极度贫穷问题、努力做到教育资源共享、对抗流行疾病,然而我们发现:每当我们愿意面对挑战,我们遇到的限度,就是资源正在枯竭。

面对当前的危机,我想提出全面的理解方法。"七"当然是谈论多项危机的象征数字,虽然我们也能把它们归类为五大危机、九大危机,或是十二大危机——前提是我们必须将眼前的挑战,视作一个体系来理解。

## 全球暖化成为必然

全球暖化的危机,是今后国际社会相当重视的主题。即使各国回应的方式存在不少争议,形成协议似乎是可能之事。

当今的争议仍不易画下句点。"平均每人温室气体排放量"位居前三名的国家是澳大利亚、美国与加拿大；印度、布基纳法索与墨西哥则贡献微薄。发达国家的消费模式与生活水准，已经为其他国家立下标杆，使得这样的模式愈见普遍；全球暖化及其后果，于是成为整体环境与全体物种的必然命运。经济发展如今已成温室气体排放量增加的代名词，中国的情形就是一例，而这个情况随处可见。

气候变化的原因，确实与一套价值体系与行为模式息息相关。价值体系与行为模式构成了全球共通文化，并将发展形态推展到全球各地。

我们的消费模式、生产模式与价值体系息息相关，最终决定我们的发展模式。而且，我们的价值体系所决定的，不只是"二氧化碳的足迹"，它同时考验我们面对新条件的调适能力。深具创造力的态度将让我们重新发现源流，同时觅得解决问题的答案；它也甚至可能让我们开掘新的文化资源，以利社会、经济与技术面的调整，培育更为负责团结的国际社会。共享、辩论与共同反省的能力，及运用智慧面对自然环境变迁和能源问题作出一致决定，都是我们必须明智面对变迁，并借以回应的群体能力。

## 气候变化改变全球文化

气候变化改变了全球文化，也改变我们对人类群体的归属感。相关议题则使我们见识国际社会机运，或是相反地，加深了文明冲突的风险。

全球治理的机运将维系在"单一排放点将影响全球"这共识上。各国都必须同时致力于降低温室气体排放，否则全部的努力都将因单一排放点而化为乌有。

冲突加剧的风险，则来自气候变化导致自然资源损耗。水与沃土的争取，隐藏着潜在冲突，"环境难民"的迁移则更加深其变数。在这样的情况下，伴随历史、宗教与认同问题而来的冲突与反感与日俱增。全球暖化早已成为各文化与国家是否能共存的一大挑战。换句话说，它不能被单单视作一个独立于外界的危机，或是被归类为技术性问题而已。

## 明确措施应对金融危机

国际社会议程谈论的第二项任务，即是重整国际金融体系。金融海啸撼动全球经济体系，造成金融危机的原因如今越来越清楚：趋于无形的金融管制导致不负责任的行为；非理性的虚浮市场鼓励投机利润最大化，甚至连最基本的识见都遭漠视；预期风险不再受到评估；金融市场自由化不受到任何力量抗衡，于是孕育了不见道德的丛林，使法律效力无所施展。

如此明确的诊断，使我们找到明确的因应措施，包括某些和企业整顿息息相关的补救措施，如绝对有必要整顿内部审计作业、加强商业道德。更广泛地来说，每个国家都必须加强"企业责任文化"。目前"道德责任存在于高阶主管"的说法居多，它尚未真正落实人心。

此外，这其中也包括其他属技术层面的问题，但执行与否影响重大的补救措施，如改革评估机构、消除避税天堂。在这些方面，某些特殊利益既得者会阻挠改革，是显而易见的事。

## "全球基金"推动革新

与此同时，我们必须在国际货币基金的基础上，共同建立真正的"国际金融与货币基金"(或称"全球基金")。这样的基金体制应具备真正的政治架构,使它能回应现今国际局势,并能改善政治决策者的责任维度。它必须被赋予管制的权力,也必须能确认最高放款人的能力。"全球基金"能承载更广大的任务与新的组织架构,同时也能胜任提供资金的工作。它将是世界金融体系革新的主要推进器。

促使如此重要的主题迅速达成协议,或许是可行方式。若无法达成协议,这样的复兴计划将无法发挥任何功效。即使全球经济能够回升,我们依旧无法走出泥淖,后续危机也将比当今的金融危机更具灾难效应。若要稳定世界金融治理,中国的贡献将不可或缺。

现今的经济与金融危机,使我们质疑自己的道德责任与态度。这些问题其实早见于全球暖化议题——每个人都应该重新检视自己承担责任的方式,并重新审视个人行动的法则。

## 自然资源与文化多样性的枯竭

第三项危机是自然资源的危机。以能源危机居首,次为水资源及森林、动物与生物物种等危机。若要回应这类危机,必须拓展科学、技术与文化创造力,尽可能确保资源再生,并研发资源耗尽时的替代能源;同时,培养负责任的公共伦理,以确实管理这些宝贵资源,并履行我们对得起后代子孙的责任;而且,一旦对自己的行动后果没有完全把握,必须选择最适宜的处理方式,并以"确保资源永续与再生"为优先选择。

而当生态与文化的多样性失落,人类也正在失去各自的文化传统与参照坐标——文化认同日益萎缩，每种文化各自筑起高墙，然而文化传达的内容，却日益贫乏。

这样的现象压制教育模式的发展空间，阻碍创意的倡导、团队精神，以及对他者的尊重。世界上众多语言逐渐消失与文化多样性的消减，往往伴随着另一些现象，这表示不同于他人的思维、构筑未来的能力、适应新挑战的创造能力等，同样正在枯竭。

消费主义的危机正突显了我们的文化危机：全球化的消费模式，促使我们变成消费狂人。它将人类变得像动物或机器，为了消费不断工作，忘了培育心中的人性，也就是人性光谱中潜在的高贵与多样心灵，及丰富的内在。

## 贫穷危机与移民迁徙

文化危机伴随着消费主义正在发生的同时，最令人震撼的危机——贫穷危机则正在迷途，而且仍然在某些地方继续恶化。千年发展目标提供一整套计划，以期回应世界贫穷问题，因为全世界近一半人口的生活条件不符合人道标准。这样的生活条件对于能够通过金融、经济、技术而摆脱贫穷的人来说，无疑是一项人类丑闻。

因此，我们更应该懂得资源分配。即使在亚洲，仍有大量的贫穷移民因在农村饱受天灾、农产品价格跌落、土地贫瘠之苦，而不得不出走。至于非洲大多数地区、拉丁美洲与亚洲部分地区，则尚无法成功应变。

此外，贫穷危机也使移民问题与跨族社区的紧张关系雪上加霜：一旦发生人们无法支撑的贫穷问题，随即导致大规模人口流动，尤其从非洲中部到欧洲一带。

就长期眼光来看，移民冒着使出生地往后变得更为贫穷的风险，同时也加深移民族群与当地居民之间的仇视心理。迁移构成相互仇视与潜在冲突的主要因素，但我们不能因此颁布"禁足令"。反之，移民的危机不仅使我们重新思考"人类被分配到地球这个空间作为一个种族的未来"，也使我们重新思考"什么是不同民族、族群、文化团体、宗教团体共同生存的基本原则"。

## 寻觅世界治理机构

人们在解决移民危机时发现困难重重，这即是世界治理的一大难处：我们不太能够知道我们究竟活在单边关系、双边关系、或是多边关系的世界。

机构与论坛层层相叠，数量有时多到惊人，有时少到无法置信。某些令人痛心的历史冲突不断重新上演，但每次出现新的危机，我们又难以找到适当机制，迅速并一致地给予回应——这一切都显示我们仍在寻找能于世界化时代中快速应变的国际机构。

这样的机构当然不能从天而降。这些机构不应仅由领袖人士勾勒，它更考验世界级市民社会的创新精神与心之所向。对于真正的世界治理，人们应投入更积极的意愿。我们不能让现今的状况继续迷离，更不能将自己封闭在既有的框架中。唯有创新与严谨的世界治理，才能够使我们全面正视上述重重危机。

## 危机时代希望语言

现今的局势并非全由危机塑造，我们必须通过群体，说出希望的话语。希望的话语对全人类说，同时也对各领域的人说——无论是道德人、经济人、文化人、社会人。希望的话语使人类更理解自我，不管是人的本性或是人类的历史，不管是个人或是人类的一员，不管是否追求充满变数的冒险。

或许我们会问：这样的话语会是什么样的语言？我认为它们应该建立在乐观与互信的基础上，正如过去一样。因为细数人类所有的库存资源，如灵性资源、科学资源、文化资源等，它们的总和与我们面对的所有挑战一样广阔。这样的资源清单过去鲜少建立，如今它们变成人类互信的行动印记。

而且，矛盾而奇怪的乐观主义也证明了人类更愿意认识自我的意愿。毕竟人类从未自认是同属一个命运共同体的物种，甚至必须共同面对同样迅速的威胁与机运；而人类也从未如此凝聚共同意愿，建立新形式的对话与行动。

面对人类的危机，动员人们的话语中，应包括对个人责任感的呼吁。如金融危机根源在于缺乏内化道德准则，或许我们可以说它是"视而不见的罪"——在事件爆发之前，所有人都宁可闭上眼睛。美德已经不属个人专有，现在它是共同生活的基础。

人类对自己说的话语，最终还应包括对相聚的呼唤。面对人类的危机，最需要动员的宝贵资源并非既有知识，而是能够分享与交流的智慧、灵修的经验，以及在最意想不到的地方所产生的直觉感受。

我们希望危机能在我们之间诞生新的话语。我们希望新的话语能够建立在乐观的基石上。我们希望新的话语能够唤醒我们对自由的要求，同时庆贺人类的多样性。在互敬与共同生存的意愿中，人类的多元连成一体，而且日渐深邃澄澈。

# 文化行动迎战气候变迁

> 气候变化改变了全球文化，同时改变了我们对人类群体的归属感。我们必须溯及造成全球暖化原因与矛盾之处，并知道我们身处一个临界点：各文化走向全球治理的新气象，或者走向文明更深的误解与冲突。在全球建设的机制下，人们动用跨文化资源面对全球的挑战。

谈到可持续发展与气候变化，从跨文化的角度来切入是个出色的提问，让人懂得向外学习。为了迎战所有加诸国际社会的挑战，我们必须先懂得细数自身的资源，如文化传统与创造力等等。地方政府正扮演群体先行的角色，早一步施展地方杰出的执行能力。

## 全球暖化是气候变迁的主因

几十年来，气候变化在显著比例上是人类活动的产物，这是千真万确的事。自然气候的变化长期而言承受太阳活动、短期而言承受火山活动的交互影响，但今后由温室效应及气溶胶污染主导。对于全球暖化的规模以及后果，大家持有不同程度的看法，但确实是威胁地球的第一要素。自然环境的变化将破坏（甚至完全毁灭）微妙的平衡状态，并危及人类种族的延续。提出这样的声明，并非听任宿命摆布，而是让我们严谨看待与思索生物学家、化学家、气象学家与地理学者的观察，同时懂得理性地权衡事实与风险，因为我们和子孙的未来正握我们的手中。我们还能将这件事实当成一个好消息，如此一来我们才能部分改变未来的气候条件，我们也只能说是部分，因为温室效应在大气中早已存在，而往后几十年、几百年，甚至几千年，我们将更感受到它的威力，关键在于我们现在的作为。

人类活动所产生的温室效应是直接造成全球气候暖化的主要因素，这个现象起源于工业革命，距今 150 年前。这样的生产模式逐渐被广泛推展到极致，为人类夺标争锋，但同时产生许多结构性的难题。虽然过去多次被人提出，现在总算能够量化看待。根据国际能源总署（International Energy Agency）估计，燃烧化石燃料所排放的二氧化碳 40％来自能源生产，25％来自工业，25％来自运输，剩余的百分点则来自其他活动，如开暖气。

根据上文《赫拉克勒斯与七头蛇：思索人类生存七大危机》中的数据，我们得知平均每人温室气体排放量与发达国家密切相关。经济发展如今成为排放量高增的代名词。中国的情形就是一例，它已经成为全球温室气体排放量第一大国。这个情况处处可见，欧洲另有一例：西班牙 15 年来经济发展势头迅猛，使得国民人均温室气体的排放量增加 40％。

## 对立与团结的关键

根据这些数字，我们能够理解与这个主题相关的国际协商是何等激烈。新兴国家指责西方国家自一个半世纪以来早已是温室气体高量生产国，同时平均个人温室气体排放量仍居首，但这些国家不但延续以往的生活方式，而且不希望他国追其步伐。经过多年的讨论与国际草案的研拟，相关词语的交锋辩论总算得到改善，同时增进双方的了解。新兴国家与八大工业国（G8）于2008年7月在日本高峰会面，虽然协议时语带模糊，没有获得重大突破，但其措辞有益于2010年归结出一项国际框架的协议，作为京都协议书（Kyoto Protocol）的延续。该项协议早见于1992年在里约热内卢召开的"地球高峰会"所签署气候变化公约的决议附件。

确实，气候变化的原因不能单单被视为技术问题，它们与一套价值体系与行为模式息息相关，价值体系与行为模式构成了全球共通的文化，并将发展的形态推展到全球各地。深具创造力的态度将使得我们重新探寻源流，重新诠释文化资源，甚至开掘新的文化资源，面对社会、经济与技术面的调整，培育更为负责与团结的国际社会。

在此，我提出三个省思的途径，划出今日研讨的范围：

（一）文化与气候之间的依存关系为何？

（二）对于全球性如此复杂的问题，地方团体如何尽其本分，以作为联结"全球气候"与"地域气候"的枢纽？

（三）最后，我将以阿拉伯世界研究院（The Arab World Institute）作为例子，探讨这个主题如何将我们凝聚在一起，同时说明在全球建设的机制下，如何通过跨文化的相助面对全球共通的挑战。

## 价值体系决定气候环境

谈论气候与文化的方式众多。不管怎么说，深究气候与文化是古老的政治学提问。18世纪孟德斯鸠（Montesquieu）系统地提出"地理环境决定论"，论及古希腊与罗马时代，说明政治制度与纬度之间的因果关系，并为之分类为共和君主和专制制度。我们的疑问正如法国历史学家与哲学家沃尔内（Volney）所言："我们说一个热国是什么意思？寒冷与温带的界线在于何处？若诚如孟德斯鸠所言，一个国家的气温决定一个国家的能量，那么温度计上哪一点决定自由与奴役的界线？"换言之，文化某部分受该地区的气候所塑造，我们也必须承认气候本身的条件本身正在改变，例如历史上可见沙漠边界的前移或后退。

重点在于别处：我们的消费模式、生产模式与价值体系息息相关，最终决定我们的发展模式是否能挽救人类活动对气候的影响。让-马克·扬科维奇（Jean-Marc Jancovici）说："自从人类对抗贫穷（现在地球上的饥荒不是因为战争所导致或是政治压迫的结果），对抗疾病（不管哪个国家，预期寿命近于50岁），对抗寒冷以后，于是我们变得在'打发时间'，发明行动电话、浴室垫、软件、冷冻蔬菜、发光的篮球。这些发明无法满足我们主要的需求。在我看来，这样是很荒谬的，因为作为统领地球的物种，我们的存在只是为了舒适的生活，而目前的情况正是如此。"① 或许有人认为这种说法显得夸大，但确实指出重点：我们的价值体系决定我们的选择。我们的文化资源与精神资源能够带领我们走向物质的堆积，或是选择过平衡又俭朴的生活，例如对于短程路选择走路而不开车，选择和朋友在一起而不是盯着电视荧光屏。这些资源将使我们学习对抗气候的恶化。

## 都会更新考验政府与市民

随着工业革命而来的城市发展先在西方社会扎根，接下来遍及

---

① Jean-Marc Jancovici, *L'avenir climatique：Quel temps ferons-nous*? Paris：Seuil, 2002, pp. 140-141.

整个地球：今日大多数的人口居住在城市，1900年只有14％而已。其实，这并不一定是个坏消息：城市汇集了许多分析家，能够成为对抗气候变化的良地；大众运输系统、水资源净化、能源分配的制度化更见证这项事实。绿色建筑的实验设计将消耗的能源予以再生更是向前迈进了一大步。城市同时也是高速信息交换、创造发明、群体讨论的地点，并使之往前推展。这一切都将取决于城市居民、为城市居民打造环境的决策者，以及认同城市的群体归属意识。由此可见，地方官的角色不可或缺。

记得多米尼克·博迪（Dominique Baudis，现任阿拉伯世界研究院院长）担任图卢兹市长时，他必须为地铁系统更新奋斗，因为他相信这样的技术解决方案将使得街道畅通、空气洁净。结果证明确实如此，于是反对声浪随之消散。市中心的规划、市中心与郊区的衔接、家庭垃圾的回收、分类、再利用，以及水道系统的改造……每次一出现新的问题，部分归属技术问题，部分归属政治问题，因为这些问题出现总是挑战着既得利益者与特殊意见者的两端，以共同建立一个更亲善、更平衡与更人性的城市。这些考验着地方官的智慧，他们必须列出选项，告诉公民可供省思的素材，让大家明白如何在多种不同的观点中谋求"大多数人的利益"。当地施政经验激发公民的反省能力，努力开启公民的辩论空间，这显然是明智之举。城市民主化将使得城市能够承担自身的未来，将使得各城市团结一致，勇于肩负环境革新的任务。

一旦主要的问题能够被清楚地提出，并推出一项真正的选择方案，寻求大多数人的利益有时通过类似地方公民投票的形式完成。对抗气候暖化的战役有时需要民众自愿牺牲（少开或不开车、水费调整、舍弃某一项投资），或许这正是超越困境的好方法。就让城市公民正式地被充分告知，让他们列出优先级与价值观的先后选项，让他们知道自己必须承担选择的后果。

## 相互汲取智慧对抗气候暖化

在对抗全球暖化的战役中，阿拉伯世界积极投入的资源对于国际社会作出了贡献。蒙哥马利·瓦特教授（William Montgomery Watt）曾经说过：

> 我们无法了解阿拉伯人的科学实验、思想以及著作涵盖的领域是多么广阔，我们知道若没有阿拉伯人，当时欧洲的科学与哲学无法如此发展。阿拉伯人不自足于承转希腊思想。他们是真正的接班人……1100年左右，欧洲人对于敌人——撒拉森人的科学与哲学产生了兴趣，这些学科的发展已达高峰。欧洲人必须向他们学习所有必须学习的事物，然后才能将自己往前推进。

换言之，阿拉伯世界形同智慧、科学以及技术的宝库，当人们反思人与环境的关系时，能够动员运用之。此外，阿拉伯世界不局限于伊斯兰教，而伊斯兰教义已经能就这个主题为我们带来独树一帜的哲学与神学省思。其起源基本上是独一性（tawhīd）的原则，从而建立严谨的一神论，并确定被创造的所有组成部分最终一体。于是，人被创造来加入社会生活与自然界，同时确认自己的本性。个人的生活、社会的生命与自然的生存都无法分而视之。

根据伊斯兰教的看法，人在土地与生物间发挥"继承"

(khilâfa)的角色。人不是主人，只是受托人。随着这个观点而来：对于被创造的全体，我们必须以尊敬、公平与平衡的态度看待。伊斯兰教教义彰显在刻苦、干旱及不容许浪费土地上，其中有许多禁止浪费、对待动物与水管理的规定。

即使如此，阿拉伯世界与其他所有的文明一样，承载自然遗产衰退的责任，并非总是能够根据其原则采取行动。阿拉伯世界对于多数国家的经济领域扮演石油输出的重大角色，阿拉伯世界在全球任务中所付出的诚挚努力常遭人质疑。从历史的角色来看，这样的质疑并非没有道理。但我必须强调现状正在改变当中：不少专家赞成将剩余的资源精打细算，认为碳氢化合物并非唯一的能源来源，而且自有别的工业用途。此后，石油不再处于与其他不同能源来源的"竞争"局面。

## 区域合作国际标杆

2008年7月13"地中海联盟"（Union for the Mediterranean）正式创立，在巴黎召开峰会，给予世界新气象：

地中海联盟推出新视角，从"具体的计划"出发。计划必须符合两项原则：首先是平等的伙伴关系，计划必须是由地中海南岸与北岸国家共同确立与提出；然后是几何连接关系，促使志愿国家能够为一项具体的计划齐聚一堂。

优先确定的领域如下：生态环境、再生能源、人民安全、教育、培训、文化。特别是目前正在筹拟"太阳能计划"，希望未来能在地中海岸南侧发展太阳能产品。

地中海地区在环境议题上扮演先驱的努力并非是"一时兴起":为了更好地保护环境,1978年以来,地中海沿海国家通行一项公约框架的协议:巴塞罗那公约。2005年,至2020年降低地中海域污染的预期目标已经得到相关国家元首的支持,但这些创见并没有在今日得到真正的实现。地中海联盟提供了一个组织架构,先进的决策与创新的融资方案方得以进行。

地中海是半封闭的海域,对抗污染的能力很弱。60%的沿岸城市直接排放未经处理的污水;不论是城市地区或是农业区,内陆的污染随着河流排放到海中;工业排放的化学污染物不断在海洋生物体内累积。压力与日俱增,因为未来20年中,地中海盆地的居住人口将多出1亿人。因此,彻底改变这个地区的环境管理模式迫在眉睫。如果阿拉伯世界与欧洲全体国家的伙伴关系能够成功建立,必能树立国际合作的标杆,同时也将成为阿拉伯国家运用其文化资源为全球团体作贡献的典范。

## 共同面对的挑战呼唤文化创新

若我们回溯自身行为的根源,若我们能够重新检视我们的价值观并重新看待优先级为何,若我们能具体地创造深具人性的发展模式,若能为国家、区域与全球文化之间创造团结的默契,全球气候变化的挑战将不可思议地为国际社会开启良机。这些挑战使得我们凝聚在一起,超越我们所代表的群体、传统以及利益。我们必须共同面对的挑战呼唤文化创新，让我们为所归属的团体积极地作出贡献。

# 希望交响曲

> 阿根廷音乐诗人埃斯特雷利亚是国际知名的钢琴家，时时不忘履行对人类的许诺：将音乐的执著化为非政府组织的国际行动。他号召"社会艺术家"，为世人谱写希望。

阿根廷音乐家米格尔·安赫·埃斯特雷利亚（Miguel Ángel Estrella）不是一般的钢琴家：他出生在阿根廷北部，18岁开始学钢琴，后来成为国际知名的钢琴家。他的志向是将艺术与最弱势的人分享，他带着他的钢琴到工厂、乡间以及南美洲的印第安村落演奏贝多芬乐曲。

## 捍卫人权与音乐权

他的坚持与他的个性密不可分。"他不只是一位出色的钢琴家，他是个诗人。"另一位享盛名的法国女音乐家纳迪亚·布朗热（Nadia Boulanger）这么形容道。

实践关注穷人的志向，使得埃斯特雷利亚在乌拉圭饱受三年牢狱之灾与酷刑，甚至有人威胁要砍断他的手掌。1980年，在国际艺术家全力动员施压之下，他才被释放。我记得他被释放以后，曾在广播中听到他的声音，让我印象深刻的是他的声音很温柔，温柔得像是星空下的一首夜曲，仿佛道出阿根廷大草原上的农民发现巴赫赋格曲时的心醉神迷。

他扩大行动规模，创立"音乐·希望"协会，捍卫人权以及每个人的音乐权。这个非政府组织于是创立"和平乐团"，犹太音乐家与巴勒斯坦音乐家各占一半。这个团体旨在培育"社会艺术家"，鼓励艺术家到南美洲的农村与贫民窟举办演奏会并进行艺术教育，而且同时搜集该地正在消失的音乐遗产。

## 富人与穷人齐聚

然而，埃斯特雷利亚并不是孤星。我们同时想到的艺术家，例如同是在阿根廷出生的钢琴家与指挥家的丹尼尔·巴伦博伊姆（Daniel Barenboim），他不懈地推动以色列与巴勒斯坦的和解，更广地来说，是为了增进中东的和平而努力。我们也会想到美国女演员安吉丽娜·朱莉（Angelina Jolie）为难民而战，以及法国女演员桑德琳·波奈儿（Sandrine Bonnaire）为唤起精神疗养院中对人权的重视而奔走。

这样的艺术家清单列不完，但他们都有一个共通点：勇气。他们以其名声为理想与信仰奋斗，甘冒受人误解的风险，即使公众抛出敌意与冷嘲热讽也甘之如饴。不管我们是否赞同他们的信念，不管我们是否喜爱他们的艺术风格，他们履行许诺的行动使人敬重。艺术家尤其提醒我们"美的权利"是普世人权，艺术和音乐应该能够让富人与穷人齐聚，而不是造成社会不同阶层的陷落。"美"和"音乐"相互给予、接收、交流，像一份永恒的礼物。它们不专属于个人,在被人演绎的同时,永远活在世人的心中。

# 零核地球村

> 联合国呼吁伊朗终止核研发的行动。然而,伊朗会顺从吗?核武强权国家应该做些什么呢?我们要关心的不只是如何限制伊朗研发核武的企图,我们要问的问题是如何开拓非核地球。

## 伊朗发展核武势在必行

伊朗核武问题引起各国关注:虽然伊朗对外宣称核技术不应用于军事行动,但依我看伊朗发展核武势在必行。我们要关心的不只是如何限制伊朗研发核武的企图,我们要问的问题是如何开拓非核地球。

国际社会低估了伊朗扩核的野心与决心,事实上相关的计划自1970年代早已开启。从那时开始,伊朗希望在经济上减少对石油的依赖。伊朗另有军事上的戒心,因为它被核武国家所包围:西有以色列,北有苏联(现为俄罗斯),东有巴基斯坦,美国无所不在。倘若伊朗主政者扩展核武,一定可以冠冕堂皇地巩固其权力的正统性。

## 过时的"反核扩散公约"

1968年,美、苏、中、英、法共同签署"反核扩散公约"(NNPT,Nuclear Non-Proliferation Treaty),并要求其他国家加入或是遵守。核武强权国家都以为此举为全世界立下长久稳定的规章,防止核武扩散,并能进一步约束伊朗的作为。实际上,印度、巴基斯坦等国都拥有核武而安全过关。

我们不知如何为"核武俱乐部"辩护,这个公约已经失去意义:为什么强权国家可以发展核武,默许发展核武,却禁止其他国家进入强权之林?一直到冷战末期,世界的平衡维系在美苏两国无言的角力,阻碍其他国家成为大国,我们更不知道如何为这两个国家护航。现在以色列还是不签署公约,朝鲜已经退出,美国默许印度不签署公约,并且准备与印度签订协议,输出先进的核能技术。这表示反核扩散公约已经过时了。

## 非核地球燃眉之急

核武强权国家应该做的,就是一步步缩编核武工厂,朝往非核地球的道路前进,做到零核地球村。诚然,迈向这条道路的协商过程是漫长而坎坷的,但如果有核武强权国家发起这项运动,必定会产生"健康"的影响力。世人会因而再次了解核能所带来的危险,同时明白唯有舍弃核武,生命才不会受到威胁。在现今的多元世界,实现零核地球村的梦想实为燃眉之急。

# 辞典的时光隧道

在语言多样的今日,我们需要辞典,更需要完备的辞典。《利氏汉法辞典》是世界上第一部最大型的汉法辞典。这部辞典宛如一棵树,树根的一股伸向法文的沃土,另一股探进中文的沃土,同时汲取双方的养分。我们越吸收这部辞典的语言养分,我们将越懂得创造人类维度中文化、精神与艺术的高峰。

如果世上只存在一种语言,或者说,面对语言的多样性,我们拒绝聆听他人的语言,我们就不需要辞典。这般两极的情况,在巴别塔①的神话中,有着一致的阐明。

辞典的出现,是进入语言演进所作的一种赌注,同时证明了一个重要的体验:沟通并不代表放弃母语,更不是弃绝滋养双方思想的智慧。相反地,双方在语言与语言间作出一种赌注,因为思想的引入、丰厚,方能在彼此的交流、推进中,品味真理的味道,就像品尝美味的果实一般。

## 曲折路上结硕果

回想《利氏汉法辞典》(*Dictionnaire Ricci*,*Le Grand Ricci*)

---

① 根据旧约《创世纪》记载,人类为传扬自己的名,"免得被分散在全地上",开始烧砖砌石,准备建一座通天高塔。上帝遂变乱人类的口音,使他们无法沟通,高塔于是停工。"多语言"因此成为神对人的惩罚,"巴别塔"象征人类的狂妄自大。

委员会最后召开的日子，似乎无法为工作列车踩刹车。那时的会议室在法国巴黎的一间屋子里，正对着一座园子。整个会议过程进行得相当困难。大辞典的工程在动工 45 年后，整个计划近乎难产，甚至面临无法结束的地步。最后我们要作的决定，全是最具争议的议题。

中场休息的时候，我到园子走走，面对所有种种的复杂问题，不禁心生气馁。园子的中央长着一棵雪松，我在这棵树前面驻足片刻。我欣赏着它树身的伸展，枝叶的婀娜，品味着和谐的味道：它笔直地伸展，同时伴随着组成一体无数丰富的细部。那时我想，这般的工程如此丰繁、完美、自然，直达顶峰；而我们可怜的大辞典，尽管也是相当丰饶，却历经苦痛，在极为曲折的情况下成长。

仔细想想，这番体验令我稍感宽慰，因为若要形容辞典工程的推动过程，我找到一个贴切的比喻：这部双语大辞典宛如一棵树。它像两股巨型的根，一股深入法语的沃土，一股探进中文的沃土，同时汲取双方的养分。这份沃土是语言、源流的沃土；它是中文字义的多样性，随着几世纪光阴的沉淀菁华；它是法文敏锐与精准的高度展现，网罗住中文用语最细腻的表达。如此，大辞典立于高峰之巅。所谓高峰，说明了人类思潮在语言地平线的开拓，借由字汇与用法的独特性，显示出人性的普遍性。大辞典的枝杈垂着人类文化智慧结成的美味果实，等待读者采收与品味。

## 文化交流历史见证

利氏学社是为了纪念利玛窦（Matteo Ricci）成立的机构，寄望延续利玛窦对中西文化交流的贡献。1999 年，利氏学社先推出《利氏汉法大字典》（*Dictionnaire Ricci de Caractères Chinois*）。

这本字典以大型开本问世，通过 3 600 页呈现汉语中"字"的演变：从甲骨文、金文到最新的演变，共收录 13 500 个单字。凡是好奇翻阅这本辞典的人士，不难发现内文中发音为"Tang"者，最为常用的是"汤"，本是做青铜的合金，后做"熬"；一开始先是被引用作为动词，意为"用滚水洗"，再被引用为"晃荡"，而后出现"放荡"之意。这一个字同样还能用来表示医学的汤药，或是碉堡的护城河。因此，这部辞典虽然表面上看来颇为严肃，实际上可找出一连串的字谜游戏、古怪的诗，以及智慧的谚语。这本大字典可说集合汉字、中华精神面貌以及中国观的百科全书。

《利氏汉法大字典》是《利氏汉法辞典》的序曲。《利氏汉法辞典》计有 7 册，不仅仅汇集了汉语单字，更收录 30 万组汉语字词，达 12 000 页，重 15 公斤有余。《利氏汉法辞典》正好是一段文化交流的见证，这段历程要回溯到四百多年前。

从"简短的历史"来看，《利氏汉法辞典》是利氏研究团队花费五十多年的心血所完成的成果。从"长远的历史"来看，欧洲人士从一开始即表现了对中华文化、语言与文学的爱好，这般热情很快就借由辞典的编纂传达出来。早自公元 16 世纪末，利玛窦与罗明坚（Michele Ruggieri）早已开始用心地比较中葡语言用法的异同。第一本汉法辞典是 1626 年金尼阁（Nicolas Trigault）研究的成果。而最有名的法汉辞典是 1884 年由顾赛芬（Séraphin Couvreur）所出版的《法汉辞典：汉语最常用的惯用语》（*Dictionnaire Français-Chinois contenant les expressions les plus usitées de la langue mandarine*），共计 1 026 页。顾赛芬另外又出了两部辞典，同是今日汉学家研究的参考资料。

## 烟硝战火不眠不休

1899 年，戴遂良（Léon Wieger）出版《中国字：字源、字形与词汇》（*Caractères chinois：étymologie，graphies，lexiques*），

可说是《利氏汉法辞典》的祖先。欧洲人士对词汇的研究热忱似乎无法遏抑，1904年德贝斯（Debesse）出版《汉法小辞典》（*Petit Dictionnaire chinois-français*）。即使在中国史上最混乱的时期，陶德明（Charles Taranzano）还是在1936年出版《数学、物理与自然科学词汇》（*Vocabulaire des sciences mathématiques, physiques et naturelles*），以两大本问世。

汉语持续演进，加上考古上的新发现增进人们对古字的了解，使得编纂者在编纂辞典的路上不断往前推展。抗日战争期间，杜隐之（André Deltour）以及巴志永（Henri Pattyn）进行中法对照辞典的编辑工作。在同一个时期，匈牙利神父马峻声（Eugene Zsamar）构思了更惊人的计划，他预计把词汇的数据库用百科全书的方式，编辑汉语和五种外语辞典：计有匈牙利语、英语、法语、西班牙语以及拉丁语。1949年后，这样的计划若没有编纂者不眠不休的投入，实在难以持续。1949年，马峻声与杜隐之在澳门会合，带着两百本烽火中抢救回来的辞典。

## 汉法团队绽放异彩

五组的语言研究团队先在澳门动工，继而移到台湾。三十几位以外语为母语的研究员，和二十几位以中文为母语的合作研究员围在转动的圆桌前工作，桌上堆满了各种参考用的字典。他们先从汉语辞典着手，格外具耐心地切割、整理汉语的定义，并依照翻译成的语言，重新编排各种外语的词汇。他们汇集200万张字卡，分门别类放在纸盒里。修改的过程通过不同的团队交错进行，同时组织得法。然而，这样的工程还是比原先预期来得浩大。期间，年长的研究员过世，也遇到财源匮乏的困境。

在甘易逢（Yves Raguin）沉着的领导下，汉法辞典团队是最为稳定的团队；1998年隆冬，甘易逢以86岁高龄在台北过世，但仍有五六位耶稣会士忠诚地留守职位。其中最有名气的,莫过于雷焕章(Jean Lefeuvre),他是世界级的甲骨文研究专家,一直在甲骨文研究领域扮演活跃的角色。

尽管辞典的工作拖延不断,也历经低潮时期,20世纪70年代还是出现初步的成果。1966年,台北利氏学社在甘易逢的领导下创立,他更新汉学研究的团队,继续大辞典的编纂工作,出版了两本中型规格的辞典:《汉法辞典》与《汉西辞典》,油印版的《汉匈辞典》后来也如期完成。

20世纪80年代末期,我们将《利氏汉法辞典》转到计算机,我们得以编辑越来越庞大的数据库。在赵仪文(Yves Camus)的推动下,我们将汇集的索引与字汇分为200个专门学科,分别为太空学、佛教、物理、动物学等等;巴黎利氏学社主任顾从义(Claude Larre)为这些专门学科邀请汉学家组成团队,一步步进行校对工作。十年间,计算机档案的数据在巴黎与台北两地被不断传输,我们动员了200位专家与汉学家,一直修改到最完美的境地。公元2001年,正是利玛窦定居北京的400周年,《利氏汉法辞典》终于问世。

## 发现差异寻找意义

辞典从无到有过程中,我们深深体会到根源与高峰是最重要的事。文化根源告诉我们没有任何一个普遍性的思潮或是创作不是来自语言用法与历史两者的独特性。就高峰这个问题,哲学家海德格尔(Heidegger),继诗人赫尔德林(Hölderlin)之后表示,双方必须立于高峰与高峰才能做出最好的交往,因为在一定的距离之下,比起凝聚双方共同的高度,空间阻隔双方的因素反而显得不那么重要。没错,辞典是我们进行交流的"基础",从独特性的长期整理出发。然而,辞典是一部能够提出一个哲学视角的作品,因为它证明了"追求真理"并没有与"追求沟通"相背离,而首要之务在于语言间的沟通。

一旦我们愿意沟通，我们必须触及不同文化的词汇中所隐藏的不同的智慧与世界观，我们必须知道不论是生活用语、社会结构、人与自然的关系、逻辑思维等等皆存在相当大的差异。对于同一个词语，汉语、法语或是匈牙利语的表达都不一样。因此，我们必须从不同文化再次检视并欣赏双方所拥有的资源，并且"发现"双方文化的差异，以及不同文化资源的多元面貌。当我们从词汇去思索彼此的差异时，这个过程中自然产生"意义"。

运用辞典的过程中，我们更将发现当代与传统的不同，并通过他方文化的语言与眼光，我们投入对自身的传统资源"质疑"、"诠释"与"再发现"的过程。在这样一个重塑的过程中，我们得以重新建立个人的归属与价值观，朝向高峰发展。

## 沃土深处树端滋味

辞典是活的，随着时代的演进而演进，辞典也随着时代有了新的面貌。《利氏汉法辞典》的纸本在北京商务印书馆出版。利氏团队汇集所有的数据，因应新的技术，调整转换到新系统，2010年5月，《利氏汉法辞典》光盘版与世人相见。

跨文化交流的目标，在于让人更有人味。热爱语言的人，想必能够因为这份热爱而说出自己的困顿、梦想、疑虑、欲求，并作出决断。我们必须从东西方文化交流的刻板印象中脱身而出，我们必须注意"全球化"是否简化语汇与影像，无视于耐心的本质，抑制了根的生长。树根探入沃土深处，树梢才能生长至顶端。我们坚持将《利氏汉法辞典》出版工作进行到最后，显示出翻译是一项非做不可的工作。真正的翻译是真正地喜爱与了解，这是跨文化交流的胸襟与生命。《利氏汉法辞典》所见证的不仅仅是一个已完成的工作，更是一个未来的梦想。

# 内婚制与团体重建：基于《以斯拉记》与《尼希米记》的研究

《以斯拉记》与《尼希米记》见证了充军之后的以色列团体的诞生，即从公元前587年至前516年左右，被流放到巴比伦的犹太人返回以色列重建犹太团体的过程，虽然关于其确切日期的考证和解释仍然存在许多困难。① 这两卷书叙事连贯，构成一个整体。② 本文所关注的是：我们知道，《以斯拉记》与《尼希米记》之所以引人注目，是由于其中颁布的严禁杂婚（与外邦人结婚）的命令。在这两卷书关于团体重建的整体叙事之中，这道禁令的意义何在？在何种程度上，这道禁令自身能够成为重建团体的关键所在？关于这一重建的本质及其局限，这道禁令能够向我们传达什么样的讯息？在此，我们撇开对这两卷书中历史问题的讨论，而从神学叙事（récit théologique）的角度展开研究。

---

① F. 克吕塞曼（F. Crüsemann）总结了关于这两卷书的来源、日期和背景的各种判断，写道："没有任何一个问题能够获得共识。"参见"Le Pentateuque, une Tora: Prolégomènes à l'interprétation de sa forme finale," A. de Pury et al (eds.), *Le Pentateuque en question*, p. 345. 在同一著作中，E. 岑格（E. Zenger）赞同 H. 唐纳（H. Donner, *Geschichte des Volkes Israel*, Göttingen, 1986）的看法，认为以斯拉返回耶路撒冷的时间在公元前398年，此意见与大多数学者相左：例如 J. 布赖特（J. Bright, *A History of Israel*, Weatminster: John Knot Press, 2000, pp. 375-386）以及 J. M. 迈尔斯（J. M. Myers, *Ezra, Nehemiah*, Anchor Bible Series, Vol. 14, p. XXXVII）都认为这个日期在公元前428年；而 A. 勒菲弗（A. Lefèvre, *Introduction à La Bible I*, Deselée, p. 708-717）以及其他一些学者，则把日期定在公元前438年。尼希米初次返回耶路撒冷的时间争议较少，多数学者认为是在公元前445年，但也没有取得全面的共识。目前还没有任何假设能够完全解释文本中的历史疑难问题。本文所征引的文献，仅限于那些对我们来说意义最丰富、最具启示性的著述和论文。

② 叙事的这种连贯性，并不是依靠事件的编年记录来体现的。阅读这两卷书的困难之一就在于，文中虽然有着大量的编年标记，但这些标记之间很难协调一致。因此，戏剧性的铺叙要比编年的记述更为重要。

## I. 杂婚的问题：叙事之钥

在人文叙事中，无论何时何地，"谁将与谁结婚"总是一个最富有戏剧性推动力的问题。虽然所用的言辞不同，但无论是对于面对着拉结和利亚的雅各（创 29：15—30），还是对于简·奥斯汀（Jane Austen）笔下的女主角等人来说，这个问题却是一样的。人类学者艾德蒙·李区（Edmund Leach）在一篇开拓性的论文中表明，整卷《创世纪》在相当程度上都聚焦于一个问题：以色列人当娶（嫁）谁？（在婚姻关系中，选择族内通婚抑或与异族联姻？）[①] 一个从流亡中归来的种族团体，必须确保自身的延续，同时与其他族群在一块土地上共同居住。在这个特殊的处境下，遇到杂婚的问题，这就构成了《以斯拉记》与《尼希米记》整体的叙事之钥。我们在此将直接提到这个问题的段落列举如下：

1. 在最早从巴比伦返回耶路撒冷的几支队伍中，有一些人无法说明他们的家族谱系是否出自纯正的以色列血统（拉 2：59）；有祭司的子孙寻查自己的谱系，却寻不着，因此算为不洁，不准任祭司的职位（拉 2：62），直到如《出埃及记》所载那样，用乌陵和土明来进行决疑（出 28：30）。

2. 这些流放归来的以色列子孙，开始重建神的殿宇（拉 4：3），以便能够"和一切除掉所染外邦人污秽"的人庆祝逾越节（拉 6：21）。

3. 后来（可能在数十年之后），文士以斯拉和许多家族的族长一同启程离开巴比伦。以斯拉检视这些族长的祖谱，并召集利未人

---

[①] E. Leach, *Genesis as Myth and Other Essays*, Cape, 1969, pp. 25 - 83. 更确切地说，李区重在阐明一种一体两面的叙事推动力：婚姻与土地所有权。不同的婚姻体制与不同的取得土地的策略相对应。

的子孙加入其中（拉 8：1—20）。他同时携带着律法书——《摩西五经》的文本可能是在巴比伦流亡期间编撰而成的，此后，便要确保人民照此律法遵行。

4. 抵达耶路撒冷三四个月之后，以斯拉得知"以色列民和祭司并利未人，没有离绝迦南人、赫人、比利洗人、耶布斯人、亚扪人、摩押人、埃及人、亚摩利人，仍效法这些国的民，行可憎的事。因他们为自己和儿子娶了这些外邦女子为妻，以致圣洁的种类和这些国的民混杂。而且首领和官长在这事上为罪魁"。（拉 9：1—2）

5. 因此，以斯拉引用《申命记》第 7 章第 3 节的字句，① 通过向神的祈祷，告诉所有人民："我们岂可再违背你的命令，与这行可憎之事的民结亲呢？若这样行，你岂不向我们发怒，将我们灭绝，以致没有一个剩下逃脱的人吗？"（拉 9：14）

6. 示迦尼表达了人民的悔改之情："我们在此地娶了外邦女子为妻，干犯了我们的神，然而以色列人还有指望。现在当与我们的神立约，休这一切的妻，离绝她们所生的，照着我主和那因神命令战兢之人所议定的，按律法而行。"② （拉 10：2—3）

---

① 以斯拉援引的《申命记》原文如下："不可与他们结亲。不可将你的女儿嫁他们的儿子，也不可叫你的儿子娶他们的女儿。"（申 7：3）而以斯拉如此转述："所以不可将你们的女儿嫁他们的儿子，也不可为你们的儿子娶他们的女儿，永不可求他们的平安和他们的利益，这样你们就可以强盛，吃这地的美物，并遗留这地给你们的子孙永远为业。"（拉 9：12）

② 这段话理解起来有困难。在严格意义上说，这个提议并不是指那些与外邦人缔结了婚姻的以色列人都必须离婚，而是指以色列团体应该庄重地更新盟约，逾越庆典应该在排除外邦配偶（很可能也要排除与外邦配偶所生小孩）的情况下举行。但自此以后，混合婚姻就被严格禁止，并且，正如《以斯拉记》第 10 章第 17 节所表示的那样，所有娶了外邦女子为妻的人在终结婚姻之前可能还需接受处罚。在对《以斯拉记》第 10 章的解释中需要重指出一点：对以斯拉之祈祷的回应，并不是来自神，而是来自团体的一个成员。此外，这两卷书中记叙的一切法度（包括族内通婚的法则），都是来自团体的成员，而不是来自神；神在这两卷书中自始至终的沉默是惊人的。唯一可被视为神的直接话语的体现的，是尼希米提及"假先知"的时候（尼 6：11—14）。

7. 查办之事持续了三个月："到正月初一日，才查清娶外邦女子的人数。"①（拉10：17）

8. 接下来就列出了接受查办之人的名单，这个名单格外简短：17名祭司之子、10名利未人、"歌唱的人"和"守门的人"，以及86名普通以色列人。"这些人都娶了外邦女子为妻，其中也有生了儿女的。"（拉10：44）不清楚的是，名单是否囊括了所有娶嫁外邦人的情况，或者杂婚者实际上为数众多，但只有一小部分愿意接受查办，重新整合入以色列人之中。②

9. 在尼希米领导下，重建城墙的工作却因为某些建造者与"这地的居民"③——特别是亚扪人多比雅④——的家庭关系而变得复杂了。随着重建工作而来的人口普查，和《以斯拉记》第二章所载相符（两份名单大致雷同），重述了那些被禁行祭司职的人的名字。

10. 在住棚节期间，以斯拉每日宣读神的律法书，而后人们获得了"坚强的共识"："一切离绝邻邦居民归服神律法的"（尼10：28）率先承诺遵行律法："并不将我们的女儿嫁给这地的居民，也不为我们的儿子娶他们的女儿。"（尼10：30）

11. "当日"，摩西律法向以色列民公开宣读，书上写明，亚扪人或是摩押人永不可进耶和华的会（这是对《申命记》23：1—6

---

① 《以斯拉记》第10章第14节详细描述了查办的程序："当按所定的日期，同着本城的长老和士师而来，直到办完这事，神的烈怒就转离我们了。"（参见申16：18）

② 以斯拉虽然得受国王指派的宗教权力，其权限确实广大，但是还不及省长的权威。

③ 这地的居民（les gens du pays）：被流放的犹太人返回耶路撒冷以及外围城邑，他们在那里发现这地的居民——也就是住在这个地区其他国家的族人，出身较为低微的犹太人与这地的居民混居。

④ "在犹大有许多人与多比雅结盟。因他是亚拉的儿子，示迦尼的女婿，并且他的儿子，约哈难娶了比利迦儿子，米书兰的女儿为妻。"（尼6：18）多比雅是波斯国王的官吏，他的名字表明他的祖先是以色列人，甚至可能出自利未族，但是他敬拜的是外约旦的亚扪神，且敬重的是亚扪人。

的直接引述）；"以色列民听见这律法，就与一切闲杂人绝交"。（尼13：1—3）继而，尼希米将祭司以利亚实已经安置在圣殿院内的多比雅逐出了圣殿（尼13：4—9）。

12. 尼希米的回忆结束于他为再度处理杂婚问题而付出的枉然努力[①]："那些日子，我也见犹大人娶了亚实突、亚扪、摩押的女子为妻。他们的儿女说话，一半是亚实突的话，不会说犹大的话，所说的是照着各族的方言。我就斥责他们，咒诅他们，打了他们几个人，拔下他们的头发，叫他们指着神起誓，必不将自己的女儿嫁给外邦人的儿子，也不为自己和儿子娶他们的女儿。我又说，以色列王所罗门不是在这样的事上犯罪么？在多国中并没有一王像他，且蒙他神所爱，神立他作以色列全国的王。然而连他也被外邦女子引诱犯罪。如此，我岂听你们行这大恶，娶外邦女子干犯我们的神呢？大祭司以利亚实的孙子、耶何耶大的一个儿子，是和伦人参巴拉的女婿，我就从我这里把他赶出去。我的神阿，求你记念他们的罪。因为他们玷污了祭司的职任，违背你与祭司利未人所立的约。这样，我洁净他们，使他们离绝一切外邦人，派定祭司和利未人的班次，使他们各尽其职。"（尼13：23—30）

因此，杂婚的问题，是贯穿《以斯拉记》与《尼希米记》的重要主题，关涉到圣职的谱系，与当地人分隔开来以能重建城墙和神的殿宇，确立该团体在律法、祭仪与语言上的地位等等问题。然而，他的解决方案未能一锤定音：在原则层面，这个方案是很决绝的，但在执行上显然无法落实，甚至可以说是注定失败的。并且，严禁杂婚的原则，似乎正是在其最具重要性之处——祭司对此原则的尊敬和实行——遇到了最大的阻力。

---

① 尼希米极有可能到过耶路撒冷两次。

杂婚的问题是如何嵌入这两卷书的叙事结构之中的？在对此展开研究之前，我们必须先考察这个问题在《圣经》的整体氛围中是如何被呈现的。

## II. 圣经叙事整体中的杂婚现象

选择内部通婚还是选择与异族联姻，是整卷《创世纪》的叙事织线，线索绵密而繁复。J. 皮特-里弗斯（J. Pitt-Rivers）评论道："整部《创世纪》自始至终，都在讨论族内通婚和与异族联姻的界限。"① 同时，《创世纪》并没有对此做出直接的论断或评判，但它围绕这个问题的丰富回响，不断改变着我们对以色列所作选择的理解。因此，从以扫那里夺来给了雅各的祝福，与这两兄弟各自缔结的婚姻（参见创 26—29），这二者之间是否存在着某种关联，这仍是一个开放的问题。这个问题并不简单：如果说，以扫娶了外邦女子为妻，而让父母心里愁烦（创 26—34）；雅各与其岳父兼母舅拉班之间的烦扰，也显然使其无法作为同族通婚的典范。我们甚至可以假设，《出埃及记》记载的摩西与其外邦岳父之间的良好关系，是出自作者的刻意描画，以使之与雅各所遭遇的问题形成鲜明对比。再者，值得一提的是，在《创世纪》中，外邦女子通常具有旺盛的生育能力，而那些"过于"内部的婚姻中的女子（堂表姊妹、异父或是异母姊妹）往往生育力薄弱，除非神肯垂怜她的厄运。②

因此，《创世纪》提出了一个有待《圣经》其他篇章回答的问题。这个问题颇具开放度，因为在《圣经》其他篇目中，以色列人

---

① Julian Pitt-Rivers, *The Fate of Shechem, or the Politics of Sex: Essays in the Anthropology of the Mediterranean*, Cambridge: Cambridge University Press, 1977, p. 154.

② 对这个问题的进一步研究，参见 Karen Strand Winslow, "Ethnicity, Exogamy, and Zipporah", *Women in Judaism*, Vol. 4. No. 1(2006), pp. 1-13.

与外邦女子的婚姻（或者犹太女子与外邦男子的婚姻，但这种情况要少见得多），处于两个截然不同的叙事系列之中。

第一个叙事系列把杂婚视为一种祝福，一种力量，以落实神对以色列所作的承诺。在这个系列中，与外邦人的婚姻，总是一个故事的圆满完成，同时又是另一个故事的开端：

1. "米甸的祭司有七个女儿……摩西甘心和那人同住，那人把他的女儿西坡拉给摩西为妻。"（出2：16—21）①

2. "约书亚却把妓女喇合与她父家，并她所有的，都救活了。因为她隐藏了约书亚所打发窥探耶利哥的使者，她就住在以色列中，直到今日。"（书6：25）②

3. "示巴女王听见所罗门因耶和华之名所得的名声，就来要用难解的话试问所罗门。"（王上10：1）③

4. "又娶了玛伦的妻摩押女子路得为妻，好在死人的产业上存留他的名，免得他的名在本族本乡灭没……愿耶和华使进你家的这女子，像建立以色列家的拉结、利亚二人一样。"（得4：10—11）④

---

① 《出埃及记》中摩西娶米甸祭司女儿的婚姻的各种叙述，体现了不同的撰述模式，但它们都广泛地属于第一种叙事序列，意在辩护甚至颂扬与异族的联姻。

② 这段文本有着重要的奠基意义。"正是借着一个外邦女子——一个身为与以色列最不能相容的迦南人的女子，在出埃及历程之终，这个被拣选的民族才缔定了一项对列国万邦来说极具意义的盟约。"（P. Beauchamp, *L'Un et l'Autre Testament*, II : *Accomplir les Ecritures ; Parole de Dieu*, Paris : Seuil, 1990, p. 54）

③ 所罗门王的妃嫔繁多，相形之下，是否使得他与示巴女王的短暂相逢更加成谜？

④ 关于这个主题，《创世纪》第38与39提供了格外丰富的内容："那时，犹大离开他弟兄下去，到一个亚杜兰人名叫希拉的家里去。犹大在那里看见一个迦南人名叫书亚的女儿，就娶她为妻，与她同房，她就怀孕生了儿子。"（创38：1—3）接续这个事件的，是他玛的故事：她引诱她的公公犹大，为能留下后代。有趣的是，几乎紧接着这个故事的，是约瑟与波提乏之妻的故事（创39）。令人注意的是，他玛（就像后文中的路得一样）为了得到后代而表现出的主动性，回应了此前记叙中"书亚的女儿"体现的消极性（她的名字甚至都没记载下来）。至于约瑟，他虽然拒绝了波提乏的妻子，却娶了安城的祭司波提非拉的女儿亚西纳（创41：45）为妻，因此在这里，与埃及女子的混合婚姻也没有遭受丝毫谴责。

5."女子啊,你要听、要想、要侧耳而听。不要记念你的民,和你的父家。王就羡慕你的美貌……你的子孙要接续你的列祖。"(诗 45:10—16)

很可能,《路得记》的撰述,可以解释为对《以斯帖记》与《尼希米记》所致力的内婚制的反对(本文第四部分将回到这个问题继续探索)。另有两个较晚成形的记述值得在此一提,它们述说的不是以色列男子与外邦女子的相遇,而是犹太女子与外邦男子的相遇:其一是《友弟德传》,它带来双重性的讯息,讲述一个外邦男子与一位犹太女子的"相遇",这场遭遇拯救了以色列;其二是《以斯帖记》,大致处于流亡时期,它所描述的局势近于《尼希米记》的开端,因为这二者都涉及如何改变国王的心,让国王作出决定,以使以色列免于走向灭亡的命运。《以斯帖记》以一种强烈的方式讲述了以色列的拯救在此来自于一场异族联姻,甚至这场婚姻引发的那些令人不快的东西,也同样得到了强调。①

第二个叙事系列则与第一序列相反,将犹太人与外邦女子的相遇视为对实现神的诺言的威胁:

1."以色列人住在什亭,百姓与摩押女子行起淫乱。因为这女子叫百姓来,一同给她们的神献祭,百姓就吃她们的祭物,跪拜她们的神。以色列人与巴力毗珥连合,耶和华的怒气就向以色列人发作。"(民 25:1—3)

2."耶和华你神领你进入要得为业之地,从你面前赶出许多国民……不可与他们结亲,不可将你的女儿嫁他们的儿子,也不可叫你的儿子娶他们的女儿。因为他必使你儿子转离不跟从主,去事奉

---

① "你洞悉一切,知我憎恨所有不法者的光荣,厌恶未受割损者和一切异民的床褥;你知道我是迫不得已,因为我憎恶上朝时戴在我头上的那尊贵的徽号,憎厌它像沾了不洁的袭布;在我独居时,我决不佩戴。"《圣经·艾斯德尔传》第 4 章,补录丙,第 20—21 节。

别神，以致耶和华的怒气向你们发作，就速速的将你们灭绝。"（申7：1—4）

3."所罗门王在法老的女儿之外，又宠爱许多外邦女子，就是摩押女子，亚扪女子，以东女子，西顿女子，赫人女子。论到这些国的人，耶和华曾晓谕以色列人说，你们不可与她们往来相通，因为她们必诱惑你们的心，去随从她们的神……所罗门年老的时候，他的妃嫔诱惑他的心，去随从别神。"（王上11：1—4）

4."因为犹大人亵渎耶和华所喜爱的圣洁（或作圣地），娶事奉外邦神的女子为妻。"（玛2：11）①

5."因为淫妇②的嘴滴下蜂蜜，她的口比油更滑。至终却苦似茵陈，快如两刃的刀。"（箴5：3—4）

在此值得指出的是，"异族联姻之罪"最初主要指的是国王的外娶，当以色列君主政体不复存在之后，杂婚遂变成整个民族的罪过。尼希米指出罪责的转移："以色列王所罗门不是在这样的事上犯罪么？……如此，我岂听你们行这大恶，娶外邦女子干犯我们的神呢？"（尼13：26—27）更确切地说，他将《申命记》中所述的行为义务再度施行于全族人的身上。

换言之，对内婚制的振兴，是民族重建的一部分，使人民重新成为其自身历史的演绎者。③ 我们已经看到，继《申命记》的记述之后，对内婚制的振兴是如何展现在以斯拉与尼希米的行动之中的。事实上，《申命记》是《以斯拉记》与《尼希米记》关于内婚

---

① 《玛拉基书》（尤见2：10—16）谈论的问题很可能是关于以色列人休妻另娶外邦女子、以能获得耶路撒冷附近的土地产权的事。《玛拉基书》的编撰年代略早于以斯拉的内婚制改革，但此书已宣报了内婚制的先声。

② 淫妇在此犹如外人。

③ 这即是说，神与其子民之间的关系不是直接的了，而是由祭司阶层来中介的，因此祭司阶层实行内婚制就尤为重要。

制之必要性所明确引述的主要文献来源。① 因此，团体的政治地位的改变、律法的（重新）发现、对杂婚的禁止，这三者是携手同行的。现在，我们就需要从这两卷书内部建构这三者之间的关系。

## Ⅲ.《以斯拉记》与《尼希米记》的叙事结构

许多评论者常常为《以斯拉记》与《尼希米记》的文本的笨拙编排感到遗憾。然而，在我们看来，这两卷书的文本具有一种极为扎实、意义丰富的结构。显见的是，编辑者或撰述者编排文献资料的眼光大大超越了简单的年代顺序。因此，我们将两卷书分为六组叙事文本，每卷三组。

1. 第一组叙事（《以斯拉记》第1—2章）将事件的开端置入一个更宏大的叙事之中：通过昭示先知耶利米的预言的应验，② 而把《历代志下》与《以斯拉记》连接为一。如此，第一组叙事以一种极具礼仪性的方式，简略地描述了流放后的首次归程。换句话说，叙述者把回归描述为一个圣礼、一场重建团体的庆典。两份历史文献（波斯王古列的诏书、从巴比伦首批踏上归途的以色列人名单）概括在这两章简短的叙述之中：第一章意在将此事件置于先知耶利米的预言得到应验的处境之中（同时与《出埃及记》相呼应③），第

---

① 拉 9：1 追溯申 7：1；拉 9：11 追溯利 18：25；拉 9：12 追溯申 7：3；尼 13：2 追溯申 23：3—6。我们已经看到，《尼希米记》第 10 章回应的是《申命记》的整体结构（团体的三种行动：内婚制、安息日与安息年，缴纳给祭司的什一税。这一点参见申 18：1—8）。

② 《历代志下》的最后一句话和《以斯拉记》的第一句话相当接近："波斯王古列元年，耶和华为要应验借耶利米口所说的话，就激动波斯王古列的心，使他下诏通告全国，说……"（代下 36：22；拉 1：1）

③ 因此，下面一段文字"他们四围的人就拿银器，金子，财物，牲畜，珍宝帮助他们，另外还有甘心献的礼物"（拉 1：6），直接呼应出 12：35—36："耶和华叫百姓在埃及人眼前蒙恩，以致埃及人给他们所要的。他们就把埃及人的财物夺去了。"

二章则描述以色列人落脚安顿,"各住在自己的城里"(拉 2:70)。

2. 第二组叙事(《以斯拉记》第 3—6 章)集中于圣殿的主题:殿宇停工(正逢亚达薛西王),继之而起的是所罗巴伯与哈该的推动(正逢大利乌王),其记叙建立在"亚兰语文献"(拉 4:7—6:18)的基础上,其历史真实性毋庸置疑。

3. 第三组叙事(《以斯拉记》第 7—10 章)呈现了两份文献:亚达薛西王的谕旨与以斯拉的回忆录,文献来源仍有待讨论。其内容包括:亚达薛西王派遣以斯拉启程,揭示人民的罪,以斯拉的认罪祈祷,团体共同决定举行立约的礼仪并隔绝外邦女子、从今往后禁止杂婚。

4. 第四组叙事(《尼希米记》第 1—7 章)涵盖了尼希米回忆录的第一部分:尼希米重建城墙的决心以及国王的差遣,力排当地人的反对以及团体中的争执仍然坚持重建城墙,建立城门并执行人口普查。

5. 第五组叙事(《尼希米记》第 8—10 章)接近于《以斯拉记》2:70—3:1 的表述("各住在自己的城里""那时他们如同一人,聚集在耶路撒冷"),记载者叙述了律法的宣读与盟约的再度颁布。① 律法的宣读再次使人回到"初始情境"(《尼希米记》8:9—18 呼

---

① "以斯拉从巴比伦带回并且在那日宣读的这部《托拉》(Torah),究竟是什么?……不容置疑,这就是今日我们所熟知的《摩西五书》。"(J. A. Sanders, *Identité de la Bible*:*Torah et Canon*,Paris:Cerf,1975,p. 76)自从桑德斯研究经典的年代以降,认为流亡时期正是犹太教创始时刻的研究兴趣正在起飞:"20 年来,圣经注释者针对于流亡时期与波斯统治年代的研究兴趣急遽上扬,其方式格外引人入胜。不容置疑的是,巴比伦时代可说是犹大的小王国全然消失的时刻,但相反地成为犹太教的滥觞时分。今日,不再是君主政体的年代,甚至也不是君主政体之前的年代,却被认为是论述《摩西五书》与历史书籍形成的关键时期,但时间上要回到公元前 6 世纪到 4 世纪。旧约越来越像是'危机文学',其视角在于大多数的史料都是基于巴比伦流亡经验为前提所编撰而成。"(Thomas Römer, *L'exégèse et l'air du temps*,www.theolib.com/zeitgeist.html)

应着《以拉斯记》3：12—13："甚至百姓不能分辨欢呼的声音，和哭号的声音"）。这段描写处在庆节之后的大斋期与集体禁食祈祷（见《尼希米记》第9章）①之前。为了回应神的主动性，人民主动地立了"确实的约"（尼9：38），确定遵行神的律法，禁绝与外邦人的婚姻，确保祭仪的正常运作。

6. 第六组（也即最后一组）叙事（《尼希米记》第11—13章）是围绕着尼希米回忆录的第二部分组织起来的，紧随着利未人的族谱名单，"这都是在约撒达的孙子，耶书亚的儿子约雅金，和省长尼希米，并祭司文士以斯拉的时候，有职任的"（尼12：26）。当城墙告成时，众人欢欢喜喜地行告成之礼，下列句子就开启了这段回忆："众民就把各处的利未人，招到耶路撒冷。"（尼12：27）叙事再次被置入使礼仪完善化的指示之中。这段叙事本来应该以对神的称谢和赞美结束，然而回忆录的末尾却直接抵消了这个插入的片断，因为尼希米最后指出的是他在最后的使命中一直与之奋争的那些不完善之处：对律法的不敬特别是对安息日的违反，对内婚制度的违背，对礼仪的冒犯……

根据同样的叙述原则，以上每一组叙事都能够再分解为三个子组：叙事由一个初始情境出发，经过超越—分离的阶段，达至在初始情境中孕育的诺言的部分完成。每一组叙事的情调，或倾向于"悲观"或倾向于"乐观"，但这并不是重点，重要的是叙事所赖以推进的一种形式逻辑：首先陈明的是一种情境与一种作为开端的挑战；然后，分离的行动或者超越的行动回应

---

① 在与其他叙事模式的对照中对此文本的结构分析，参见 P. Beauchamp, *L'Un et l'Autre Testament*, II, pp. 362-363. 作者认为，在忏悔祈祷之后所立的约，其特点是："（团体）接受一种规范其自身关系与建制的律法，以此作为对神忠诚的标记。"（P. Beauchamp, *Création et Séparation*: Étude exégétique du chapitre premier de la Genèse, Panis: Cerf, 1969, p. 326）

最初描述的挑战；实施的分离行动走向团体的一种新的状态，而在不同的情况下，这种新状态可能是令人满意的，也可能是令人失望的。

a. 初始情境中包含着未来发展的种子：首批被遣返者离开巴比伦而回归（1a）；在欢呼声与哭号声交织中，民众聚集起来重立祭坛（2a）；以斯拉再次召集民众返回耶路撒冷（3c）；尼希米在一种不明朗的政治情境中抵达耶路撒冷（4a）；在一种类似于重建祭坛时的复杂情绪中，民众聚集起来聆听律法宣读，并再度立约（5a）；民众、祭司与利未人重新分布居住在耶路撒冷以及全国各城邑中（6a）。

b. 超越—分离是发展的内容，在不同情况下，其执行可能无力也可能很坚决，但这个行动在处处都存在：展开对真正以色列人的普查，宗谱有疑者禁止供祭司的职位（1b）；与本地人分离，以及随后引发的冲突（2b）；以斯拉因为人民的不当行为而呜咽，他在神面前忏悔祈祷，忆想过去的事件（3b）；为能重建城墙，尼希米号召人民拿起武器自卫，对抗外邦人，团结内部凝聚力（4b）；对过往种种的追忆，作为建立新盟约的序幕（5b）；耶路撒冷城墙告成的时候，称谢的人分为两大队赞颂，并严格分配祭仪的职务①（6b）。

---

① 在我们的叙述框架中，这一段情节应该诠释如下：祭仪的庆典看起来是某种"完成"（accomplissement），但不应忘记的是，正是在这儿有了一个"分离行动"，这一行动的（令人失望的）结果，将会由接下来的片断（6c）阐明：分离行动所涉及的，正是对城墙的祝圣，因为城墙将圣城与其他地区分隔开来。这一分离也由下述行为标明：人民分为两大队赞颂，祭仪职务得到严格的分配。这是一种欢乐的分离，人们期待着它将带来更大的善，但《尼希米记》最后一部分将显示出，这种分离带来的处境比尼希米所期望的要更加晦暗不明。

c. 完成所涉及的，总是一个目标，是"建立与栽植"之许诺的一部分："我先前怎样留意将他们拔出，拆毁，毁坏，倾覆，苦害，也必照样留意将他们建立，栽植。"（耶31：28）值得一提的是，神的诺言的某些词语在《以斯拉记》第1章第1节中被唤起："我必将他们从北方领来……他们必成为大帮回到这里来"（耶31：8）；"我必以肥油使祭司的心满足"（耶31：14）；"日子将到，这城必为耶和华建造，从哈楠业楼直到角门"（耶31：38）；最后，律法的宣读与盟约的缔定（尼8—10）和《耶利米书》第31章第33节密切呼应："我要将我的律法放在他们里面，写在他们心上"，但《尼希米记》的文本清楚地显示出，这个许诺只是得到了部分的完成，诺言被完全证实的时刻——"他们各人不再教导自己的邻舍和自己的弟兄说，你该认识耶和华，因为他们从最小的到至大的都必认识我……"（耶31：34）——还尚未到来。① 因此，每一次，我们都会看到，神的允诺在某种程度上得到了完成，真实的、但又只是部分的完成，它呼唤并且承诺某种远胜于已经被给予的东西。叙事中涉及的各种"完成"是相互依赖的：祭司与利未人"各住在自己的城里"（拉2：70）（1c）；这就引起了在耶路撒冷召开的祭仪大会（2c）；祭仪大会又要求驱逐外邦配偶，以遵行盟约的规定（3c）；为了分离外邦配偶，又必须进行人口普查（4c）；为此，又需要人民与神立约并与邻人立约（5c）；这又需要……最后的结论是，这些盟约仍是不稳定的（6c）。

---

① 神借耶利米所作的许诺，涉及一个将要来临的时刻，那时人对神的认识将是直接的，神的律法将直接写在人的心上，而不需要依赖教导者作为中介。相反的是，在此时，律法必须通过教导者来传达，由教导者聚集人民、告知人民。人与神之间没有直接的往来，一切必须经由团体的中介。

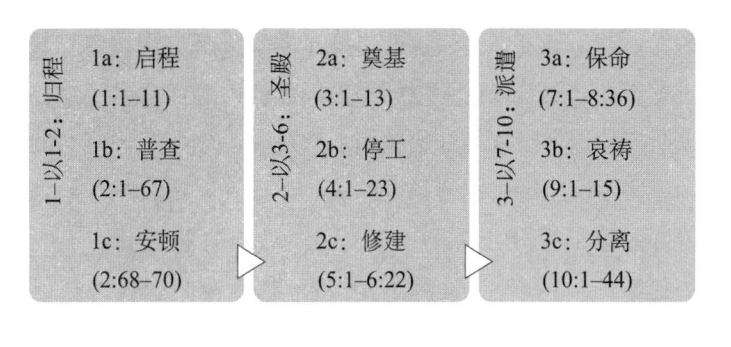

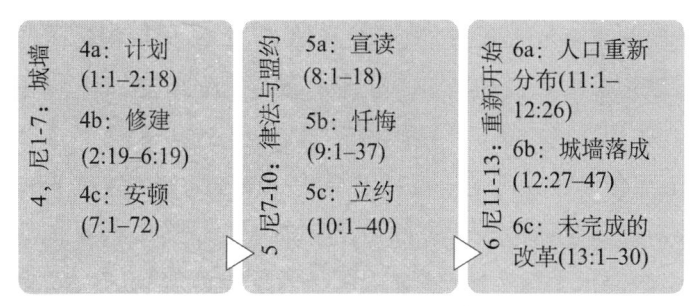

| 1—以1-2：归程 | 1a: 启程 (1:1—11) | 2—以3-6：圣殿 | 2a: 奠基 (3:1—13) | 3—以7-10：派遣 | 3a: 保命 (7:1—8:36) |
| --- | --- | --- | --- | --- | --- |
| | 1b: 普查 (2:1—67) | | 2b: 停工 (4:1—23) | | 3b: 哀祷 (9:1—15) |
| | 1c: 安顿 (2:68—70) | | 2c: 修建 (5:1—6:22) | | 3c: 分离 (10:1—44) |

| 4, 尼1-7：城墙 | 4a: 计划 (1:1—2:18) | 5 尼7-10：律法与盟约 | 5a: 宣读 (8:1—18) | 6 尼11-13：重新开始 | 6a: 人口重新分布(11:1—12:26) |
| --- | --- | --- | --- | --- | --- |
| | 4b: 修建 (2:19—6:19) | | 5b: 忏悔 (9:1—37) | | 6b: 城墙落成 (12:27—47) |
| | 4c: 安顿 (7:1—72) | | 5c: 立约 (10:1—40) | | 6c: 未完成的改革 (13:1—30) |

**《以斯拉记》与《尼希米记》的六组叙事示意图**

第二组与第五组这两组是中心叙事，其结构相关性相当紧密而清晰。这两组叙事中，同样发生在七月里的"聚集"事件，决定了一系列行动的发起："到了七月，以色列人住在各城，那时他们如同一人，聚集在耶路撒冷……都起来建筑以色列神的坛……在坛上献燔祭。他们在原有的根基上筑坛"（拉 3：1—10）；"到了七月，以色列人住在自己的城里。那时，他们如同一人聚集在水门前的宽阔处，请文士以斯拉，将耶和华借摩西传给以色列人的律法书带来；七月初一日，祭司以斯拉将律法书，带到听了能明白的男女会众面前"（尼 8：1—8）。在这两种情况下，混合着泪水与欢笑的氛围都证实了某种"未完成的"奠基。每一次，"分离"的行动都是通过记忆的一种双重运作来达成的：在《以斯拉记》中，首先是通过上本奏告与王谕复文等信件的交换,由敌人来追溯以色列违抗君王的历史。在《尼希米记》中,却是以色列人细数自身违逆神的过往。以斯拉的追忆发挥第二次作用:第二次上奏与王谕复文的信件交换,证实了国王继续修建圣殿的决心。而在《尼希米记》中,在忏悔祷告的第二部分(尼9:32—37),对历史的回溯,产生了对盟约的更新:以色列人积极筹划盟约,犹如他们积极重修神的殿宇。因此,不足为奇的是,曾被流放的民众完成了神的圣殿的修建,"欢欢喜喜地守除酵节七日"(拉6:22)以庆祝逾越节;在《尼希米记》中,盟约的订立也是一种同样的完成。重修圣殿的过程"体现"或"象征"着盟约之团体的建立。换言之,第二组与第五组叙事相互呼应:圣城的奠基(2a)延伸到宣读律法的行动(5a);以色列敌人诉说的历史事件(2b)在以色列人民自己的回忆中取得了现实性(5b);殿宇的重建为盟约的恢复提供了准备(5c)。

基于此,我们将《尼希米记》视为《以斯拉记》的再次叙述。这两卷书以多种方式向我们复述了同一段历史,也正是在这双重叙述之间的关系,向读者诠释出:从"初始情境"到"分离行动",以至于"未能实现的完成",这三阶段的模式依序组织起来,揭示出处在以色列历史的整体复兴之中的以色列团体的重新开始。

以这样的方式,我们应该如何剖析两卷书中的最后一组叙事(即3c和6c)的功能?正是这两组叙事,主要处理与外邦女子相关的问题,就好像先前发生的那些事件只是为了更好地准备揭示这个最终无法解决的危机似的。在这两组叙事中的每一组之中,外邦女子的问题都使得叙事只达到了部分的完成,并且使得团体的存续岌岌可危:以斯拉改革的目标,在于确保祭仪的恢复,然而正是那些身陷与外邦女子的婚姻中的祭司们，威胁到祭仪本身的良好运行。《尼希米记》最后一章清楚地表明，正是刚刚订立的盟约的整个体系，已经不再受到尊重，本来"都随从他们贵胄的弟兄，发咒起誓，必遵行神借他仆人摩西所传的律法，谨守遵行耶和华我们主的一切诫命，典章，律例"（尼 10：29），却正是在这里出了问题。律法的首要和总归是守安息日，但当尼希米回到耶路撒冷后，见到最受人违背的诫命就是守安息日的诫命（尼 13：15—22）。我们已经知道，第二个当履行的誓约，就是弃绝与当地人的杂婚，而最后，第三个誓约——尊重仪式的规范——似乎也前景不佳，因为尼希米必须重新派定祭司和利未人的班次，使他们各尽其职，又派百姓按定期献柴（尼 10：34，13：31）。

毕竟，《尼希米记》的编撰者可以选定在耶路撒冷城墙告成之时作为完结篇，如此的结局将是众人皆满意的收尾，不但可以呼应《以斯拉记》的开端应验耶利米先知预言，而且证明尼希米达成亚达薛西王所赋予的任务。然而，编撰者却呈现改革失败的一面（至少是部分的失败）作为完结，尤其指出内部通婚改革的失败。这样的结局与《以斯拉记》相呼应，而且确认我们在此书结局中所感受的氛围：驱逐外邦女子只是暂时。同时，以色列人借由城墙的树立划出与其他种族的界线将无法发挥原来受人期待的功能，祭仪时分出的两支队伍与圣城的完工两者也因异族联姻，使得原本想达企的划分界线变得模糊难认。

## Ⅳ．盟约与血统

以上梳理出的叙事结构，是如何同时阐明内婚制的意义及其在理论上和实践上的局限的呢？我们将结论分为六点阐述如下：

1. 与外邦女子结婚的问题，每次都指示出神的许诺通向完成的道路与阻碍。它唤起对过去的失败的回忆，同时也向团体的未来投下一种威胁。叙事告诉我们律法的必要性，也预示了正是这律法将以某种方式被人轻视。对外邦女子的驱逐，即是试图摆脱这种将会不断从头再来的威胁。然而这种从头再来或重新开始，不正是由事实证明了吗？"这些人都娶了外邦女子为妻，其中也有生了儿女的"（拉10：44），逐出由外邦女子所生的后代，这样的事在过去早已发生过（参见创21：14），而这样的驱逐使以色列在列国之中真正成为了一个国家（参见创21：12）。《以斯拉记》最后的遣返名单显示，一切又如同回到了初始情境。同样，《尼希米记》第13章第3节所述的"驱逐一切闲杂人"，又唤起了以色列人在摩押平原安营的时日（民22—25，申23：4—6）。内婚制的规则标志着一个重新开始，因为这样的规则奠立起一个团体的基础，并告诉我们这个团体的脆弱性，筑起一道与外隔绝的藩篱，但也同时蓄积着超越这道藩篱的可能性。

2. 同时，使众人遵从内婚制规则所遭遇的困难，证实了社会关系的脆弱性。内婚制的运作情况标示出团体内部的权力关系：《以斯拉记》第9章第2节证明"首领和官长在这事上为罪魁"。《尼希米记》第5章第5节描述了百姓的抱怨："我们的身体与我们弟兄的身体一样。我们的儿女与他们的儿女一般。现在我们将要使儿女作人的仆婢，我们的女儿已有为婢的。""在那些日子，犹太的贵胄屡次寄信与多比雅"，或是这地的居民的首领宣誓婚姻结盟。（尼6：17—19）不与当地人缔结婚姻，意味着拒绝一种双重的束缚：其一是偶像崇拜，其二是在人民内部造成相互对立——异族联姻最初是权贵的行为，随着犹太同胞被卖给外邦人为奴，造成了一些犹太人被视为外邦人,而外邦人被礼遇有如弟兄。①

对安息日的冒犯,提供了另一个与此主题相关的讯息:"有推罗人住在耶路撒冷。他们把鱼和各样货物运进来,在安息日卖给犹大人。"(尼 13:16—17)因此,尼希米修建城墙的决心获得了意义:使人遵行律法,谨守安息日。"在安息日的前一日,耶路撒冷城门有黑影的时候,我就吩咐人将门关锁,不过安息日不准开放。"(尼 13:19)借着对安息日的遵守,盟约将祭仪的规范与团体内互爱关系的重建紧密地关联为一体:"并不将我们的女儿嫁给这地的居民,也不为我们的儿子娶他们的女儿。这地的居民若在安息日,或什么圣日,带了货物或粮食来卖给我们,我们必不买。每逢第七年必不耕种,凡欠我们债的必不追讨。"(尼 10:30—31)团体内部遵行的公平原则,需要内婚制作为其屏障。安息日的诫命,将所有那些把以色列人与外邦人分离开来的职责合为一体:(A)使得以色列与其他国家有所分别的职责(在第七天休息而不工作);(B)在团体内部建立更为公道的关系的职责(第七天休息,也就是使得妇女、奴隶、牛群休息;每逢第七年必免除他人的债务)。

3. 因此,杂婚的禁令也部分地与对当下的理解相关,它位于以色列民的整个历史之中,但也伴随着一种社会关系的概念,即那些"血脉相连"的人之间的平等关系,这种平等保证了"以色列的神"所赐的自由将永远存在。回过头来说,从某个角度看,此处的

---

① C. V. Camp 这样写道:"造成这种阶级分裂的原因,可能是由于那些贫穷的犹太贵族(即是那些合法拥有土地的人)倾向于选择与跨约旦河的巴勒斯坦地的较富裕家族的联姻。"(C. V. Camp, *Wisdom and the Feminine in the Book of Proverbs*, Sheffield: The Almond Press, 1985, p. 241)这个假设大体上应是正确的,特别是考虑到了以斯拉与尼希米的某些"民粹主义"的做法。无论如何,尼希米对众人债务的豁免(尼 5:10—12)巩固了被沉重的税赋所威胁的社会关系。

"团体"即是"同盟"。或许我们应该从相似的角度来审视对祭司阶层执行内婚制的强硬态度:在流亡后归来的政治背景中,在明确的文化使命之下,整个团体必定认识到"祭司的权力"的某种形态。问题在于这种权力的运作方式。在因君主政体的消失而产生的空虚之中,这个问题很难获得回答。在这方面,大祭司以利亚实呈现出的矛盾形象很能说明问题:在尼希米的号召之下,"大祭司以利亚实,和他的弟兄众祭司"起来修建城墙,"建立羊门,分别为圣,安立门扇"。(尼3:1)然而,他却与多比雅结亲,其孙辈之一是和伦人参巴拉的女婿(尼13:28),他为多比雅在神殿的院内准备了一间大屋子(尼13:4—9),当地人也想要一起参加神殿的建造(拉4)。这些事实都足以证明,团体的危机就在于,祭司阶层逐渐变成了一个"领导阶层",并以领导的身份参与到结盟的网络与土地的占有之中去——可以说,团体的危机就是祭仪权力(耶路撒冷圣地对其周边地域的威望极高)与经济权力的结合,正如那个时代一切王室圣殿的模式一样。[①] 以斯拉与尼希米的改革目标,并不在于挑战祭司阶层的权力,而在于准确地厘清其权力的性质。对内婚制的要求,以及保证利未人和祭司当得的份(尼12:47;13:10—13),只有唯一的目标:通过确保祭司的生计,团体才能把祭司从经济关系的活动中排除出去,也就是把祭司阶层排除在婚姻联盟与土地所有权相遇而产生的经济游戏之外,因为正是在这样的经济游戏中,一部分以色列民为另一部分所奴役。《以斯拉记》与《尼希米记》的文本向我们呈现的,正是

---

① 波斯王要在耶路撒冷重建神殿以敬拜神,依照帝国处处可见王室圣所的模式。一般而言,王室圣所能够为主持祭仪的祭司阶层带来经济利益。而犹太律法特有的规定是,祭司取得神殿给予应有的份,但并不能垄断利益,正是这样的律法使得全民血肉相连。因此,必须建立一个王族圣所,但却依照以色列特有的律法精神而行。

对社会关系的关切、对社会契约的关切,正是借着这契约,神以某种方式呼唤人民与他自己结盟。

4. 同时,在《以斯拉记》与《尼希米记》中,父系血统(la filiation patrilinéaire)是盟约的唯一模式(berit①),而唯一的盟约是人与神之间立定的盟约。唯有列于以色列族谱之中的人,才能受召而与神缔结盟约,而且这样的盟约具有排他性;然而相反的是,古代以色列的盟约模式是具有多样性的:以色列人安顿在哪里的土地上,就与居住在那里的家族、群体或部落结盟,以能抵御共同的敌人。从《圣经》的整体文本来看,父系血统的关系是与盟约关系截然不同的,但是两者也可能会产生冲突(应该优先忠于父系群体中的成员,还是忠于缔结了同盟的外族群体)。盟约关系能够补足父系血缘关系在确保群体的繁荣昌盛方面的不足之处,而异族联姻的策略有助于建立灵活多样的盟约关系,使得采用异族联姻的个人与家族,比起那些采用维持在同一父系血统内的几个小部落之间的内婚制的家族来说,能够确保更加优越的政治地位和经济地位。②

5.《路得记》的介入,是对《以斯拉记》-《尼希米记》的模

---

① 在希伯来文中,berit 这个字可以表示各种形态的、结盟双方平等或者不平等的盟约,包括横向的盟约(在群体之间或是在人与人之间)或纵向的盟约(在个人与神之间,或者国家与神之间)。

② J. 皮特-里弗斯(J. Pitt-Rivers, *The Fate of shechem, or the Politics of Sex*, 1977)开启了关于圣经中的婚姻策略问题的人类学研究道路,戈德堡(H. E. Goldberg, "Cambridge in the Land of Canaan: Descent, Alliance, Circumcision and Instruction in the Bible", *Janes*, Vol. 24[1996], pp. 9 – 34)沿着此进路作出了进一步的研究。在地中海世界之外,也很容易找到类似的人种志的案例。直至今日,四川凉山的彝族人仍然坚持在堂表亲之间通婚,这种婚姻模式在几个大的父系氏族之间代代相传。这种执守的必然结果是,他们的族谱,比起圣经里记载的族谱来说,同样翔实,可以追溯到同样久远的年代(至少 20 代,通常还可往上溯)。皮特-里弗斯将这样的策略定义为"防卫型的婚姻策略":他们的宗教体系的延续,和其语言的延续一样,可能都应归因于这种非常自觉的族内通婚的机制,这很容易让人想起《以斯拉记》与《尼希米记》所倡导的内婚制。笔者亲眼见证过,如果有后代想要僭越严谨的内婚规定而自行娶嫁,父母亲会以自杀相逼。

式的回复，它再现了以色列的过去，那时，多种多样的结盟形式常是通过与异族的联姻而达成的。对于那支配着一个紧密团结的民族的公平原则，《路得记》描述了一个等级制的社会环境和一个庇护者的形象（波阿斯），这位庇护者宽宏大量，超越严格的族群界限，拓展了结盟带来的利益，从而对此种公平原则作出了回应。因此，大卫王有了一位外邦曾祖母，也就是路得①，而所罗门王众多的外邦妻子却是尼希米的首要攻击对象之一。然而并不应该就此把《以斯拉记》-《尼希米记》与《路得记》（暂且不提我们已经论述过的《友弟德传》与《以斯帖记》）对立起来阅读，而应该首先把它们视为围绕着同一个问题的内容：婚姻策略是如何既对一个团体在有形世界里的存续作出贡献，同时也对特殊的盟约——此盟约是团体在历史中与神缔定，并构成了该团体的终极身份——的存续作出贡献？个人、群体以及民族之间的这些特殊的"盟约"，如何能够进入"圣约"——它同时担保了团体的内部一致性以及团体与神的关系——之中，或者与"圣约"相对抗？在盟约的多样而复杂的表现之中，如何能够贯通"血统"（基于原始圣约的谱系身份）与"（诸）盟约"之间的关系？

6. 对《以斯拉记》与《尼希米记》的叙事结构的分析，向我们揭示出，这两卷书远不止于简单地坚持通过内婚制的策略维持团体身份的存续，而是首先在于、并主要在于揭示这个事实："重新开始"总是意味着还要再度开始。书中的每一段叙述都结束于一个令人失望的、部分的"完成"，然而这个"部分完成"又使团体与叙事得以继续下去。文士以斯拉与比他还要热心的省长尼希米所梦想的那个团体模式——平等、同质、与外隔绝的团体——实在是一

---

① 路得不只是外邦女子，而且她还是摩押人——尼希米攻击尤甚的民族（参见尼13：23—25；民22—25；申23：4—6）。

个乌托邦，也正如乌托邦一样，它会极大地危及团体自身的存续，虽然他们梦想着在一个不可动摇的根基之上确保团体的存续。然而，人们认可这样的乌托邦，并将它付诸实践，一再从头奠基，一再重新开始，永无止息。这种工作本身也使得人们一再启动了重新解释的过程：《以斯拉记》与《尼希米记》不能被当做独立自洽的文本来阅读；正如它们取自当时存在的团体的一切文本记述，同样，它们也只能在圣经叙事的整体之中被我们接受，圣经叙事的整体为这两卷书提供了意义，同时也向它们提出质疑。①

# 利玛窦的世界地图

中西方的互动是几世纪以来的事实。约自 17 世纪以降，这样的互动大致来说并未断绝，并且对两大文明的发展皆有重大影响。我们要探究的是双方文化相遇所带来的新挑战，并描绘这份相遇如何构筑今日世界的形貌。

当今的年代往往被标示为"全球化时代"。显而易见地，这样

---

① 我们必须将这两卷书置于多元化的背景之中加以阅读。这样的阅读法是属于注释学与神学的一环。我们在此赞同托马斯·勒默尔（Thomas Römer）的立场："希伯来文圣经与摩西五书尤其此后似乎不能再被视为有如不同文件依次接续的机械般组合，而是相互竞争、甚至相互矛盾神学编选之间的妥协且共存的书籍。在波斯帝国的政治背景中，摩西五书的编纂不能不整合犹太教初生形态中的各股主流意见。同样的，我认为神学在今日不能再允许构想各种完全封闭于自身的体系，正如巴尔特（Barth）企图建立的教义论，但首先必须要接受内部的多元原则，而且正视编纂过程中难以跨越的复杂世界。" *L'exégèse et l'air du temps*, www.theolib.com/zeitgeist.html.

的归类难免在某个程度上流于口号，许多性质迥异的现象可能被不当地归入，并使我们对于某些现象略而不谈。但是，这样的指称又指向一个具体的形廓，值得我们加以分析。

基于"字"指涉"物"的原则，我们只要天真地认为，我们置身在全球化的时代，是基于一个简单的事实：因为大家都这么说，而且每个人都相信我们正处于这样的年代。因此，既然世上文明之间的关系已经"全球化"，对于文明间往来这般特定的维度，例如中西方对话，我们是否还能够把它单独区分出来谈论，并加以分析呢？

我将通过四个部分延续探索的路程：我先以上述的提问为主轴，对"全球化"的概念作一番省思；然后以这份省思为引导，回溯中西方互动的源流所在；接下来我将讨论西方象征的多元形象如何影响中国历史；最后一个部分也是探讨最为完备的篇幅，描述的是当代中西方对话正面临的新挑战。

## 独一而完备的体系

"全球化"这个词语，指的是一个过程，通过这个过程，社会与文化的结构原本受到地理的限制大为降低。由于打破地理上的局限，整体意识逐渐得到确立。因此，世界位阶的交流越来越朝向凝聚整合。对于这个过程，我采用结构性的观点。这也是为什么我舍用"世界化"一词，而以"全球化"贯穿全文。

我们可以肯定地说，自有史以来，人类已经在累积一种全球化的过程。凡是有助于人类的居住地形成独一而完备的体系的历程，例如各种形态的移民，或是领土与领土间的联系，都属于全球化的范畴。这个过程的进行，既通过对话，也通过冲突，例如20世纪的两次大战首次被命名为"世界大战",正说明了冲突同样是全球化的一个阶段。我们可以就现象的省察,侧重分析各种时间的多元进阶,勾勒全球化的世纪特质。我们可以探究这样的特质和现代化、资本主义出现等之间结构性的关联。而对于被称为"后"的年代,例如"后资本主义"、"后现代"、"后企业革命"等,我们可以针对近几十年来的变迁,列出这些"后"的年代中全球化的表征(manifestation)。这三方面并没有矛盾之处,各有其不同的要旨与关注。①

## 从量变到质变

当"全球化"一词越来越贴近普通民众,它的内涵与先前的年代是不是有所不同?80年代末期以及90年代初期,又有什么值得一记,或是称道之处?若引用马克思的词汇,这个年代出现的是由量转质的过程。我们又要如何理解呢?举个例子来说,资本在量上的增加,某个程度上带动质的变化,因而促使生产模式的更新。进一步来说,就是综合与观察的累积会造成科学范式的转移(从一个科学范式转移到另一个科学范式)。我们同样可以用一个比喻直接探讨这个命题:假设我们能够克服所有的困难,派遣一艘太空梭到另一个银河系,到另一个存在着生物的星球。只要太空梭的能源储量不足以供应往返一趟的航行,即使短缺的只有少量能源,实际上并没有完成质的有效突破。如果我们能提供足够的能源,那么量的增加将在瞬间造成质的重要突破。

从这样的逻辑应该可以推出,在近几十年里,交流的累积已经

---

① 由社会学家撰写的现象学入门。参见 Malcom Waters, *Globalization*, New York: Routledge, 1995.

跨越"质的门槛",因此"全球化"一词不只是空洞的口号而已。我们可以把交流的类型区分为产品的流通、人才的流通、信息的流通,最末项类别的流通率激增,是牵动全球化的真正引擎。

## 地球意识福祸相倚

我们也可以通过其他维度作分类:物品的流通受限于地理因素,人们自然趋向于建立一个地方性的团体。回顾政治交流的初衷,指的是各个主权实体间的关系。就这个层面来看,政治交流将世界变得国际化,多于建构世界性唯一的体系。我们还可见到象征体系的交换,指的是空间中语言指涉物的交流,这是最具有自由度的交流,使得人类全体走向全球化。[①]

如此,对于某些线索,我们才能给予一个意义,并真正地探讨全球体系的运行:

(一)信息从此被整合的单一管理系统所处理,卫星、网络等全都构成了具体的管道。

(二)随着"地球意识"的出现,大家把某些环境、人权的问题视为"世界性"的问题来谈论。

(三)政治交流既是一种国际关系,又是一种跨国关系:例如国家扮演的角色日趋减弱,区域团体体现,非官方组织及跨国组织的分量逐渐加重,都是明证。

(四)财流整合的出现与新式利益的结合,随全球化形成了一个附带的指标。

(五)思想体系的反馈(rétroaction)是另一个附带的指标。以

---

① *Globalization*, p. 9.

宗教间的对话为例，全球化使得各个信仰重新表达各自的本源。

（六）科学的探索过程显示全球化更新某些工具，人类运用这些工具决定未来的发展，人体基因绘制术的发现过程即是一例。

全球化是一个长期的现象，同时经历了短期间加速的演进。空间与时间限制的被打破，利于出现一个越来越整合的关系网。全球化自有其自省的特质，它牵动经济、政治、社会的行动者，使得他们必须随着新的现势逻辑而做出响应，冲击以倍数扩展。全球化的过程使得普遍性与特殊性的对立日益明显，以下我将延伸探索这个问题。我们必须明了，全球化本身没有好坏的区别，全球化是中性的。随着全球化而来的现象，可说灾难与福祉相倚。全球化扩大效果，于是连锁效应相继而来，这一切都是利弊互见。

## 中西方对话的源头

这里我回溯中西双方对话在今日被理解的方式。这样的对话从一开始就不属于边缘的现象。中西方相遇的时刻，早已指出一个方向，决定中西方的演进历程。研究双方最早期的接触独具意义，但这份交流并没有延续。我讨论的中西交流，时间点必须重回到16世纪下半叶，双方最早期的交会在这里略而不谈。

### 利玛窦为中国绘制世界地图

1601年5月，利玛窦获得明神宗万历皇帝的允许，在北京定居，并且领到一块土地，如今在这块土地上尚可见到南堂[①]的建筑物。

---

[①] 南堂，因位于北京宣武门，紫禁城西南面得名，为一天主教教堂。

利玛窦自 1583 年抵华以后，和其他耶稣会士所求的就是这一份清朝王室的认可。他一生中最后的九个年头，都在北京广交中国知识分子，并扩充初期的翻译与译注工程的规模。利玛窦在中国作出三项革新，值得着墨论述。这三项革新显示出中西对话的成形在这个年代具有普世的意义，指出了全球化过程的场域与挑战。

利玛窦先是绘制了世界地图，这一类型地图的完成在中国可说是头一回。这项工作当然获得很大的成功，人们甚至可以将它视为中国内部的"哥白尼革命"，因为这项创举使中国对"中"开始懂得采取相对的看法。中国发现自身并不是先前所自豪的"中土之国"，中国发现自己只是世上众多国家中的一国。利氏制图引起的回响可谓多重而深刻。

在利玛窦的推动下，欧几里得的著作《几何原本》被翻成中文。[①] 西方的科学定理与计算符号，亦即科学与技术两者经过理性化以后的基础语言也随之被引介到中国。如此的数理语言具有普世价值。在那个年代，有的基督神学家认为从西方传入中国的科学与技术具有普遍性，因此基督宗教的普遍性应是同理可证。不过，我们必须提出下列问题：科学与技术的语言虽具有普世性，但如何厘清它与基督传统、古希腊文化根源之间的关联？这仍是历史哲学开放讨论的问题。用另一个角度来看，可说是共性与个性的课题。

利玛窦在《天主实录》一书中，就唯一的、具有人格的、创造者的神作一推断。对中国而言，这样的观念确实非常新颖。中国人在那个年代尚未进入两个宇宙观对立的论战。这个教义之所以构成挑战，正如进入其他文化脉络一样，并非来自"一神"的概念，而是因"降生"（incarnation），或说如"天主成人"（或称创世主义，

---

① 《几何原本》由徐光启与利玛窦合译，以中文介绍几何欧氏几何定理，其中包括几何基础、几何代数、圆形、三角形、平行四边形、比例、垂直等算术命题。

créationnisme）的观念引发轩然大波。无论如何，利玛窦播下了哲学与宗教对话的种子，这种对话在今日仍然持续着。

诚然，利玛窦是根据他身处年代的思考模式而响应，并针对当时知识分子的需要而奉献。在谈论文化交往时，特别是探讨中国与基督文明的峥嵘，我们必须跳脱出本质主义（essentialisme）的窠臼，关注双方创造的过程（processus de frabrique）。如此许多教义与革新才能受到接纳，也才能重新得到新的诠释。

## "中国的文艺复兴"

中国知识分子李天纲，引用梁启超在 1920 年代所提出的理念，把明朝的万历至清朝的嘉庆年这段期间，视为"中国的文艺复兴"，[①] 这可说与西学传入直接相关。西学的传入实际上很接近欧洲对古代的重新探索，近似欧洲文艺复兴的序曲，革新中国士人传承的典范。根据李天纲和其他知识分子的说法，这个典范重视与外界开放的互动。

中西方交会当然在后来遭遇许多的伤痛，这需要另辟专文评析。正如前文所提，我主要想探讨 17 世纪初以来，在中西方的对话中"全球化"的机制何在，"全球化"遭遇的困难又何在。我相信这份对话永远不会终止，而且这个过程具有普世的意义。

## 从爱慕到侵略

欧洲探索中国的过程很接近上文所述中国文化范式的转移。但

---

① 参见"Chinese Renaissance: The Role of Early Jesuits in China", Stephen Uhalley, Jr. and Xiaoxin Wu(eds.), *China and Christianity*, New York: M. E. Sharpe, 2000, pp. 117-126. 另见李天纲:《清代儒学与西学》,《二十一世纪》, 第 67 期（2001 年 10 月），第 51—56 页。

这样的探索又不同于发现美洲的情况，在探求差异性中透露了中西方的平等相对。18 世纪是欧洲爱慕中国的世纪：中国建立的模式及其本源，与西方基督文明的源流迥然相异，但中国的文明并没有被列为"次等"；欧洲爱慕中国文化，逐渐对自身的文化遗产有了相对的看法，懂得不因此自视甚高。对中国的探索，是构成欧洲启蒙时代人文革新的因素之一，例如多元、超然看待事物的态度、跨文化对话的种子等。一切欧洲现代形象的显然跃动，多半随着对中国的探索而来。

但是，西方的部分反应也转向另一端。敌视中国的心态逐渐高扬，在 19 世纪下半叶达到高峰。然而，自 17 世纪以来，中国对欧洲来说，具有一种"他者"或是平等伙伴的形象，被欧洲人视为标尺，借此衡量自身文化传统的资源与底限。

因此，我们可以说，中西方的互动在 17 世纪和 18 世纪指出了一个重要的方向，全球化的当代形象也从而确定。

## 西方现身的形貌

1919 年 5 月 4 日，中国学生的街头游行示威，开启了中国政治史上的新页。他们提倡的"民主"与"科学"的理想，直接取法于西方，扬弃儒家传统。然而，这样的反应却出自一种羞辱的情境中：当时第一次大战战胜国群聚凡尔赛宫，逼迫中国签字，将德国在中国山东的管辖权过继给日本。

近两个世纪以来，中国知识分子面对的挑战，在于摸索着与西方建立相处之道，让长久以来矛盾的情结趋于缓和。于是，有人提出模仿而不剽窃，学习而不忘本；区别科学的"用"以及国外价值原有的"体"；认为中国存在一种独特文化，其传统具有普遍性。

全球化与本土化之间的冲突，本是各个文化都会遭遇的事，在考验着各个文化，而中国特有的历史环境，让这段过程变得格外地激烈与惨痛。

## 佛教重建中国的认知体系

我们先上溯西方形貌的历史维度。对中国文化而言，"西方"曾出现过几次清晰的面貌；所谓面貌，指的是质疑传统根基的一套体系。不可思议的是，西方第一个呈现的面貌，正是佛教。释迦牟尼的教义出自印度，代表的正是"西方智者"的形象。佛教运用的语言比较近似旁支的印欧语系，引入的思辨体系与中文大不相同。然而佛教却对中国的世界观与形而上学开启了一套新的理解方法。

在公元4世纪与8世纪，中国人文史上出现了大型的翻译工程。往后中国保有对翻译的爱好，出乎一般西方人士的理解与想象，但是这样的举动使得中国对外来的影响持有更欣然开放的态度。每当我跟法国友人谈起，光是《红与黑》这本小说就有13种不同的中译本，往往令友人啧啧称奇。几个世纪以来，中国知识分子运用佛教形而上的概念，重建并诠释原有认识论的体系，把佛教作为中介，回溯自身的文化本源，直探被"经注"层层遮盖的文化本源：从"异"返"一"，这样的方式也让西方人感到惊奇。

## 基督宗教与西方科技

第二个面貌是西方科技与基督宗教的输入。那个年代里中国改革派提倡回归儒家的"本源"，改革派的向往和基督宗教的教义产生新的结合。那是一个历史的时刻，是为中国特有的知识与伦理观做出综论的时机。然而，这个时机却随着明朝灭亡而在清朝初期宣告中断。这个时期所完成的综论明显地取代先前佛教与中国思想渐进调适而成的宇宙观，取代的宇宙观具有"回归本源"的特质。

## 中西交流的新挑战

### 便利粉饰差异的深沟

我把当代全球化的状况，和中西交流的发展与源流作一番探讨，试图勾勒出中西对话在未来所呈现的形态。这个形态将在限制与由自之间互动。

从西方的文艺复兴到现代初期，构成中西相遇的条件可说困难无比。除了旅途漫长之外，有时还要冒着沉船、海盗劫掠、国家交战等风险，海上旅者死亡概率二分之一，另外还可能误读他国文化或是思想家的文本。今日，接触的便利却形成了另一种风险。旅程简单成行，译本多样，外加各式各样的沟通工具，但是交流的便利恐怕却变成某种"随便"，使得交流的意义变得浅薄，甚至制造更多误读。人们以为自己懂，其实什么也不懂。双方的差异仍然挥之不去，相遇外在的便利常常粉饰了差异的深沟。

利玛窦的长期探索告诉我们，交流没有快捷方式可言。学习一种语言，如同学习一种文化，需要耐心、虚心与灵活度。人们要如何进入另一个文化里的深层人性，如何从一个群体的无意识进入另一个群体的无意识，以上都是独立于科技进步之外的因素。如果科技的进步使得交流需要蕴涵的耐心变得粗糙，那么科技进步无异于吸食中西交流的血液。

### 本质主义危险重重

我们常常可以观察到一种现象，那就是全球化使人高喊本土化。

交流偶尔危及双方的生活方式，造成某些产品的经济价值跌落。若本土象征价值高的产品，例如各地的特产、少数民族的传统服饰等逐渐没落的话，交流就会被看成一种威胁。与全球化现象并行而来的是本土化的现象。我认为本土化是被重新建构的，需要通过叙事、传说与神话的要素重新建构。因此，中国知识分子趋向使用几组相对的概念定义自身的认同：相较于西方文化，中国文化可能采用全面的观点，较不常运用二元对立的思维，也不惯用分析模式取径；甚至有人指出西方将交流建立在重商主义的观点上，重视自由、平等，不在乎整个体制的团结，而中国人从祖先传下来的观念强调和平与合作，忽略的是自由与平等。如此笼统的观点并不是全盘皆错，只是无法剖析出具有意义的解释，结果容易导向过于空泛或是造作的结论。

过去中国人并不通过这种方式为自己定义，因为与他者的交流之下，某些文化的特质才会被突显，或是被系统化整理。全球化会带来一种效应，即狂热追求自我肯定。如果变成本质主义的取径，这样的追求可能走上险途。若大家用尽种种办法要定义中国的"本质"，将忽略文化归属感和区域的多元性。多元来自一个简单的明证：认同并不是一个不可动摇的本质，而是历史不断变动综合的结果。

## 后现代解构中外大历史

在后现代流行的浪潮中，中国找到一方解药，用药的方式也令人感到惊奇——不论在博士生的讲座，或是各种学术研讨会中，大家热衷讨论的作者有利奥塔（Jean-François Lyotard）、布尔迪厄（Pierre Bourdieu）、德里达（Jacques Derrida），甚至连福柯（Michel Foucault）也名列在其中，无论在北京或在台北都是如此。他们的言论被人们贪恋地引用，使我感到诧异。他们都是被中国学者归为"后现代主义"的作者，有些被归类的作者都与之划清界限。

我们是不是可以把这个现象只视为知识分子时兴的研究热潮？有一位北京大学法律人类学教授告诉我，大家对这些作者的引用，在于超越"大叙事"或是"大观点"的认同。马列主义"经典"式的大叙事，使得中国运用历史建构其社会发展，而通过后现代主义的论述，中国人得以轰击这个"大叙事"，瓦解历史进程中的神话的基本元素。然而，原来在历史上不受质疑的词汇，如自由主义与民主的"大叙事"，却也产生根本性的动摇。

另一个引用后现代主义的解构法，值得我们加以关注。中国国家一统的"大叙事"、历史的重大发展，以及文化的凝聚力皆遭受挑战。大叙事的终结，使得大家因着多元的历史意识，对中国的地理、族群、文化有了全新的观察方式。大叙事的终结把这样的多元性转成一个理直气壮的事实：中国各多元文化不再被视为单纯的藩属、点缀、环绕、臣服于中原大汉民族之下。大叙事的终结，让中国社会学习何谓"差异"。和谐与多元是政治的问题，也是文化的问题，不可分而视之。

## "中国式的后现代主义"

我们可以看出，"中国式的后现代主义"已展露雏形，往后可能导致两个反向的发展。当权者借由各式的神话拥护其"共融"之说，这番说辞建立在规范、再现的基础，不过很多还没有被公开地充分讨论，批判派的脚步可能使得那些神话毫不留情地被消灭殆尽。无疑地，这会产生一股颠覆的力量。这套新言论反而为新保守主义制造巧妙的新说词，为其护航。批判派轻易认同过于简单的怀疑主义，既然各种神话、理想都没有什么差异，何不任凭尘世的摇摆。中国后现代主义的言论可能会追随西方的脚步，运用后现代主义来批评西方价值。然而，若要运用中国模式在实践上仍显得过于抽象，或是精确不足。

后现代主义的实践应在这两端之间进行调节。举例而言，前述学者以苏力为笔名，撰写了一本杰出的著作，名为《法治及其本土资源》。[①] 对于把后现代论述的原则引入法理学领域，他采取保留的态度，其陈述的论文颇为出色。他反对中国法理体系急速地规范化，认为规范化一旦完成，在西方模式与中国社会的现实之间必定会存有极深的鸿沟。他为中国法治资源的动员提出辩护（习惯法、村落现行的仲裁程序，及重新诠释过去法理体系的规章），他认为必须把社会内部习俗的演变，还有新问题的出现，也一并考虑在内。因此，问题的重点不只在法律的实用性，也要探索中国独特法理学的发展。这种"中国观"不忘反映中国民众真正的现实，而非在中国观之前，套加一个既有的模式。根据苏力的见解，地方资源的动员与引用"中国传统"的体系架构，是两件不同的事。

在另一个不同的领域里，近来出现一部作品，指出今日中西交流如何在中国环境里建立跨文化的新思路：林镇国在书中介绍了"批判佛教"在日本发展的成果，并综合考虑佛教传统受到现代主义诸多命题的影响。他的关照与某些脉络可循的中国作者的关注有所承接，林镇国拓展的分析风格有朝一日必定会取得成就。他遭遇的挑战，在于如何适切地重新评估所谓中国佛教，同时考虑中国内部的多元性、多样的诠释方法，以及现代与后现代对立的概况。林镇国评论的举动既是中国对外的一种输出，又可为中国提供分析工具，更对中国的传统多元性提出一番新的思考。他的研究涉及一个广泛的范畴，自一开始即以佛教诠释学作为出发点，并参照自己的社会政治背景而成。

---

[①] 苏力：《法治及其本土资源》，北京：中国政法大学出版社，1996年。

## 重新诠释自身的传统

上述新的诠释工作不但对中国格具意义，同时蕴涵了普世的价值。换句话说，中国人重新诠释自身的传统，给予传统一个普世的价值，这可说是第一回。这是今日中西对话最为主要的面貌。在中国传统资源普遍化所涵盖的范围，我举出几项实例。

第一个方面在于探究中国基督神学与普世基督神学之间的关联。基督宗教与基督文化在中国发展的时间，并没有佛教那么久远。基于这样的考虑，中国天主教神学家如房志荣，曾坚定地表示："以中文倡导神学"是一个目标，这个过程可用希腊神学过渡到拉丁神学作为比拟，其中有变动，也有开拓。[①] 而最富于体系规模研究的，要属一位重要的哲人刘小枫。他主编《道风》杂志，副刊名为《汉语神学》。对于这个副刊名，我们不应该解读为"用汉语表达的神学"，而应该以富有象征意味的方式理解为"汉语的神学"。对刘小枫而言，揭示个人的信仰是一件很重要的事，必须通过主体的母语来进行。

"汉语神学"是由高级知识分子在非宗教的领域进行钻研，而不是由本门的神学家来做，或可以称为具有中国特色的神学。诠释神学的举动，也证实了参与诠释与言论的多元化。

## 生态领域的反省

第二个实验领域是生态的反省。毫无疑问地，中国具有高度的文化资源，可以提供世人构思一个更尊重生态平衡的模式。道家传

---

① 作者与房志荣的访谈。另参见 Mark Fang Chih-jung,"Faire de la théologie en chinois",Pietio Bouati and Roland Meguet(eds.),*Ouvrir les Ecritures*,*Mélanges offerts à Paul Beauchamp*,Paris：Cerf,1995,pp. 307-316.

统非常重视环境与发展的关联，世界各国对道家传统的资源抱持高度的兴趣，期望借此重新思索生态问题。在这个模式里，许多直觉的宇宙观都具有普世的价值。但是，这样的资源必须被动用，同时被重新诠释，以因应新的需要。

通过这样的准则，我引用《淮南子》中提及从大自然学习的必要部分：

> 是故禹之决渎也，
> 因水以为师；
> 神农之播谷也，
> 因苗以为教。
> 夫萍树根于水，
> 木树根于土，①
> ……
> 水下流而不争先，
> 故疾而不迟。②

看待初始并不是回到过去，也不是退化，而是回归自我，教育自我。对于世界上来来往往的事物，每一个人有自我省察与诠释的方式。凡是生命中探向成长的方式，我们都可以从中得到教育意义。今日中国是否应该有所作为？最重要的并不是控制、规范，而是从生命的资源中提炼对发展更有创意、更强健、更乐观的要素。在经济上如此，在文化、政治与社会的层面上也是如此。《淮南子》的一段章节告诉我们：

---

① 《淮南子·原道训》，《二十二子》第九册，台北：先知出版社，第32页。
② 《淮南子·原道训》，《二十二子》第九册，台北：先知出版社，第37页。

> 未发号施生,
> 
> 而移风易俗者,
> 
> 其唯心行者乎!
> 
> 法度刑罚,
> 
> 何足以致之也?[①]

因此,中国面临的问题是必须懂得如何以新的方式在环境中居住。居而有序,居而以理;居而有爱,居而以品。若没有把优越的质量与真实的关注带进中国人居处的社会环境里,上述的理想无法落实。浓厚的乌烟弥漫中国城市的上空,似乎象征了人际关系的混乱。中国人正如所有人一样,需要懂得再次细细聆听水声和植物小草的生长,静观"道"的成长。通过静谧,"道"始能传向四方。

## 给予全球化一个心灵

中西文化对话400年来发展的"双边关系",不会因全球化而前功尽弃。全球化会改变中西方对话的界标,这是十分确定的事。交流的领域,就是在交流与沟通的过程中,创造参照指标及原则,建立全球化的架构,正如全球化架构的现状一般。

以下两项对于中西对话的呼应前文:

(一)中国知识分子面对西方的矛盾,正反映了西方模式本身内部的矛盾。不管是中国或是其他地方的知识分子,似乎必须开始为这样的矛盾给予一个意义。因此,西方模式的引用可以当成一种模式,也可当一种反模式,如此才能够创造中国的未来。

(二)中国必须让自身的参考体系发出光芒。西方之所以让中

---

① 《淮南子·原道训》,《二十二子》第九册,台北:先知出版社,第38页。

国知识分子感到炫目惊奇，是因为西方的形象可以让他们引入多元的特质。我们不难猜测，中国知识分子未来会了解，炫目惊奇也有其不健全的一面。中国知识分子应该会利用多元以及传统所提供的选项来诠释自身的传统。

同样的，现在轮到西方人接纳中国文化的输出，把它当成一个活跃、演进的事实，对中国人自身发起的重新诠释多加关注，视中国知识分子为一个平等的伙伴。双方共同面对重大的挑战：全球文化的逐渐出现，并不是在找最大公约数，真正的中西互动是对创造新的文化本源进行双向的探索。

中西方交流最主要的挑战，在于如何给予全球化一个心灵。通过参照体系与文化模式的创造，双方共同面对今日的挑战：环境保护、发展模式两端要如何拿捏？社会团结与肯定自我之间的分野，要如何界定？市民社会如何看待宗教信仰的地位？人文价值与科技文明之间，两者要如何相互学习？全球化经济与本地化文化之间产生的矛盾，要如何解决？上述挑战前所未见，形成了世人共赴的几道难关，使得中西方交流更具意义和远景。

# 结　语

在我们这个快速转变的世界里，每一个部分所演奏的和音，促成了一首完整的交响曲。我们必须为这个地球尽一份心力，使它发出更和谐、丰富、创新的乐音。我们有必要改变整体环境，从一路走过的危机中汲取教训，持续在精神和宗教传统之间进行对话，协助建立一个国际新秩序，这才是我们该做的工作。

本书冀望抛砖引玉，呼吁人们在思想和行动上勇于改变。人们常常因为怠惰、畏惧或孤立，而退缩到冷漠和消费主义里。现今文化中最严重的危机是人们的知性好奇心简化为翻翻几本杂志、买些包装精美的书籍或CD、不断遥控换电视频道、上网，丝毫没有想到自由地思考和不同地作为，这种危机为害甚巨。今日，我们既是最能看清一切的观众，同时也是最愚蠢的消费者；我们自以为聪明，自以为消息灵通，因为我们总是一边看着彩色画报的标题，一边啜着卡布其诺咖啡。

真正的文化包括能够对自身和世界持续不断地产生质疑。对于天命坚守不移的人会珍惜孤独和反省的时刻，然后勇于论辩，并进一步勇于付诸行动。今日该是我们起而叛逆的时刻，应该起而反抗这股弥漫的怠惰文化；这其中，感官的欢娱和表面的一致从来没能使我们从知性的深眠中醒过来。首先我们必须要反叛自己，接着需警惕一些社会机制（如媒体、企业、学校等），它们都是使我们的反叛精神、惊奇和创新性昏昏欲睡的元凶。

一旦唤醒反叛精神，就要懂得用一种新方式去聆听正在塑造世界的大风潮。这些风潮都远超过我们所习惯的空间，也不是所熟悉的因循守旧之物。我们要虚怀若谷地去重新辨识正在受苦受难或工作创造的人类声音。同时我们要知道，为了祖先，也为了后代子孙，我们要清醒地扮演正在转变中的一员，以便各就己位，融入一个新轴心时代——在这个新时代中，人类彼此更加团结，更具有丰富的差异性。

不错，我们不免会焦虑地球生命的毁灭。人类可能在一次大灾难中结束一切，或者遗忘了自身的天性，如迷失在许多事物中，被一些科技和小玩意儿阻绝了最深层的灵魂。但我们应该特别持续不懈地发挥新的想象力，获得更多的知识、达到更多的自由和团结。我们不必苦熬黑夜，而要守候黎明的第一道曙光。

# 参考文献

## 一、公共领域的互动
### 对话、文化与普遍性：

Aristotle, *Metaphysics*, Oxford: Oxford University Press, Oxford Classical Texts, 1955.

Arnett, Ronald C., Grayson, Celeste, McDowell, Christina, "Dialogue as an 'Enlarged Communicative Mentality'", *Communication Research Trends*, Vol. 27, No. 3(2008), pp. 3-43.

Cabezon, Jose Ignacio (ed.), *Scholasticism: Cross-cultural and Comparative Perspectives*, Albany: State University of New York Press, 1998.

Cossutta, F., Narcy, M., *La forme dialogue chez Platon*, Grenoble: J. Milon, 2001.

Cossutta, Frédéric, "Neutralisation du point de vue et stratégies argumentatives dans le discours philosophique", Argumentation et prise de position: pratiques discursives, *Semen*, 17, 2004. http://semen.revues.org/document2321.html, 29 April 2007.

Cossutta, F., "Philosophy as Self-Constituting Discourse: The Case of Dialogue", *Philosophy and Rhetoric*, Vol. 39, No. 3(2006), pp. 181-207.

Goujon, Patrick, *Prendre part à l'intransmissible, la communication spirituelle à travers la correspondance de Jean-Joseph Surin*, Grenoble: Jérôme Million, 2008.

Habermas, J., *The Theory of Communicative Action*, trans. Thomas McCarthy, Boston: Beacon, 1984, 1987.

——, *Moral Consciousness and Communicative Action*, trans. C. Lehnardt and S. Weber Nicholsen, Cambridge, Mass. : MIT Press, 1991.

Holzman, Donald, "The Conversational Tradition in Chinese Philosophy", *Philosophy East and West*, Vol. 6, No. 3 (Oct. ,1956), p. 226.

Hacking, Iann, "The Parody of Conversation", Ernest LePore (ed. ), *Truth and Interpretation: Perspectives on the Philosophy of Donald Davidson*, New York: Basil Blackwell, 1986, pp. 447-458.

Houdard, Sophie, *Les Invasions mystiques Spiritualités, hétérodoxies et censures au début de l'époque moderne*, Paris: Les Belles Lettres, 2008.

Merleau-Ponty, Maurice, *Signes*, Paris: Gallimard, 1960.

Panikkar, Raimon, *Myth, Faith and Hermeneutics*, New York: Paulist Press, 1979.

——, *The Intrareligious Dialogue*, New York: Paulist Press, 1999.

Tiles, J., "Quaestio Disputata De Rebus Scholasticis", *Philosophy East and West*, Vol. 50(2000), pp. 119-130.

Wittgenstein, L., *The Blue and Brown Books*, Oxford: Oxford University Press, 1969.

## 全球化时代的和平教育：

魏明德：《全球化与中国》，北京：商务印书馆，2002年。

魏明德主编：《和平教育：面对冲突、建立和谐》，台北：光启文化事业，2001年。

John Tomlinson著，郑榮元、陈慧慈译：《全球化与文化》，台北：韦伯文化事业出版社，2001年。

魏明德：《冲突与和解》，台北：立绪出版社，2000年。

Apter, David, Sawa, Naggyo, *Against the State, Politics and Protest in Japan*, Cambridge, Mass. : Harvard University Press, 1984.

Habermas, Jürgen, *The Theory of Communication Action*, Vol. I: Rationalization of Society, Boston: Beacon Press, 1984.

Michaud, Yves, *Violence et politique*, Paris: Gallimard, 1970.

Ricœur, Paul, *Soi-même comme un autre*, Paris: Seuil, 1990.

Ricœur, Paul, *Le Conflit des interprétations: Essais d'herméneutique*, Paris: Seuil, 1967.

Ritter, Joachim, "Virtualität", *Historiches Wôrterbuch der Philosophie*, Darmstadt: Wissenschaftliche Buchgesellschaft, 1971.

Weil, Éric, *Logique de la philosophie*, Paris: Vrin, 1996.

Weil, Éric, *Philosophie Politique*, Paris: Vrin, 1971 (1955).

## 公共领域、公共空间与政治版图：

Anonymous, *Building Movement, Inspiring Activism in the Nonprofit Community*, www. buildingmovement. org/tips/tips_v1n01_0304. html, April 2003.

Anonymous, *Guide to Literary Theory*, Jürgen Habermas, www. press. jhu. edu/books/hopkins_guide_to_literary_theory/jurgen_habermas. html.

Farge, Arlette, *Dire et mal dire, l'opinion publique au XVIIIème siècle*, Paris: Seuil, 1992.

Furet, François, *Interpreting the French Revolution*, London, 1981 (1978).

Habermas, Jürgen, *The Theory of Communication Action*, Vol. I: *Rationalization of Society*, Boston: Beacon Press, 1984.

Habermas, Jürgen, *Structural Transformation of the Public Sphere: An Inquiry into a Category of Bourgeois Society*, trans. Thomas Berger, Cambridge: MIT Press, 1991.

Mason, Richard O. , *A Tapestry of Privacy: a Meta-Discussion*, cyberethics. cbi. msstate. edu/mason2/coda. htm.

Midwest Faculty Seminar, *Violence in the Public Sphere*, http://mfs. uchicago. edu/violence. html.

Mirapaul, Matthew, *A Sonic Quilt of Stolen Voice*, is. gseis. ucla. edu/impact/w96/News/News11/0328mirapaul. html.

Moore, Barrington, Jr. , *Privacy: Studies in Social and Cultural History*, Armonk, NY: M. E. Sharpe, Inc. , 1994.

Schoeman, Ferdinand David (ed.), *Philosophical Dimensions of Privacy: An Anthology*, Cambridge: Cambridge University Press, 1984.

Tocqueville, Alexis de, *The Old Regime and the Revolution*, New York: Harper, 1956.

Young, James, *The Washington Community*, New York: Columbia U. P., 1986.

### 新轴心时代的智慧风格:

Jaspers, Karl, *Die grossen Philosophen* (1957, traduction française sous la direction de Jeanne Hersch, *Les grands philosphes*, Paris: Plon, 1963.

Jaspers, Karl, *Die Atombombe und die Zukunft des Menschen* (1958), traduction française par Edmond Saget, *La bombe atomique et l'avenir de l'homme*, Paris: Buchet-Chastel, 1963.

Kolakowski, Leszek, *Towards a Marxist Humanism: Essays on the Left Today*, London, 1970.

## 二、转变中的社会面貌

### 彝族打工者城镇迁移之研究:

魏明德:《从羊圈小村到地球村——凉山彝族的生活与传说》,成都:四川民族出版社,2008年。

de Certeau, Michel, *The Practice of Everyday Life*, trans. Steven Rendall, Berkeley: University of California Press, 1984.

Fan, C. C., *China on the Move: Migration, the State, and the Household*, New York: Routledge, 2008.

Guo, F., "The Impact of Temporary Migration on Migrant Communities," Z. Zhao and F. Guo (eds.), *Transition and Challenge: China's Population at the Beginning of the 21st Century*, Oxford: Oxford University Press, 2007.

Harrell, Stevan, *Ways of Being Ethnic in Southwest China*, Seattle: University of Washington Press, 2001.

Tang, Wenfang Yang, Qing, "The Chinese Urban Caste System in Transition", *The China Quarterly*, Vol. 196(December 2008), pp. 759-779.

### 新潮流下的新家庭：

Patterson, Charlotte J., "Children of Lesbian and gay parents", *Child Development*, Vol. 63, No. 5, pp. 1025-1042.

Nadaud, Stephane, *Homoparentalite, une chance pour la famille?* Paris: Fayard, 2002.

Lacroix, Xavier, "Homoparentalite, les derives d'une argumentation", *Études*, Vol. 399, No. 3, pp. 201-211.

## 三、现代人的静坐

### 高歌的"宗教退出"说与中国宗教：

科大卫（David Faure）：《祠堂与家庙——从宋末到明中叶宗族礼仪的演变》，《历史人类学学刊》第1卷第2期（2003年），第1—20页。

李天纲：《跨文化的诠释：经学与神学的相遇》，北京：新星出版社，2007年。

Anderson, Benedict, *Imagined Communities: Reflections on the Origin and Spread of Nationalism*, London: Verso, 1991 (1983).

de Certeau, Michel, *La culture au pluriel*, Paris: UGE, 1974.

——, *L'invention du quotidien*, I & II, Paris: Gallimard, 1990.

Clastres, Pierre, *La société contre l'État*, Paris: Les Éditions de Minuit, 1974.

Davis, Edward, *Society and the Supernatural in Song China*, Honolulu: University of Hawai'i Press, 2001.

Dean, Kenneth, *Taoist Ritual and Popular Cults of Southeast China*, Princeton, NJ: Princeton University Press, 1993.

Delaplace, Grégory, *L'invention des morts*, *Sépultures, fantômes et photographie en Mongolie contemporaine*, Paris: Centre d'Études Mongoles et Sibériennes, École Pratique des Hautes Études, 2009.

Gauchet, Marcel, *Le Désenchantement du monde: Une histoire politique de la religion*, Paris: Gallimard, 1985.

———, *La religion dans la démocratie: Parcours de la laïcité*, Paris: Gallimard, 1998.

———, *La condition politique*, Paris: Gallimard, 2005.

Godelier, Maurice, *Au fondement des sociétés humaines, ce que nous apprend l'anthropologie*, Paris: Albin Michel, 2007.

Granet, Maurice, *La Pensée chinoise*, Paris: Albin Michel, 1968 (1934).

Li, Tiangang, "Chinese Renaissance: The Role of Early Jesuits in China," in Huhalley, Stephen, Jr., Wu, Xiaoxin (eds.), *China and Christianity: Burdened Past, Hopeful Future*, New York: M. E. Sharpe, 2001, pp. 117-126.

Lagerwey, John (dir.), *Religion et société en Chine ancienne et médiévale*, Paris: Cerf, 2009.

———, *China: A Religious State*, Hong-Kong: Hong Kong University Press, 2010.

Meulenbeld, Mark, *Civilized Demons: Ming Thunder Gods from Ritual to Literature*, Ph. D. dissertation, Princeton University, 2007.

Moingt, Joseph, *Dieu qui vient à l'homme*, II, 2, Paris: Cerf, 2007.

Seidel, Anna, "Taoïsme: religion non-officielle de la Chine", *Cahiers d'Extrême-Asie*, VIII, 1995, pp. 1-39.

Vermander, Benoît, "La Chine, État-Église ? Autour d'un livre de John Lagerwey", *Études Chinoises*, XXIX, 2010, pp. 181-205.

## 四、新的世界地图

### 内婚制与团体重建：基于《以斯拉记》与《尼希米记》的研究：

Applegate, J., "Jeremiah and the Seventy Years in the Hebrew Bible", in A. H. W. Curtis, T. Römer (eds.), *The Book of Jeremiah and Its Reception (Le livre de Jérémie et sa reception)*, Leuven: Leuven University Press, 1997, pp. 91-110.

Beauchamp, P., *Création et séparation*, Paris: Desclée, 1969.

Beauchamp,P. ,*L'Un et l'Autre Testament II*,Paris:Seuil,1990.

Becking,B., "Continuity and Community: The Belief System of the Book of Ezra,"B. Becking and M. C. A. Korpel, *The Crisis of Israelite Religion: Transformation of Religious Tradition in Exilic and Post Exilic Times*,Leiden:E. J. Brill,1999,pp. 256-275.

Berquist,J. L., *Judaism in Persia's Shadow:A Social and Historical Approach*,Minneapolis:Fortress Press,1995.

Blenkinsopp,J. ,*Ezra-Nehemiah*,Philadelphia:The Westminster Press,1988.

Böhler,D., "On the Relationship between Textual und Literary Criticism: The Two Recensions of the Book of Ezra: Ezra-Neh (MT) and 1 Esdras (LXX)",A. Schenker (ed. ),*The Earliest Text of the Hebrew Bible: The Relationship between the Masoretic Text and the Hebrew Base of the Septuagint Reconsidered*,Leiden:Brill,2003,pp. 35-50.

Bright,J., *A History of Israel*,London:SCM,1966.

Camp,C. V., *Wisdom and the Feminine in the Book of Proverbs*,Sheffield: The Almond Press,1985.

Crüsemann,F., "Le Pentateuque,une Tora:Prolégomènes à l'interprétation de sa forme finale",A. de Pury,T. Römer and S. Amsler,*Le Pentateuque en question:les origines et la composition des cinq premiers livres de la Bible à la lumière des recherches récentes*, Genève: Labor et Fides, 2002 (1990), pp. 339-360.

Demsky,A., "Who Came First,Ezra or Nehemiah? The Synchronistic Approach,"*Hebrew Union College Annual*,Vol. 65(1994),pp. 1-19.

Donner, H., *Geschichte des Volkes Israel* und seiner Nachbarn in Grundzügen,Göttingen:Vandenhoeck & Ruprecht,1986.

Douglas,M., "The Stranger in the Bible," Archives of European Sociology, Vol. 35(1994),pp. 283-298.

Goldberg,H. E., "Cambridge in the Land of Canaan:Descent,Alliance,Circumcision, and Instruction in the Bible", *JANES*, 1996, pp. 9-34.

Japhet, S., "Composition and Chronology in the Book of Ezra-Nehemiah," T. C. Eskenazi and K. H. Richards (eds.), *Second Temple Studies*, 2: *Temple Community in the Persian Period*, Sheffield: Sheffield Academic Press, 1994, pp. 189-216.

Galling, K., "The 'Gola-List' according to Ezra 2 and Nehemiah 7", *Journal of Biblical Literature and Exegesis*, Vol. 70(1951), pp. 149-158.

——, "Die Proklamation des Kyros in Ezra 1", in *Studien zur Geschichte Israels im persischen Zeitalter*, Tübingen: Mohr, 1964, pp. 61-77.

Gunnenweg, A. H. J., *Ezra-Nehemiah*, Kommentar zum Alten Testament 19, Gütersloh: Gerd Mohn, 1987.

Hayes, C., "Intermarriage and Impurity in Ancient Jewish Sources," *Harvard Theological Review*, Vol. 92, No. 1(*January* 1999), pp. 3-34.

Leach, E., *Genesis as Myth and Other Essays*: London: Jonathan Cape, 1969.

Lèfèvre, A., *Introduction à la Bible I*, Paris: Desclée 1957.

Loods, A., *Histoire de la littérature hébraïque et juive*, Paris: Payot, 1950.

McFall, L., "Was Nehemiah Contemporary with Ezra in 458 BC?"*Westminster Theological Journal*, Vol. 53(1991), pp. 263-293.

Myers, J. M., *Ezra-Nehemiah*, Vol. 14 of *The Anchor Bible*, Garden City: Doubleday & Co. , 1965.

Pitt-Rivers, J., *The Fate of Shechem, or the Politics of Sex*: *Essays in the Anthropology of the Mediterranean*, Cambridge: Cambridge U. P. , 1977.

De Pury A., Römer, T., Amsler, S., *Le Pentateuque en question : les origines et la composition des cinq premiers livres de la Bible à la lumière des recherches récentes*, Genève: Labor et Dies, 2002 (1990).

Rogerson, J. W., "Was Early Israel a Segmentary Society?", *Journal for the Study of the Old Testament*, 1986, pp. 11-17.

Römer, T., *Theolib*, 16, 2001, www. theolib. com/zeitgeist. html.

Sanders, J. A., *Identité de la Bible:Torah et Canon*, Paris:Cerf, 1975.

Winslow, K. S., "Ethnicity, Exogamy, and Zipporah", *Women in Judaism*, Vol. 4, No. 1(2006), pp. 1-13.

**利玛窦的世界地图：**

李天纲：《清代儒学与西学》，《二十一世纪》，第 67 期，2001 年 10 月，第 51—56 页。

苏力：《法治及其本土资源》，北京：中国政法大学出版社，1996 年。

《淮南子·原道训》，《二十二子》第九册，台北：先知出版社，1976 年。

Fang, Chih-jung (Mark), *Faire de la théologie en chinois, Ouvrir les Ecritures, Mélanges offerts à Paul Beauchamp*, Paris:Cerf, 1995.

*Lettres édifiantes et curieuses de Chine par des missionnaires jésuites* 1702-1776, Garnier-Flammarion, 1979. 中文译本见杜赫德编：《耶稣会士中国书简集》，郑州：大象出版社，2001 年。

Li, Tiangang, "Chinese Renaissance: The Role of Early Jesuits in China", Stephen Uhalley, Jr. and Xiaoxin Wu(eds.), *China and Christianity*, New York: M. E. Sharpe, 2000.

Standaert, Nicolas, "Christianity in Late Ming and Early Qing China as a Case of Cultural Transmission", Stephen Uhalley, Jr. and Xiaoxin Wu(eds.), *China and Christianity*, New York: M. E. Sharpe, 2000.

Waters, Malcom, *Globalization*, New York:Routledge, 1995.